Grundlegende Algorithmen mit Java

Doina Logofătu

Grundlegende Algorithmen mit Java

Lern- und Arbeitsbuch für Informatiker und Mathematiker

2. Auflage

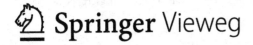

Prof. Dr. Doina Logofătu
Frankfurt am Main, Deutschland

ISBN 978-3-8348-1972-7   ISBN 978-3-8348-2355-7 (eBook)
DOI 10.1007/978-3-8348-2355-7

Die Deutsche Nationalbibliothek verzeichnet diese Publikation in der Deutschen Nationalbibliografie;
detaillierte bibliografische Daten sind im Internet über http://dnb.d-nb.de abrufbar.

Springer Vieweg
© Springer Fachmedien Wiesbaden 2008, 2014
Springer Vieweg ist eine Marke von Springer DE. Springer DE ist Teil der Fachverlagsgruppe Springer
Science+Business Media.
www.springer-vieweg.de

Take your life in your own hands and what happens?
A terrible thing: no one is to blame.

Erica Jong

Geleitwort

Das vorliegende Buch „Grundlegende Algorithmen mit Java" vermittelt Grundlagen zu Algorithmen und zur Komplexitätstheorie und illustriert danach allgemeine Lösungsprinzipien (z. B. „Teile und Herrsche", „Dynamische Programmierung"). Drei ausgewählte Problemstellungen – „Verschachtelte Schachteln" als einführendes Beispiel, das „Data Ordering Problem" als Beispiel für ein NP-vollständiges Problem und Berechnung von Potenzsummen als mathematisch nichttriviales Problem werden ausführlicher in eigenen Kapiteln behandelt.

Jedes Lösungsprinzip wird nach einem theoretischen Vorspann anhand von Problemen – von trivialen Beispielen bis hin zu umfangreicheren Aufgaben aus Programmierwettbewerben – erläutert, die anhand von Übungsaufgaben vertieft werden können. In dem Buch wird ein besonderer Schwerpunkt auf das Prinzip der dynamischen Programmierung gesetzt.

Zu allen näher besprochenen Algorithmen gibt es jeweils, nach einigen Kommentaren zur Implementierung, ein komplettes Java-Programm. Das Buch setzt einfache Kenntnisse in Java voraus, wobei einige Konzepte und Grund legende Klassen am einführenden Beispiel der verschachtelten Schachteln wiederholt werden. Vom über prozedurale Programmierung hinaus gehenden Sprachumfang von Java kommt hauptsächlich die Objektorientierung zum Einsatz (insbesondere für abstrakte Datentypen), Nebenläufigkeit und Netzwerktechniken kommen nicht vor. Dafür finden sich einige Sprachkonstrukte und Klassen, die in Java 5, teils sogar Java 6 eingeführt worden sind, und man lernt manche wenig bekannte Bereiche kennen, z. B. die *Buffer*-Klassen aus dem Paket *java.nio* und *java.util.Arrays*. Fast alle Programme erhalten ihre Eingaben aus einer Datei (oder von der Tastatur) und schreiben die Ergebnisse in eine andere Datei; im Kapitel "Rekursion" kommen daneben auch graphische Ausgaben fraktaler Strukturen vor.

Neben vielen Abbildungen lockern auch einige kleine Bilder, jeweils passend zum Thema, den Text auf. Am Ende des Buches finden sich ein Literaturverzeichnis und ein Stichwortverzeichnis.

Dr. Eric Müller

Vorwort

Viele Problemstellungen dieses Buches habe ich bereits in meinen Buch *Algorithmen und Problemlösungen mit C++* behandelt. Die Theorie und die Problembeschreibungen sind größtenteils die gleichen, geändert haben sich natürlich die Programme und die Abschnitte, die sich auf die Programmiersprache beziehen. Neu in diesem Buch ist das erste Kapitel über Algorithmen und die Komplexitätstheorie und das vierte Kapitel Data Ordering Problem, in dem ein NP-vollständiges Problem analysiert und mit verschiedenen Ansätzen gelöst wird. Hinzugekommen sind auch neue Probleme wie z. B. die Huffmann-Codierung im Greedy-Kapitel, Sudoku im *Backtracking*-Kapitel und LCS (*longest common substring*) im Kapitel über die Dynamische Programmierung. Ich habe die Problemstellungen und Erklärungen aus dem C++-Buch überarbeitet und mir außerdem ein paar zusätzliche Übungen ausgedacht. Ich möchte auch hier durch unterhaltsame Aufgaben Ihre Begeisterung und Ihre Neugier für die Informatik wecken und Ihnen die Fähigkeit vermitteln, für neue Probleme eigene Lösungen zu finden.

Grundlegende Algorithmen mit Java beinhaltet in den neun Kapiteln 60 Probleme bzw. Aufgaben, die vollständig analysiert und in Java gelöst werden, knapp 240 Übungsaufgaben und gut 130 Abbildungen und Bilder. Die nötigen Grundlagen am Anfang jedes Kapitels ermöglichen einen theoretischen Überblick über die Thematik. Zu jedem Problem wird beschrieben, wie die Eingabe- und Ausgabedateien aufgebaut sind, und ein Beispiel dafür angegeben. Damit können Sie selbstgeschriebene Programme überprüfen. Dann folgt der Abschnitt *Problemanalyse und Entwurf der Lösung*, der einen detaillierten algorithmischen/mathematischen Lösungsansatz und ein Java-Programm präsentiert. Die Programme sind kompakt und die Schlüsselwörter in blauer Farbe, um eine gute Lesbarkeit zu gewährleisten. Darum befinden sich auch die Kommentare meistens nicht direkt im Code, sondern daneben in blauen Kästchen. Die Programme sind mit dem JDK 1.6. kompiliert worden, den Oracle® kostenlos zur Verfügung stellt (http://docs.oracle.com/javase/6/docs/). Zu jedem Problem gehören Übungen, die Sie meist auffordern, Programme zu ändern oder neue Programme zu schreiben, damit Sie das gerade Erlernte wiederholen können und Ihre Programmierfähigkeiten verbessern.

Alle Aufgaben bzw. Probleme wenden die am jeweiligen Kapitelanfang vorgestellten mathematischen Konzepte bzw. algorithmischen Verfahren an und vertiefen sie. Die Absicht, die dahinter steht, ist die, dass Sie die Theorie dadurch erlernen, indem Sie sehen und üben, wie sie in der Praxis, also in den Problemen, eingesetzt wird. Viele Probleme sind klassisch, wie z. B. Fibonacci-Zahlen, Koch'sche Schneeflockenkurve, Türme von Hanoi, N-Damen, Haus des Nikolaus, Kartenfärbung, Konvexe Hülle,

Multiplikation einer Matrizenfolge und Edit-Distanz. Aufgaben aus dem Programmierwettbewerben *Association for Computer Machinery* (ACM), *International Olympiad in Informatics* (IOI) und *Central-European Olympiad in Informatics* (CEOI) inspirierten mich dazu, zahlreiche Probleme für das Buch zu formulieren.

Ab und zu finden Sie, quasi als Belohnung für Ihren Fleiß, zwischen zwei Kapiteln Überraschungsbilder wie: Don Quijotes Windmühlen, Schwäne auf der Isar, Kapelle in Dorohoi, Statue in Bremen, Strandkörbe auf Norderney.

Den Online-Service zum Buch finden Sie hier:

http://algorithmen-und-problemloesungen.de

Ich bitte Sie, mir Ihre Anmerkungen, Lob und Kritik zu senden:

logofatu@fb2.fh-frankfurt.de

Dafür bedanke ich mich im Voraus.

Viel Vergnügen beim Lesen und spannendes Lernen!

Frankfurt am Main,
im November 2013

Doina Logofătu
www.doina-logofatu.de

Danksagung

Ganz besonders herzlich bedanke ich mich bei Herrn *Dr. Eric Müller*, der mir beim Schreiben dieses zweiten Buches wieder treu zur Seite stand. Unermüdlich hat er sehr viele schöne Ideen, wunderbare Vorschläge und Korrekturen und auch ein komplettes Programm für das Problem Orangensport im Backtracking-Kapitel beigesteuert. *Dr. Eric Müller* gewann zwischen 1986 und 1988 dreimal einen zweiten Preis (Silbermedaille) bei den Internationalen Mathematik-Olympiaden (IMO) und wirkt seit einigen Jahren bei der Vorbereitung der deutschen Teilnehmer auf diesen Schülerwettbewerb mit.

Ebenso bedanke ich mich ganz besonders herzlich beim General, der mir meisterhaft bei der Erstellung der Java-Programme geholfen und mir somit viel Zeit erspart hat.

Mein besonderer Dank gebührt Herrn *Prof. Dr. Rolf Drechsler*, dem Leiter der Arbeitsgruppe Rechnerarchitektur der Universität Bremen. Von ihm habe ich gelernt, mich besser in die Position des Lesers zu versetzen und meine Aufgaben "eine nach der anderen" zu erledigen. Außerdem hat er mir die Vorlagen für die Testmusterkompaktierung (Problem 12, Kapitel 7, Backtracking) und das Data Ordering Problem (Kapitel 4) gegeben. Über diese Probleme und andere Themen habe ich mit *Görschwin Fey, Daniel Große, Dr. Rüdiger Ebendt, Sebastian Kinder* und *Junhao Shi* interessante Gespräche geführt. Dafür danke ich ihnen.

Für Informationen zu ACM Problemen danke ich den Herren *Prof. Dr. Miquel Revilla Samos* (Universität Valladolid, Spanien), *Prof. Dr. Cristian Giumale* und *Prof. Dr. Nicolae Ţăpuş* (beide Universität Bukarest, Rumänien).

Für die Erlaubnis, Fotos im Buch verwenden zu dürfen, bedanke ich mich bei den Herren *Prof. Dr. Stephen Arthur Cook* (erstes Kapitel), *Michael W. Davidson* (Fotos von Euklid, Euler und Fermat*), Robert D. Colburn* (Foto von Richard Bellman) und *Wolfgang Weege* (das Spiegelfoto im Rekursions-Kapitel).

Ich danke Katja Schnelle-Romaus (Karsunke) dafür, dass sie mich vor ein paar Jahren beim Erlernen der deutschen Sprache unterstützt hat. Sie schenkte mir damals ein Buch mit der Geschichte über die Feldmaus Frederik und steigerte dadurch meine Lernmotivation um ein Vielfaches.

Ein tiefer Dank gebührt meinen Mathematiklehrern *Rodica Ungureanu* (Gymnasium "Gr. Ghica") und *Victor Barnea* (Volksschule 7) in meiner kleinen Heimatstadt Dorohoi im Nordosten Rumäniens. Sie haben es mit ihren anspruchsvollen und interessanten Aufgaben geschafft, mich immer wieder für die Mathematik zu begeistern.

Und schließlich danke ich allen, die die Fertigstellung des Buches ermöglicht haben.

München,
im August 2007

Doina Logofătu

Inhaltsverzeichnis

Turm der Wallfahrtskapelle St. Bartholomä am Königssee

Algorithmen – grundlegende Konzepte 1

Computer mit ihren darauf laufenden Programmen durchdringen unseren Alltag seit ein paar Jahrzehnten immer mehr. Allerdings sind viele Konzepte, auf denen die Programme basieren, schon wesentlich länger bekannt, teilweise reichen ihre Wurzeln bis in die Antike zurück.

Abstammung des Wortes Algorithmus

Abu Ja'far Muhammad ibn Musa al-Khwarizmi (ca. 780–850) war ein persischer Mathematiker, Geograph, Astronom und Astrologe. Aus der Latinisierung seines Namens al-Khwarizmi (algoritmi) entstand das Wort „Algorithmus". Vermutlich im heutigen Usbekistan geboren, arbeitete der Gelehrte fast sein ganzes Leben im Haus der Weisheit in Bagdad. Eine seiner Abhandlungen, die *Hisab al-jabr w'al-muqabala*, gilt als Grundlage der modernen Algebra, denn mit diesem Buch zeigte al-Khwarizmi neue Wege auf, um lineare und quadratische Gleichungen zu lösen. Als ob man die Bedeutsamkeit seines Werkes noch unterstreichen müsste, leitet sich das Wort Algebra aus dem Begriff *al-jabr* im Titel ab.

Alternative Definitionen

Im Großen und Ganzen können wir einen Algorithmus so charakterisieren:
- Er ist eine Menge von Regeln, die ein Problem lösen. Die Regeln können entweder von einer Maschine oder manuell ausgeführt werden.
- Er ist eine Menge von Anweisungen, die garantiert in einer endlichen Anzahl von Schritten eine korrekte Lösung für jede Instanz eines gegebenen Problems finden.
- Er ist eine Sequenz von Schritten, die die Eingabedaten in die gewünschten Resultate transformieren.
- Er ist eine Folge von Operationen, die die Daten in Datenstrukturen organisieren.
- Er ist die Abstraktion eines Programms, das auf einer physischen Maschine oder auf einem Rechnermodell ausgeführt wird.

Beispiele für Algorithmen

Euklidischer Algorithmus. Nichts von dem, was wir heute über Euklid wissen, basiert auf gesicherten Erkenntnissen. Auch seine Existenz wird gelegentlich in Frage gestellt. Im Allgemeinen wird aber angenommen, dass er ca. 300 v. Christus lebte und ein griechischer Mathematiker war. Größtenteils aus seiner Feder sollen „Die Elemente" stammen, ein aus 13 Büchern bestehendes Werk, das das damalige Wissen der griechischen Mathematik in einer vorbildlichen didaktischen Weise zusammengefasst hat.

Euclid

Hier der Euklidische Algorithmus, den man im siebten Buch findet: Seien $a, b \in \mathbb{N}$ mit $a \geq b$ und $a_1 = a$ und $b_1 = b$. Wir definieren die Paare (m_i, r_i), so dass $a_i = m_i b_i + r_i$ mit $0 \leq r_i < b_i$. Für einen beliebigen Index i sei außerdem $a_{i+1} = b_i$ und $b_{i+1} = r_i$. Dann gibt es einen Index k, so dass $r_k = 0$ ist. Für dieses k gilt $ggT(a, b) = r_{k-1}$ (größter gemeinsamer Teiler von a und b). Der Algorithmus in Pseudocode:

ALGORITHM_EUKLID
1. Lese $a, b \in \mathbb{N}$, $a \geq b > 0$
2. $a_1 \leftarrow a$, $b_1 \leftarrow b$, $i \leftarrow 1$
3. **While** $(b_i \neq 0)$ **Do**
    3.1. $a_{i+1} \leftarrow b_i$
    3.2. $b_{i+1} \leftarrow r_i$ $(= a_i \bmod b_i)$
    3.3. $i \leftarrow i+1$
    End_While
4. $ggT(a, b) = r_{i-1}$
END_ALGORITHM_EUKLID

Beispiele:

$a = 294$, $b = 77$	$a = 2521$, $b = 338$
$294 = 3 \times 77 + 63$	$2521 = 7 \times 338 + 155$
$77 = 1 \times 63 + 14$	$338 = 2 \times 155 + 28$
$63 = 4 \times 14 + 7$	$155 = 5 \times 28 + 15$
$14 = 2 \times 7 + 0$	$28 = 1 \times 15 + 13$
	$15 = 1 \times 13 + 2$
	$13 = 6 \times 2 + 1$
	$2 = 2 \times 1 + 0$

Das Sieb des Eratosthenes. Der Grieche Eratosthenes (ca. 276–194 v. Chr.) war Mathematiker, Geograph und Astronom. Geboren wurde er in Kyrene, heute Libyen, und er studierte in Athen und Alexandria. Viele Jahre leitete er die Bibliothek von Alexandria. Er war der erste große Geograph der Antike und wird als Gründer der physischen und mathematischen Geographie angesehen. Recht genau hat Eratosthenes den Umfang der Erde mit Hilfe des Schattenwurfes der Sonne an unterschiedlichen Orten berechnet. Unter anderem entwarf er auch eine

Karte der damals bekannten Welt mit Längen- und Breitengraden und erkannte, dass es alle vier Jahre ein Schaltjahr geben muss. Außerdem schrieb er das Gedicht *Hermes*, das von den Grundlagen der Astronomie erzählt. Die meisten Menschen verbinden seinen Namen wohl mit dem *Sieb des Eratosthenes*, einem äußerst bekannten Verfahren, das Primzahlen ermittelt. Er starb in Alexandria.

Definition. Eine **Primzahl** ist eine natürliche Zahl größer als 1, die nur durch sich selbst und durch 1 teilbar ist. Alle anderen Zahlen größer als 1 nennen wir **zusammengesetzt**.

Wie der Name *Sieb des Eratosthenes* andeutet, werden aus den natürlichen Zahlen diejenigen ausgesiebt, die nicht prim sind. Durch das Sieb fallen zuerst alle Vielfachen der Zahl 2, in den nächsten Schritten scheiden die Vielfachen der übrig gebliebenen Zahlen 3, 5, 7... aus. Da Primzahlen keine Vielfachen anderer Zahlen sein können, findet man sie schließlich im Sieb. Hier der Algorithmus, der alle Primzahlen findet, die kleiner gleich einer gegebenen natürlichen Zahl n sind:

ALGORITHM_SIEB_ERATOSTHENES(n)
1. Schreibe nacheinander alle natürlichen Zahlen von 2 bis n auf.
2. $k \leftarrow 1$
3. **Do**
   > 3.1. $m \leftarrow$ erste Zahl, die größer als k und noch nicht markiert wurde (die erste ist 2)
   > 3.2. markiere die Zahlen $2 \cdot m$, $3 \cdot m$, $4 \cdot m$, ... als zusammengesetzt
   > 3.3. $k \leftarrow m$

   While ($k < \sqrt{n}$)
4. Primzahlenliste $\leftarrow$ alle unmarkierte Zahlen
5. Schreibe die Liste der Primzahlen zwischen 1 und n.

END_ ALGORITHM_SIEB_ERATOSTHENES(n)

Beispiel:

Entfernen der Vielfachen von 2	Entfernen der Vielfachen von 3
② 3 ~~4~~ 5 ~~6~~ 7 ~~8~~ 9 ~~10~~	② ③ ~~4~~ 5 ~~6~~ 7 ~~8~~ ~~9~~ ~~10~~
11 ~~12~~ 13 ~~14~~ 15 ~~16~~ 17 ~~18~~ 19 ~~20~~	11 ~~12~~ 13 ~~14~~ ~~15~~ ~~16~~ 17 ~~18~~ 19 ~~20~~
21 ~~22~~ 23 ~~24~~ 25 ~~26~~ 27 ~~28~~ 29 ~~30~~	~~21~~ ~~22~~ 23 ~~24~~ 25 ~~26~~ ~~27~~ ~~28~~ 29 ~~30~~
31 ~~32~~ 33 ~~34~~ 35 ~~36~~ 37 ~~38~~ 39 ~~40~~	31 ~~32~~ ~~33~~ ~~34~~ 35 ~~36~~ 37 ~~38~~ ~~39~~ ~~40~~
41 ~~42~~ 43 ~~44~~ 45 ~~46~~ 47 ~~48~~	41 ~~42~~ 43 ~~44~~ ~~45~~ ~~46~~ 47 ~~48~~

Entfernen der Vielfachen von 5	Die Primzahlen bis 48
② ③ ~~4~~ ⑤ ~~6~~ 7 ~~8~~ ~~9~~ ~~10~~	② ③ ~~4~~ ⑤ ~~6~~ ⑦ ~~8~~ ~~9~~ ~~10~~
11 ~~12~~ 13 ~~14~~ ~~15~~ ~~16~~ 17 ~~18~~ 19 ~~20~~	⑪ ~~12~~ ⑬ ~~14~~ ~~15~~ ~~16~~ ⑰ ~~18~~ ⑲ ~~20~~
~~21~~ ~~22~~ 23 ~~24~~ ~~25~~ ~~26~~ ~~27~~ ~~28~~ 29 ~~30~~	~~21~~ ~~22~~ ㉓ ~~24~~ ~~25~~ ~~26~~ ~~27~~ ~~28~~ ㉙ ~~30~~
31 ~~32~~ ~~33~~ ~~34~~ ~~35~~ ~~36~~ 37 ~~38~~ ~~39~~ ~~40~~	㉛ ~~32~~ ~~33~~ ~~34~~ ~~35~~ ~~36~~ ㊲ ~~38~~ ~~39~~ ~~40~~
41 ~~42~~ 43 ~~44~~ ~~45~~ ~~46~~ 47 ~~48~~	㊶ ~~42~~ ㊸ ~~44~~ ~~45~~ ~~46~~ ㊼ ~~48~~

Binäre Suche.

Es sei eine aufsteigende Folge mit den Elementen $a_1, a_2, ..., a_n$ und ein Element x gegeben. Wir suchen die erste Position i in der Folge, an der das Element a_i mit dem Element x übereinstimmt. Wenn es keine Übereinstimmung gibt, liefern wir 0 zurück. Weil die Folge aufsteigend ist, verwenden wir einen Algorithmus, der das Suchintervall sukzessive etwa halbiert. Etwas später werden wir sehen, dass dieser Algorithmus in der Praxis effizienter als eine sequenzielle Suche ist, die alle Elemente schrittweise durchläuft.

```
ALGORITHM_BINÄRE_SUCHE
    1.  Lese x, a₁, a₂, ..., aₙ
    2.  i ← 1, j ← n
    3.  While ( i < j ) Do
            3.1  m ← ⌊(i + j)/2⌋
            3.2  If ( x > aₘ ) Then i ← m + 1
                 End_If
            3.3. Else j ← m
        End_While
    4.  If ( x = aᵢ ) Then pos ← i
        End_If
    5.  Else pos ← 0
    6.  Schreibe pos
END_ ALGORITHM_BINÄRE_SUCHE
```

In Schritt 3.2. prüfen wir, ob sich das gesuchte x rechts von m befindet (m ist die Mitte des Intervalls $[i, j]$). Wenn ja, suchen wir im Intervall $[m+1, j]$ weiter, sonst im Intervall $[i, m]$ (Schritt 3.3).

Hier sehen Sie, wie der Algorithmus für die sortierte Folge *a c d f g h k l m o p r s u v x z*, die aus 17 Buchstaben besteht, und den zu suchenden Buchstaben *k* arbeitet:

$a_1, ..., a_n = a\ c\ d\ f\ g\ h\ k\ l\ m\ o\ p\ r\ s\ u\ v\ x\ z$ $x = k$ // *gesuchter Buchstabe* $i \leftarrow 1,\ j \leftarrow 17$	
a c d f g h k l m o p r s u v x z *i* // *Suchintervall* *j* $i = 1, j = 17, m \leftarrow 9$ (3.2. oder 3.3. ?)	*a c d f g h k l m o p r s u v x z* *i* *j* $i = 1, j = 9$ (3.3) , $m \leftarrow 5$ (3.2. oder 3.3. ?)

a c d f g h k l m o p r s u v x z
    i   *j*
$i = 5, j = 9$ (3.2) , $m \leftarrow 7$ (3.2. oder 3.3. ?)
	a c d f g h k l m o p r s u v x z
	            i *j*
	$i = 7, j = 9$ (3.2) , $m \leftarrow 8$ (3.2. oder 3.3. ?)

a c d f g h k l m o p r s u v x z
            i j
$i = 7, j = 8$ (3.3) , $m \leftarrow 7$ (3.2. oder 3.3. ?)
	a c d f g h k l m o p r s u v x z
	            (i = j)
	$i = 7, j = 7$ Stop

Rezept für Tiramisu.

Zutaten: 1 große Packung (200 Gramm) Löffelbiskuits, 500 Gramm Mascarpone, 4 Eier, 2 Esslöffel Zucker, 5 Esslöffel Amaretto, etwas Kakaopulver, 1 Tasse Kaffee.

ALGORITHM_TIRAMISU

1. Den Kaffee in einen Suppenteller gießen.
2. Die Biskuits kurz im Kaffee tränken.
3. Den Boden einer Auflaufform mit einer Lage Biskuits belegen.
4. Eigelb und Eiweiß trennen.
5. Das Eigelb mit dem Zucker und dem Amaretto zu einer schaumigen Masse schlagen.
6. Mascarpone zugeben und gut mischen, bis es cremig wird.
7. Das Eiweiß in einem anderen Behälter steif schlagen.
8. Das geschlagene Eiweiß zur Creme hinzugeben.
9. Die Biskuits in der Form gleichmäßig mit der Hälfte der Creme überziehen.
10. Nun eine neue Lage kaffeegetränkter Biskuits auflegen.
11. Den Rest der Creme gleichmäßig auftragen.
12. Die Form mindestens drei Stunden, besser über Nacht, in den Kühlschrank geben.
13. Vor dem Servieren mit Kakao bestreuen

END_ ALGORITHM_TIRAMISU

Nein, ich habe nicht versehentlich eines meiner Rezepte in mein Manuskript kopiert. Wenn wir kurz darüber nachdenken, verstehen wir, dass auch ein Rezept ein Algorithmus ist. Denn das Rezept beschreibt schrittweise, wie wir die Zutaten (Eingabedaten) über die Zwischenmischungen (Datenstrukturen) in das fertige Tiramisu (Ausgabedaten) umwandeln. Die Reihenfolge mancher Schritte ist sehr wichtig, wogegen die Reihenfolge anderer Anweisungen nicht von Bedeutung ist. Zum Beispiel dürfen wir nicht Schritt 12 vor 11 ausführen, aber wenn wir Schritt 13 (mit Kakao bestreuen) vor 12 erledigen, ist das auch in Ordnung.

Schon allein daraus wird klar, dass es mehrere Algorithmen geben kann, die zum selben köstlichen Dessert führen. Auch durch Änderungen, die nicht primär den Ablauf betreffen, ergeben sich neue Lösungsmöglichkeiten. Wir können ein zweites Rezept vorschlagen, in dem die Biskuits zuerst in die Form gegeben und dann mit einem Löffel mit Kaffee beträufelt werden. Anstatt eines Suppentellers brauchen wir also einen Löffel. Als Fantasieübung können wir uns auch eine Maschine ausdenken, die Tiramisu produziert.

Vom Problem zur Lösung

Alle Probleme der aktuellen Informatik, egal ob es sich um kleine oder sehr große handelt, haben etwas gemein. Das interne Verhalten eines Programms basiert immer auf zwei Aspekten: Darstellung und Transformation.

- *Darstellung* bezieht sich auf die konkrete Kodierung der Information (beispielsweise Bits, Zahlen, Wörter);
- *Transformation* ist die sukzessive Modifizierung des Zustands durch das Abarbeiten des Algorithmus mit dem Zweck, die gewünschten Resultate zu erzeugen.

Die symbolische Kodierung der Information (Darstellung) liefert eine Kommunikationsmöglichkeit zwischen der realen Welt und der abstrahierten Welt des Rechners. Man erzeugt auf diese Weise eine Abbildungsfunktion, die die realen Merkmale des zu lösenden Problems durch Werte ersetzt, die der Rechner versteht. Es ist sehr wichtig, eine geeignete Darstellung zu finden, weil von ihr die Genauigkeit und die Komplexität des Algorithmus und der gewählten Datenstrukturen abhängen.

Das Lösen eines Informatikproblems gliedert sich in drei Aufgaben, die iterativ ausgeführt werden:

- Die Bestimmung einer symbolischen Kodierung der Information, so dass sie effizient manipuliert werden können (Darstellung).
- Den Aufbau eines Algorithmus mit den Transformationsschritten, der mit Hilfe dieser Darstellung das gewünschte Ergebnis liefert.
- Die Implementierung des Algorithmus in einer Programmiersprache.

Beispiel 1. Kartenfärbungsproblem (engl. *Map Colouring Problem*).
Es sei eine Karte mit Ländern, Bundesländern, Regionen, Kreisen oder Bezirken und eine Palette von Farben gegeben, und wir sollen die Einheiten so einfärben, dass zwei Nachbarn nie eine gleiche Farbe erhalten.

Um das Problem mit einem Rechner zu lösen, müssen wir zuerst eine symbolische Kodierung finden, so dass man einen Algorithmus entwerfen kann. Es liegt nahe, jeder Einheit eine natürliche Zahl von 1 bis n zuzuweisen. Jetzt kümmern wir uns um die Information, welche Nachbarn eine Einheit hat. Wir bauen eine zweidimensionale Matrix A mit n Zeilen und n Spalten. Der Eintrag a_{ij} in der i-ten Zeile und j-ten Spalte erhält den Wert 1, wenn i und j Nachbarn sind, und 0, wenn das nicht der Fall ist, insbesondere wenn $i=j$ gilt. Wir repräsentieren die Farben durch die natürlichen Zahlen von 1 bis m. Die Lösung speichern wir in einem Array $S = \{c_1, c_2, \ldots, c_n\}$, $c_i \in \{1, \ldots, m\}$ von Farben. Diese erfüllt die Bedingung, dass $c_i \neq c_j$, wenn $a_{ij} = 1$ gilt. Nachdem wir diese Abbildungen etabliert haben, fahren wir mit dem Algorithmus fort, der eine Färbung der Knoten finden muss, so dass zwei benachbarte Knoten immer unterschiedlich eingefärbt sind.

Problem. Wir wollen die Karte Österreichs mit drei Grautönen so färben, dass benachbarte Bundesländer immer verschiedenfarbig sind:

Die Bundesländer nummerieren wir wie in der Karte gezeigt. Beachten Sie, dass Tirol in zwei Gebiete aufgeteilt ist.

Die Adjazenzmatrix ist symmetrisch, also gilt $a_{ij} = a_{ji}$ für alle $i, j \in \{1, 2, \ldots, 10\}$. Die möglichen Farben sind { ■, □, ▩ }.

Der ungerichtete Graph	Die Adjazenzmatrix $A_{9 \times 9}$

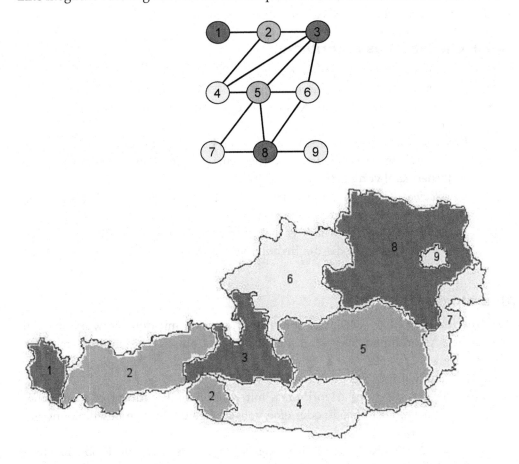

$$\begin{pmatrix} 0 & 1 & 0 & 0 & 0 & 0 & 0 & 0 & 0 \\ 1 & 0 & 1 & 1 & 0 & 0 & 0 & 0 & 0 \\ 0 & 1 & 0 & 1 & 1 & 1 & 0 & 0 & 0 \\ 0 & 1 & 1 & 0 & 1 & 0 & 0 & 0 & 0 \\ 0 & 0 & 1 & 1 & 0 & 1 & 1 & 1 & 0 \\ 0 & 0 & 1 & 0 & 1 & 0 & 0 & 1 & 0 \\ 0 & 0 & 0 & 0 & 1 & 0 & 0 & 1 & 0 \\ 0 & 0 & 0 & 0 & 1 & 1 & 1 & 0 & 1 \\ 0 & 0 & 0 & 0 & 0 & 0 & 0 & 1 & 0 \end{pmatrix}$$

Eine mögliche Färbung der Knoten des Graphen und der Bundesländer in der Karte:

Beispiel 2. Variante des *Scheduling*-Problems.

Wir wollen für jede Studiengruppe einer Fakultät einen Vorlesungsplan erstellen. Der Plan einer Gruppe zeigt, wann und wo die Vorlesungen bzw. Kurse stattfinden und außerdem sieht man, um welche Vorlesungen es sich handelt und welcher Professor sie hält. Diese Aufgabe ist schwieriger als die vorige, weil es nicht so einfach ist, eine symbolische Kodierung zu finden. Wir ordnen den Professoren, den Gruppen, den Räumen (Hörsaal, Labor, Auditorium), den Vorlesungen und den Zeiten natürliche Zahlen zu. Ferner bauen wir verschiedene Bedingungen auf, die von einer Lösung erfüllt werden müssen (jede Vorlesung hat eine bestimmte Dauer; eine Gruppe absolviert nur bestimmte Kurse abhängig vom Fachsemester und der Studienrichtung; ein Professor hält nur bestimmte Vorlesungen und das eventuell nur für bestimmte Gruppen; ...). Auch diverse Einschränkungen definieren wir mathematisch (manche Kurse können nur in bestimmten Räumen, z. B. in Laboren, gehalten werden; ein Professor kann nicht gleichzeitig in zwei Räumen sein; in einem Raum findet zu einer bestimmten Uhrzeit maximal ein Kurs statt; ...). Nur wenn all das vollständig erfasst wurde, können wir mit dem Entwurf des Algorithmus fortfahren.

Eigenschaften eines Algorithmus

- Er benötigt Eingabedaten (*input data*)
- Er liefert Ausgabedaten (*output data*)
- *Determinismus* (nach dem Ausführen eines Schrittes muss zweifelsfrei der nächste Schritt bekannt sein)
- *Korrektheit* der Ausgabedaten relativ zu den Eingabedaten
- *Endlichkeit* (die Ausgabedaten werden für jede Probleminstanz nach einer endlichen Zahl von Schritten geliefert)
- *Komplexität* (Kosten, die mit Hilfe bestimmter Parameter, wie Zeit und Speicherplatz, gemessen werden)
- *Allgemeinheit* (der Algorithmus kann für eine Klasse von Probleminstanzen angewendet werden, die die Bedingungen erfüllen, die für die Eingabedaten gelten).

Algorithmik

Die **Algorithmik** ist ein Zweig der Informatik, der sich mit dem Entwurf und der Analyse von Algorithmen beschäftigt, die auf einem Computersystem implementiert werden sollen.

1. Der „Entwurf" besteht aus zwei Phasen:
   - *Beschreibung* des Algorithmus mit Hilfe einer Pseudosprache (logisches Schema, Pseudocode oder eine vollständige eindeutige Beschreibung auf Papier, usw.)
   - *Beweis* der Korrektheit. Der Algorithmus muss für jede Probleminstanz eine gültige Lösung liefern.

2. Bei der Analyse eines Algorithmus bewertet man dessen Leistung, also die nötige Laufzeit bis zur Ausgabe einer Lösung, aber auch andere Aspekte wie den verwendeten Speicherplatz und seine Optimalität (dazu später mehr).

Vor der Analyse eines Algorithmus entscheidet man sich für ein bekanntes Rechnermodell oder definiert ein eigenes, um zu einem mathematischen Formalismus zu gelangen, der das Zusammenspiel der Systemkomponenten beschreibt und nützliche Abstraktionen für Begriffe wie Zeit und Nebenläufigkeit liefert. Oft wählt man das Rechnermodell RAM (*Random Access Machine*), aber es gibt noch weitere: *PRAM*, Turingmaschinen, endliche Automaten, boole'sche Schaltungen, Zellautomaten, usw.

Das *RAM*-Rechnermodell

Der Entwurf eines Algorithmus unabhängig von einer konkreten Maschine basiert auf einem hypothetischen Rechner, der *Random Access Machine (RAM)* heißt. Diese Maschine hat folgende Eigenschaften:

- Jede „einfache" Operation (+, -, *, /, %, =, *if*/wenn, *call*/Funktionsaufruf) benötigt eine Zeiteinheit bzw. einen Schritt.
- Schleifen und Methoden betrachtet man nicht als einfache bzw. elementare Operationen. Sie setzen sich aus mehreren einfachen Operationen zusammen. Es wäre zum Beispiel sinnlos, der Methode *sort*() eine Zeiteinheit zuzuweisen, da es viel länger dauert, eine Millionen Elemente zu sortieren als nur 10. Die Zeit, die eine Schleife oder Methode (Teilprogramm) benötigt, hängt von der Anzahl der Iterationen ab. Bei der Methode ist auch noch der Typ maßgebend.
- Jeder Speicherzugriff dauert genau eine Zeiteinheit, und wir haben unbegrenzt Speicher zur Verfügung. Das Modell berücksichtigt nicht, ob bestimmte Daten auf einem Datenträger oder im volatilen Speicher (z. B. im Cache) liegen. Das vereinfacht die Analyse des Algorithmus.

Mit dem *RAM*-Modell berechnet man die Anzahl der Zeiteinheiten (Schritte), die für die Verarbeitung einer Probleminstanz anfallen. Damit und mit Erfahrungswerten kann man leicht abschätzen, wie lange ein bestimmter Prozessor wirklich an der Aufgabenstellung zu rechnen hätte. Jetzt denken Sie vielleicht, dass das Modell zu einfach ist, und die Annahmen viel zu allgemein getroffen wurden, um damit vernünftig schätzen zu können. Zum Beispiel widerspricht es der ersten Eigenschaft, dass in der Praxis eine Multiplikation mehr Zeit beansprucht als eine Addition. Es ist auch nicht realistisch, dass es keinen Unterschied ausmacht, ob Daten nun von der Festplatte oder vom Prozessorcache gelesen bzw. dorthin geschrieben werden. Trotz all dem ist das RAM-Modell ein gutes Instrument, um das Verhalten eines Algorithmus zu analysieren. Es spiegelt die Arbeitsweise eines Rechners wider und ist gleichzeitig leicht verständlich und anwendbar.

Jedes Modell hat Grenzen, in denen es sinnvoll eingesetzt werden kann. Denken wir zum Beispiel an *das Modell der flachen Erde*. Man kann behaupten, dass das ein falsches Modell ist, weil die Erde annähernd kugelförmig ist. Es hat aber Sinn anzunehmen, die Erde sei flach, wenn man das Fundament eines Hauses plant. Wer hier die Erd-krümmung berücksichtigt, tut sich keinen Gefallen. Umgekehrt wäre es fatal, bei der Entwicklung eines Satellitennavigationssystems von einer flachen Erde auszugehen. Genauso verhält es sich mit dem *RAM*-Modell. Es ist eine Abstraktion, die im Allge-meinen, aber eben nicht immer, sehr nützlich ist, um die Leistung eines Algorithmus maschinenunabhängig zu bestimmen.

Die Komplexität der Algorithmen

Die **Komplexität** eines Algorithmus beschreibt eigentlich dessen Kosten, die mit Hilfe

bestimmter Parameter gemessen werden (Laufzeit, benötig-ter Speicher, Anzahl bestimmter Operationen usw.). Weil der Speicher in der Praxis meist ausreicht, folgt, dass die Laufzeit eines Algorithmus der Hauptparameter ist.

Sie kann anhand der Anzahl der elementaren Operationen (Zeiteinheiten) berechnet werden, und die Anzahl hängt natürlich von der Dimension n der Eingabedaten ab. Wie Sie oben in der Beschreibung des Modells gesehen haben, kann es sich bei den elementaren Operationen um Vergleiche (sehr viele zum Beispiel bei einem Suchalgorithmus), Zuweisungen (sehr viele zum Beispiel bei einem Sortie-rungsalgorithmus), Additionen, Multiplikationen, Divisionen, Modulo-Operationen, Methoden-Aufrufe usw. handeln.

Die Θ-, O- und Ω-Notation. Mehrere Notationen wurden entwickelt, um die Leistung und Komplexität von Algorithmen zu analysieren, und die drei bekanntesten sehen wir uns an. Sie begrenzen die Werte einer gegebenen Funktion f mit Hilfe einiger Konstanten und anderer Funktionen.

Die Θ-Notation (konstante Kategorie – *same order*). Wenn es die positiven Kon-stanten $n_0 \in \mathbb{N}$ und $c_1, c_2 \in \mathbb{R}$ gibt, für die der Wert von $f(n)$ für alle natürlichen Zahlen n, die größer gleich n_0 sind, immer zwischen $c_1 \cdot g(n)$ und $c_2 \cdot g(n)$ liegt, dann sagen wir, dass $f \in \Theta(g)$ ist.

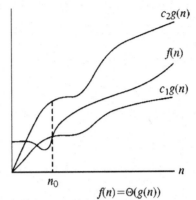

$$f(n) = \Theta(g(n))$$

Die Θ-Notation: $\exists n_0, c_1, c_2 \; \forall n \geq n_0$: $c1 \cdot g(n) \leq f(n) \leq c2 \cdot g(n)$

Die _O_-Notation (obere Schranke – _upper bound_). Wir sagen, dass $f(n) = O(g(n))$ ist, wenn es die positiven Konstanten $n_0 \in \mathbb{N}$ und $c \in \mathbb{R}$ gibt, für die der Wert von $f(n)$ für alle natürlichen Zahlen n, die größer gleich n_0 sind, immer kleiner gleich $c \cdot g(n)$ ist.

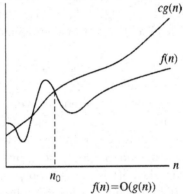

$$f(n) = O(g(n))$$

Die _O_-Notation: $\exists n_0, c \; \forall n \geq n_0$: $f(n) \leq c \cdot g(n)$

Die Ω-Notation (untere Schranke – _lower bound_). Wir sagen, dass $f(n) = \Omega(g(n))$ ist, wenn es die positiven Konstanten $n_0 \in \mathbb{N}$ und $c \in \mathbb{R}$ gibt, für die der Wert von $f(n)$ für alle natürlichen Zahlen n, die größer gleich n_0 sind, immer größer gleich $c \cdot g(n)$ ist.

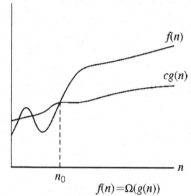

$$f(n) = \Omega(g(n))$$

Die Ω-Notation: $\exists n_0, c \; \forall n \geq n_0: f(n) \geq c \cdot g(n)$

Optimalität, Reduktion, Beispiele

Die Komplexität eines Algorithmus ist eine Funktion $g(n)$, die die Anzahl der benötigten Operationen (bei der Laufzeit) des Problems für eine Dimension n nach oben beschränkt. Es gibt zwei Interpretationen der oberen Schranke:

    a. Die Komplexität im ungünstigsten Fall (engl. *worst-case complexity*): die Laufzeit des Problems ist in allen Fällen kleiner gleich der oberen Schranke.

    b. Die Laufzeit für jede Dimension des Problems entspricht dem Durchschnitt der Laufzeit aller Instanzen des Problems.

Weil es schwierig ist, ein statistisches Verhalten, das von der Problemdimension abhängig ist, festzustellen, verwendet man in den meisten Fällen die erste Interpretation (engl. *worst-case*). Sehr oft nähert man die Komplexität von $f(n)$ durch ihre Familie $O(g(n))$ an, wobei $g(n)$ eine der folgenden Funktionen sein kann: n (lineare Komplexität), $log(n)$ (logarithmische Komplexität), n^a für $a \geq 2$ (polynomiale Komplexität), a^n (exponentielle Komplexität), $n!$ (faktorielle Komplexität). Eine andere suggestive Definition basiert auf Grenzwerten der mathematischen Analysis. Für den Spezialfall, das der Grenzwert von $f(n)/g(n)$ für n gegen unendlich existiert und endlich ist, hat $f(n)$ den Rang $O(g(n))$:

Beispiele:

    1. $lim \; (sqrt(n)/n) = 0 \rightarrow sqrt(n) \in O(n)$

    2. $lim \; (n/sqrt(n)) =$ unendlich $\rightarrow n \notin O(sqrt(n))$

    3. $lim \; (n/2n) = \frac{1}{2} \rightarrow n \in O(2n)$

    4. $lim \; (2n/n) = 2 \rightarrow 2n \in O(n)$

Wenn man n groß genug wählt, sind folgende Ungleichungen erfüllt:

$log(n) < n < n \cdot log(n) < n^2 < n^3 < 2^n$, und es folgt $O(log(n)) \subset O(n) \subset O(n\ log(n)) \subset O(n^2) \subset O(n^3) \subset O(2^n)$.

Beispiele: $10n + 5\ log(n) + 8 \in O(n)$, $8n \in O(n^2)$, $65 \in O(1)$, $n^{1000} \in O(2^n)$.

Nachdem die Komplexität eines Algorithmus berechnet wurde, kann man herausfinden, ob der Algorithmus **optimal** ist. Ein Algorithmus für ein gegebenes Problem ist dann optimal, wenn seine Komplexität eine untere Schranke für die Komplexitäten aller Algorithmen darstellt, die das Problem ebenfalls lösen. Zum Beispiel führt jeder Algorithmus, der alle Schnittpunkte einer Menge von n Strecken findet, im ungünstigsten Fall mindestens $\binom{n}{2}$ Operationen aus, und es gibt mindestens einen

Algorithmus mit der Komplexität $O(n^2)$. Daher können wir nachvollziehen, dass das Problem die Komplexität $\Omega(n^2)$ hat.

Die **Reduktion** ist eine andere Technik, um die Komplexität eines Problems durch die Transformation in ein äquivalentes Problem zu berechnen. Angenommen, wir kennen die untere Schranke für das Problem A aber nicht für das Problem B. Wenn wir das Problem A mittels eines Transformations-

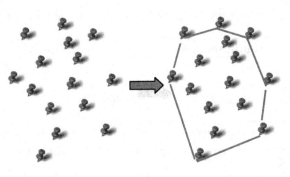

schrittes, dessen Kosten kleiner als die Lösung von A ist, in das Problem B umwandeln können, dann hat B dieselbe untere Schranke wie A. Zum Beispiel lässt sich die Bestimmung der konvexen Hülle auf das Sortieren der gegebenen Punkte reduzieren (Komplexität: $\Theta(n\ log(n))$).

Beispiele: $O(n + log(n)) = O(n)$, da $log(n) < n$, $O(n! + n^3) = O(n!)$, da $n^3 < n!$.

Nun wollen wir anhand von Beispielen die Komplexität und Effizienz von Algorithmen analysieren.

Analyse der Komplexität. Gegeben ist der folgende Algorithmus:

<table>
<tr><td>

1. Lese n
2. $dif \leftarrow 0, sum \leftarrow 0, k \leftarrow 0$
3. **While** ($k < n$) **Do**

    $sum \quad \leftarrow sum + 1$

    $dif \quad \leftarrow dif - 1$

    $k \quad \leftarrow k + 1$

    End_While
4. $k \leftarrow 0$
5. **While** ($k < 3n$) **Do**

    $sum \leftarrow sum - 1$

    $k \quad \leftarrow k + 1$

    End_While
6. Schreibe sum, dif

</td><td>

Schritt 2 dauert 3 Zeiteinheiten.

Die Schleife in Schritt 3 führt $2n$ Additionen, n Subtraktionen und $3n$ Zuweisungen aus, benötigt also insgesamt $6n$ Zeiteinheiten.

Schritt 4 kostet eine Zeiteinheit.

In Schritt 5 finden $2 \cdot 3n$ Zuweisungen, $3n$ Subtraktionen und $3n$ Additionen statt, die insgesamt $12n$ dauern.

Gesamt: $3 + 6n + 1 + 12n = 18n + 4$

Das heißt die Komplexität ist $O(n)$.

</td></tr>
</table>

Analyse der Komplexität und Effizienz. Wir vergleichen drei Algorithmen miteinander, die dieselbe Aufgabenstellung lösen: die Berechnung der Summe $1 + 2 + ... + n$.

Algorithmus A	Algorithmus B	Algorithmus C
$sum \leftarrow 0$ **For** $(i \leftarrow 1, n)$ $\quad sum \leftarrow sum + i$	$sum \leftarrow 0$ **For** ($i \leftarrow 1, n$) $\quad$ **For** ($j \leftarrow 1, i$) $\qquad sum \leftarrow sum + 1$	$sum \leftarrow n*(n+1) / 2$
$n+1$ Zuweisungen, n Additionen	$1 + n(n+1)/2$ Zuweisungen $n(n+1)/2$ Additionen	1 Addition, 1 Multiplikation, 1 Subtraktion, 1 Zuweisung
Insgesamt: $2n + 1$	**Insgesamt: $n^2 + n + 1$**	**Insgesamt: 4**
$O(n)$	$O(n^2)$	$O(1)$

Algorithmus C ist der leistungsfähigste und optimale für dieses Problem. Sie sehen auch, dass Mathematikkenntnisse beim Algorithmenentwurf sehr wichtig sind. Der ineffizienteste Algorithmus ist B.

Wachstum von $O(g(n))$ – vergleichendes Beispiel

Wachstum der Funktion $O(g(n))$

n	$log(log\ n)$	$log\ n$	$(log\ n)^2$	n	$n\ log\ n$	n^2	2^n	$n!$
10	2	3	11	10	33	10^2	10^3	10^5
10^2	3	7	44	100	664	10^4	10^{30}	10^{94}
10^3	3	10	99	1000	9966	10^6	10^{301}	10^{1435}
10^4	4	13	177	10.000	132.877	10^8	$10^{3.010}$	10^{19335}
10^5	4	17	276	100.000	1.660.964	10^{10}	$10^{30.103}$	$10^{243.338}$
10^6	4	20	397	1.000.000	19.931.569	10^{12}	$10^{301.030}$	$10^{2.933.369}$

Komplexitäten für andere Algorithmen:

1. Man kann beweisen, dass der euklidische Algorithmus die Komplexität $O((log\ a)(log\ b))$ aufweist.
2. Die Komplexität für die lineare Suche ist $O(n)$, weil im ungünstigsten Fall alle Elemente durchsucht werden müssen.
3. Für die binäre Suche beträgt die Komplexität $O(log\ n)$, weil im ungünstigsten Fall $(1 + log\ n)$ Iterationen ausgeführt werden.
4. Beim Kartenfärbungsproblem werden die n Knoten eines Graphen mit m Farben eingefärbt. Im schlechtesten Fall muss man alle möglichen Kombinationen generieren (die exhaustive Suche), deren Anzahl m^n ist (die Anzahl der surjektiven Funktionen mit dem Definitionsbereich einer Menge mit n Elementen und dem Wertebereich einer Menge mit m Elementen). Die Komplexität ist also exponentiell: $O(m^n)$.

Die reelle Zeit eines Algorithmus (polynomial *vs.* exponentiell)

Die nachfolgende Tabelle zeigt uns, wie sich die reelle Laufzeit ändert, wenn $T(n)$ Zeiteinheiten (Schritte oder elementare Operationen) auf einem Rechner ausgeführt werden, der mit einer Frequenz von einer Milliarde Takte pro Sekunde arbeitet. Eine $\mu s = 10^{-6}$ Sekunden.

Vergleich der reellen Zeit
(polynomiale versus exponentielle Algorithmen)

n	$T(n) = n$	$T(n) = n\ lg(n)$	$T(n) = n^2$	$T(n) = n^3$	$T(n) = 2^n$
5	0.005 µs	0.01 µs	0.03 µs	0.13 µs	0.03 µs
10	0.1 µs	0.03 µs	0.1 µs	1 µs	1 µs
20	0.02 µs	0.09 µs	0.4 µs	8 µs	1000 µs
50	0.05 µs	0.28 µs	2.5 µs	125 µs	13 Tage
100	0.1 µs	0.66 µs	10 µs	1000 µs	4×10^{13} Jahre

Wir erkennen, dass für $n \geq 50$ die Rechenzeit für $T(n) = 2^n$ viel zu groß wird. Sogar wenn man den Rechner um den Faktor eine Millionen beschleunigen könnte, würde er für $n = 100$ noch 40.000.000 Jahre beschäftigt sein.

Klassifizierung der Probleme (*P*, *NP*, *NP*-vollständig, *NP-hard*)

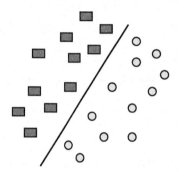

Nicht nur an der Zeitkomplexität von Problemen ist man interessiert, sondern auch an ihrem Schwierigkeitsgrad (erreichbar oder unerreichbar). Zur Einordnung gibt es das *P*- und das *NP*- Klassifizierungsschema. *NP*-vollständig und *NP-hard* sind Unterklassen von *NP*. Um einige formale Merkmale bezüglich der Menge aller Probleme zu charakterisieren, definierte man zuerst die Klasse der **Entscheidungsprobleme**. Diese Klasse schließt alle Probleme ein, deren Lösung *Ja* oder *Nein* ist. Dazu gehört zum Beispiel die Frage bzw. das Problem, ob ein ungerichteter Graph zusammenhängend ist (d. h., ob es zwischen je zwei Knoten einen Weg gibt). Die Eingabedaten sind die Knoten und die Kanten des Graphen *G* (die Elemente, die den Graphen beschreiben), und die Frage ist: „Ist *G* zusammenhängend?". Normalerweise sind die meisten Optimierungsprobleme keine Entscheidungsprobleme, aber sie können leicht dazu überführt werden. Eine Form des Problems des Handlungsreisenden (*TSP – travelling salesman problem*) kann etwa den Graphen *G* und eine Zahl *K* als Eingabedaten haben. Die Frage lautet: „Beinhaltet *G* eine Tour mit einer Länge, die kleiner oder gleich *K* ist?". Gewöhnlich ist ein Optimierungsproblem nicht schwieriger als das Entscheidungspendant.

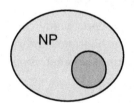

Zur **Klasse *P*** gehören alle Entscheidungsprobleme, die sich **po**lynomial lösen lassen; das sind die Probleme, die man als leicht lösbar (erreichbar) betrachtet. Die umfangreichere **Klasse *NP*** beinhaltet die Klasse *P* und zusätzlich die Entscheidungsprobleme, die sich „**n**icht-deterministisch **p**olynomial" lösen lassen. Die Klasse *NP* weist die folgende Eigenschaft auf: Für jede Instanz des Problems, die mit einem „Ja" gelöst wird, kann das Resultat mit einem polynomialen Algorithmus überprüft werden. Wir stellen zum Beispiel die Frage „Sind die Graphen *G* und *G′* isomorph?". Eine Instanz „Ja" des Problems ist eine Instanz, für die die Graphen isomorph sind. Ein Beweis für diese Instanz wird durch einen Isomorphismus (eine bijektive Abbildung, die die Knoten und Kanten eines Graphen den Knoten und Kanten eines anderen zuweist) *f* von *G* nach *G′* dargestellt. Der Beweis besteht darin, zu prüfen, ob *f* wirklich ein Isomorphismus auf *G* in *G′* ist, d. h., ob es für jede Kante {*u*, *v*} aus *G* eine Kante {*f*(*u*), *f*(*v*)} in *G′* gibt und *G′* keine anderen Kanten hat. Der Beweis erfolgt in polynomialer Zeit relativ zur Dimension der Graphen *G* und *G′*. Deswegen gehört das Problem der Klasse *NP* an. Ein anderes Beispiel ist das

Problem des Handlungsreisenden, das oben als Entscheidungsproblem erwähnt ist. Die Instanz eines Problems ist ein Graph G und eine Zahl K. Wenn $K=100$ ist, dann bedeutet eine Antwort „Ja", dass es eine Liste von Kanten mit maximal 100 Elementen gibt, die einen **Hamiltonkreis** (ein Weg, der alle Knoten des Graphen enthält und dessen Start- und Endknoten identisch sind, aber sonst dürfen keine weiteren Knoten identisch sein) in G bilden. Diese Liste ist quasi der Ausweis, mit deren Hilfe man in polynomialer Laufzeit entscheiden kann, dass die Antwort zum Problem „Ja" ist.

Es gibt keine Symmetrien zwischen den beiden Alternativen „Ja" und „Nein". Um uns zu überzeugen, dass die Antwort „Ja" ist, genügt es, wenn wir in polynomialer Zeit eine mögliche Lösung prüfen. Wenn die Antwort „Nein" ist, wird alles komplizierter (wir müssen alle möglichen Varianten prüfen, was sehr teuer ist, faktisch eigentlich unmöglich). Wenn wir bei einem Entscheidungsproblem die Frage negieren, nennt man die zugehörige Klasse **Co-NP**. Für das Problem des Handlungsreisenden ergibt sich dann die Frage: „Haben alle möglichen Touren in G eine Länge größer als K?". Es gibt aber viele Probleme, die aussehen, als ob sie weder zur Klasse *NP* noch zur Klasse *Co-NP* gehören, weil für sie noch kein Beweis in polynomialer Zeit gefunden wurde („Ausweis"). Ein Beispiel ist das Problem mit dem Graphen G und den Zahlen K und L mit der Frage: „Ist die Anzahl der verschiedenen Touren des Handlungsreisenden, die eine Länge kleiner gleich K aufweisen, gleich L?".

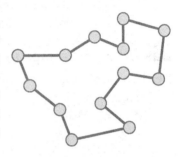

Probleme *NP*-vollständig (*NP-complete*)

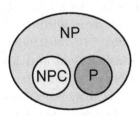

Bis jetzt konnte niemand einen polynomialen Algorithmus für das Problem des Handlungsreisenden finden. Andererseits konnte auch noch niemand beweisen, dass es keinen solchen Algorithmus gibt. Trotzdem bezeichnet man dieses Problem als unlösbar oder unerreichbar. Das Handlungsreisendenproblem ist Teil einer bestimmten Problemklasse, die eine Teilmenge von *NP* ist. Diese Klasse heißt **NP-vollständig** (engl. *NP-complete*), kurz **NPC**, und sie umfasst eine immense Anzahl von Problemen, die allesamt zu den schwierigsten Problemen zählen, die *NP* zu bieten hat. Beispiele *NP*-vollständiger Probleme:

- Graphenisomorphismus-Problem (*Graph Isomorphism Problem*): Sind zwei gegebene Graphen isomorph?
- Graphenfärbungsproblem (*Graph Colouring Problem*): Es sei ein Graph G und eine natürliche Zahl $k \geq 1$ gegeben. Definition: Eine k-Färbung des Graphen G ist eine Möglichkeit, die Knoten des Graphen so mit den Farben 1, 2, …, k zu

färben, dass benachbarte Knoten immer verschiedenfarbig sind. Gibt es eine k-Färbung von G?

- *Schedule Problem*: Existiert ein Ablaufsplan für eine Menge von Aktivitäten, wobei jede Aktivität durch eine Menge von Zielen, Ressourcen und Merkmalen bestimmt ist.

- Verpackungsproblem (*Bin Packing Problem*): Es seien eine Menge von Objekten mit ihren Dimensionen und eine Menge von Kisten mit ihren Dimensionen gegeben. Kann man die Objekte in die Kisten verpacken?

- Mengenüberdeckungsproblem (*Set Covering Problem*): Es seien eine Menge S, eine oder mehrere Teilmengen von S und eine natürliche Zahl k gegeben. Entscheiden Sie, ob es eine Möglichkeit gibt, S als Vereinigungsmenge von maximal k Teilmengen anzugeben.

- Rucksackproblem (*Knapsack Problem*): Es seien ein Rucksack mit der Kapazität S, eine Menge von Objekten mit ihren Größen- und Gewichtsangaben und eine positive Zahl V gegeben. Gibt es eine Teilmenge von Objekten, für die gilt, dass die Objekte insgesamt höchstens S groß und mindestens V schwer sind?

Das Erfüllbarkeitsproblem (*SAT*)

Der Informatikprofessor Stephen Arthur Cook führte 1971 die Klassen *NP* und *NPC*

Prof. Dr. Stephen Arthur Cook (geb. 1939)

im Artikel *Proceedings of the Third Annual ACM Symposium on Theory of Computing*, S. 151-158, ein. Darin beweist er, dass das Erfüllbarkeitsproblem (*SAT*, vom engl. *satisfiability*), ein bestimmtes Entscheidungsproblem der Aussagenlogik, *NP*-vollständig ist und dass jedes andere Problem aus *NP* als spezieller Fall des *SAT*-Problems betrachtet werden kann, denn wenn ein *NP*-vollständiges Problem gelöst ist, dann wird durch polynomiale Transformation jedes *NP*-vollständige Problem lösbar. Mit anderen Worten hat Cook also diesen Zusammenhang bewiesen: Wenn es einen polynomialen Algorithmus gibt, der ein beliebiges Problem der Klasse *NP* löst, dann existiert für *jedes NP*-Problem ein polynomialer Algorithmus als Lösung.

Hier das *SAT*-Problem, das eines der wichtigsten Probleme der Komplexitätstheorie ist:

Ist eine gegebene aussagenlogische Formel erfüllbar? Gibt es also eine Zuweisung von Wahrheitswerten zu den Aussagevariablen, für die die Formel wahr ist?

Beispiel. Eine Formel, die in konjunktiver Normalform (KNF) vorliegt, hat den Aufbau

$$(y_{11} \vee y_{12} \vee ... \vee y_{1n_1}) \wedge (y_{11} \vee y_{12} \vee ... \vee y_{1n_2}) \wedge ... \wedge (y_{11} \vee y_{12} \vee ... \vee y_{1n_m}),$$

wobei die y_{ij} boolsche Werte aus der Variablenmenge $\{x_1, x_2, ..., x_n, \neg x_1, \neg x_2, ..., \neg x_n\}$ sind.

Es sei die logische *KNF*-Formel
$$F = (x_1 \vee \neg x_2) \wedge (x_2 \vee x_3) \wedge (\neg x_1 \vee \neg x_2 \vee \neg x_3) \wedge (x_1 \vee \neg x_3)$$
gegeben und wir müssen entscheiden, ob es eine Zuweisung der Variablen x_1, x_2, x_3 gibt, so dass die Bewertung der Formel wahr ist. Aus der Tabelle wird ersichtlich, dass es zwei solcher Zuweisungen gibt.

x_1	x_2	x_3	F
0	0	0	0
0	0	1	0
0	1	0	0
0	1	1	0
1	0	0	0
1	0	1	1
1	1	0	1
1	1	1	0

Die Klasse der *NP-hard* Probleme

Die in der Klasse *NP-hard* enthaltenen Probleme sind mindestens ebenso schwierig, wie die Probleme aus *NP*, genauer gesagt sind sie also mindestens ebenso schwierig wie *NPC*-Probleme. *NP-hard* beinhaltet zum Beispiel die Optimierungsprobleme, deren Entscheidungsvarianten *NP*-vollständig sind (wie etwa das Problem des Handlungsreisenden). Wir haben oben gesehen, dass die Laufzeit für die Bestimmung einer optimalen Lösung inakzeptabel ist, d. h. es ist praktisch unmöglich, eine optimale Lösung zu finden. In den letzten Jahren sind deswegen neue Teilgebiete der Informatik entstanden, die für diese Probleme Lösungen suchen, die „so optimal wie möglich" sind. Dazu gehören u. a. evolutionäre Algorithmen, künstliche Intelligenz und *Fuzzy* Systeme, die sich alle an natürlichen Vorbildern orientieren.

Aufgaben

1. Woher stammt des Wort Algorithmus? Zählen Sie ein paar alternative Definitionen auf.
2. Geben Sie die Schritte des euklidischen Algorithmus für die Transformation der Variablen an, um den *ggT* der Zahlen 2322 und 654 zu berechnen.
3. Beschreiben Sie, wie zwei natürliche Zahlen ziffernweise multipliziert werden.

4. Entwickeln Sie einen Algorithmus, der gleichzeitig das Minimum und Maximum aus einer Zahlensequenz sucht. Welche Komplexität hat er?

5. Erstellen Sie je einen Algorithmus für die sequenzielle und die binäre Suche. Welche Komplexitäten weisen sie auf? Welcher Algorithmus ist schneller, und wie erklären Sie das?

6. Schauen Sie sich die Beschreibung der Methoden *binarySearch*() der Klassen *java.util.Collections* und *java.util.Arrays* in der Java-*API*-Dokumentation an und schreiben Sie ein Beispielprogramm, das diese Methoden anwendet.

7. Warum kann man behaupten, dass auch ein Kochrezept ein Algorithmus ist?

8. *Kochstunde.* Bereiten Sie sich ein Tiramisu nach dem gegebenen Rezept zu. *Hinweis*: Sie können auch den Saft einer halben Zitrone dazu geben, so schmeckt es frischer und leichter.

9. Was sind die Darstellung und die Transformation im Leben eines Programms?

10. Wie lautet das Kartenfärbungsproblem und wie kodiert man es?

11. Welche Eigenschaften besitzt ein Algorithmus?

12. Was versteht man unter dem Entwurf bzw. der Analyse eines Algorithmus?

13. Was verbirgt sich hinter einem Rechnermodell? Geben Sie Beispiele von Modellen an und beschreiben Sie die Eigenschaften und Vorteile des *RAM*-Rechnermodells.

14. Was ist die Komplexität eines Algorithmus? Beschreiben Sie die Notationen Θ, O und Ω formal.

15. Was versteht man unter der Reduktion und Optimalität eines Algorithmus? Geben Sie Beispiele für *NP*-vollständige Probleme.

16. Beschreiben Sie das *SAT*-Problem. Nennen Sie auch ein Beispiel. Warum ist dieses Problem eines der wichtigsten *NP*-vollständigen Probleme?

17. Was ist die Klasse der *NP-hard* Probleme?

18. Was stimmt und was nicht?
    A. $n^2 \in O(n^3)$ B. $n^3 \in O(n^2)$ C. $2^{n+1} \in O(2^n)$ D. $(n+1)! \in O(n!)$

19. *Rumänienkarte.* Wir betrachten eine Karte, die Rumäniens Untergliederung in Bezirke zeigt. Nur die vier Farben, die Sie hier sehen, stehen zum Einfärben zur Verfügung. Ein Beispiel für eine Färbung mit vier Farben ist:

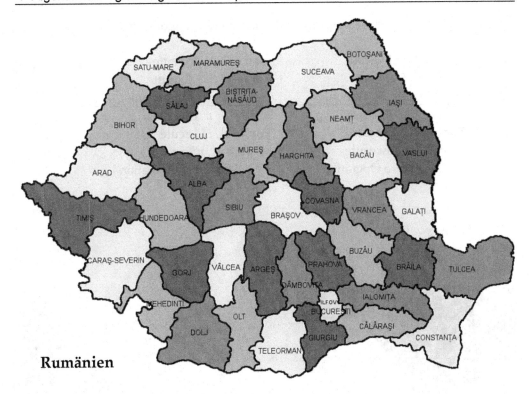

Rumänien

Vervollständigen Sie den entsprechenden Graphen:

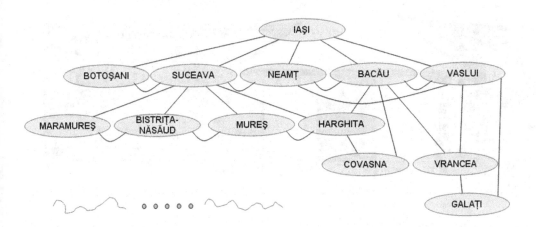

20. Bestimmen Sie die Komplexitäten der folgenden Algorithmen:

For $i \leftarrow 1, n$ **Execute**
For $j \leftarrow 1, 5$ **Execute**
  {elementare Operation}
	For $i \leftarrow 1, n$ **Execute**
	For $j \leftarrow 1, i{+}1$ **Execute**
	  {elementare Operation}

For $i \leftarrow 1, n$ **Execute**
For $j \leftarrow 1, 6$ **Execute**
  For $k \leftarrow 1, n$ **Execute**
    { elementare Operation }
	For $i \leftarrow 1, n$ **Execute**
	For $j \leftarrow 1, i$ **Execute**
	  For $k \leftarrow 1, n$ **Execute**
	    { elementare Operation }

Kapelle in Dorohoi, Rumänien

Verschachtelte Schachteln

In diesem Kapitel stellen wir ein Problem der Dynamischen Programmierung vor. Nach der vollständigen Beschreibung des Problems folgen die Problemanalyse und der Entwurf der Lösung, der in einem kurzen Pseudocode mündet. Daraus entwickeln wir ein Java-Programm, das anschließend bezüglich Java/OOP-Techniken analysiert wird.

Problembeschreibung

Wir betrachten eine n-dimensionale Schachtel. Wenn wir zwei Dimensionen annehmen, kann das Paar (2, 3) eine Schachtel mit der Länge 3 und der Breite 2 repräsentieren. In der dreidimensionalen Welt kann das Tripel (4, 8, 9) eine Schachtel der Länge 4, der Breite 8 und der Höhe 9 repräsentieren. Es mag schwierig sein, sich eine Schachtel mit mehr als drei Dimensionen vorzustellen, aber wir können damit operieren. Wir sagen, dass eine Schachtel $A = (a_1, a_2, ..., a_n)$ in die Schachtel $B = (b_1, b_2, ..., b_n)$ **passt**, wenn es eine Permutation π von $\{1, 2, ..., n\}$ gibt, so dass $a_{\pi(i)} < b_i$ für alle $i \in \{1, 2, ..., n\}$. Das heißt, dass man die Reihenfolge der Werte einer Schachtel beliebig ändern darf. Wir wollen die längste Folge von Schachteln finden, die ineinander passen. Die Schachteln $C_1, C_2, ..., C_k$ stellen eine solche Folge dar, wenn die Schachtel C_i in die Schachtel C_{i+1} ($1 \leq i < k$) passt.

Zum Beispiel passt die Schachtel $A = (2, 6)$ in die Schachtel $B = (7, 3)$, weil die Abmessungen von A permutiert werden können zu $A = (6, 2)$ und jede Abmessung ist kleiner als die entsprechende Abmessung von B. Die Schachtel $A = (9, 5, 7, 3)$ passt nicht in die Schachtel $B = (2, 10, 6, 8)$, weil keine Umstellung der Werte von A diese Bedingung erfüllt. Aber die Schachtel $C = (9, 5, 7, 1)$ passt in die Schachtel B, weil ihre Abmessungen zu (1, 9, 5, 7) permutiert werden können und jede ist kleiner als die entsprechende Abmessung in B.

Eingabe: In der Datei *schachteln.in* gibt es eine Folge von Schachteln. Jede Folge beginnt mit einer Zeile, die die Anzahl der Schachteln k und deren Abmessungen n beschreibt. Jede der folgenden k Zeilen beinhaltet die n Abmessungen der jeweiligen Schachtel.

Ausgabe: Wie gesagt, wir müssen eine maximale Folge von Schachteln finden, die ineinander passen. Für den Fall, dass es mehrere solcher maximalen Folgen gibt, wird nur eine von ihnen ausgegeben, wie in *schachteln.out* zu sehen ist. Die maximale Dimension einer Schachtel ist 250, die minimale ist 1. Die maximale Anzahl von Schachteln in einer Sequenz ist 300. Wir nehmen an, dass die *Eingabedaten* korrekt sind! *Beispiel:*

schachteln.in	schachteln.out
5 2	Laenge: 4
3 7	- - - - - - - - - - - - - -
8 10	3 1 4 5
5 2	* *
12 7	
21 18	Laenge: 4
8 6	- - - - - - - - - - - - - -
5 2 20 1 30 10	7 2 5 8
23 15 7 9 11 3	* *
40 50 34 24 14 4	
9 10 11 12 13 14	Laenge: 5
31 4 18 8 27 17	- - - - - - - - - - - - - -
44 32 13 19 41 19	5 4 2 7 9
1 2 3 4 5 6	* *
80 37 47 18 21 9	
9 5	
7 14 2 1 3	
49 80 15 50 10	
90 53 17 60 11	
4 3 2 15 10	
1 2 3 4 5	
6 7 8 9 10	
89 53 17 60 11	
3 2 1 14 9	
92 54 65 19 15	

(ACM Internet Programming Contest 1990, Problem D. Stacking Boxes)

Problemanalyse und Entwurf der Lösung

Satz 1. Gegeben seien die *n*-dimensionalen Schachteln $A = (a_1, a_2, ..., a_{n-1}, a_n)$ und $B = (b_1, b_2, ..., b_{n-1}, b_n)$ mit der Eigenschaft $a_i \le a_{i+1}$, $b_i \le b_{i+1}$ für alle *i* von 1 bis *n*-1 (die Dimensionen sind aufsteigend sortiert). Die Schachtel *A* passt dann und nur dann in die Schachtel *B*, wenn $a_i < b_i$ für alle $i \in \{1, 2,..., n\}$.

Beweis. Wir benutzen den Beweis durch Widerspruch. Wir stellen uns vor, dass *A* in *B* passt und es ein $k \in \{1, 2,..., n\}$ gibt, so dass $a_k \ge b_k$. Wir betrachten das kleinste *k* mit diesen Bedingungen: $a_i < b_i$ für alle $i \in \{1, 2,..., k-1\}$ und $a_k \ge b_k$. Weil a_i eine aufsteigende Folge ist, folgt, dass auch $a_i \ge b_k$ für alle $i \in \{k+1, ..., n\}$. Die einzige Möglichkeit, dass an Position *k* die Ungleichung $a_k < b_k$ erfüllt wird, ist der Tausch von a_k mit einem der Werte $\{a_1, a_2, ..., a_{k-1}\}$. Den betreffenden Wert bezeichnen wir mit *j*. In diesem Fall gilt an der Stelle j die Ungleichung $a_j \geq b_j$, also passt A nicht in B. Widerspruch! In der anderen Richtung ist die Implikation per Definition wahr. ❏

Ein erster Schritt zum Entwurf eines Algorithmus ist dann das aufsteigende Sortieren der Dimensionen für jede Schachtel. Der zweite Schritt ist das lexikographische Sortieren aller Schachteln, mit der Speicherung der ursprünglichen Stelle. Damit Schachtel A in Schachtel B passt, ist es notwendig (aber nicht ausreichend!), dass A sich in dieser Folge vor B befindet (eine Schachtel an einer kleineren Stelle *kann* in eine Schachtel an einer größeren Stelle passen, aber umgekehrt ist das unmöglich!). Nach diesen Vorarbeiten reduzieren wir das Problem auf die Bestimmung der längsten aufsteigenden Teilfolge. Die Vergleichsbedingung „≤" wird jetzt zu „*passt*". Für die erste Sequenz aus der Eingabedatei werden die folgenden Schritte ausgeführt:

1. Aufsteigendes Sortieren der Dimensionen für jede Schachtel	2. Lexikographisches Sortieren der Schachteln mit Speicherung der ursprünglichen Stellen

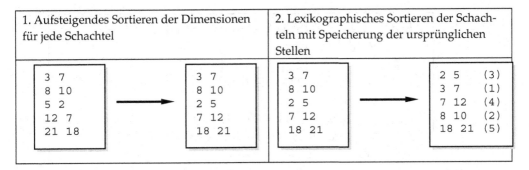

Die Bestimmung der längsten aufsteigenden Teilfolge ist ein klassisches Problem der Dynamischen Programmierung, und wird auch in Kapitel 16 behandelt. Die maximal aufsteigende Teilfolge mit der Beziehung „passt" ist $(2, 5) \rightarrow (3, 7) \rightarrow (7, 12) \rightarrow (18, 21)$, und sie ist die einzige mit der Länge 4. Wir schreiben die ursprünglichen Positionen der Schachteln (3 1 4 5) in die Ausgabedatei.

Der Algorithmus

Wir betrachten n Objekte C_1, C_2, ..., C_n vom Typ *Schachtel*, die ihre Dimensionen und ursprünglichen Stellen kennen. Für jedes i betrachten wir eine Folge von Schachteln mit der letzten Schachtel C_i. Dafür bilden wir zwei Vektoren $v[]$ und $vPred[]$. Die Länge der Folge ist $v[i]$ und der Index der vorletzten Schachtel ist $vPred[i]$ ($vPred[i]=-1$, wenn $v[i]=1$). Also:

- $v[i]$ ist die maximale Länge einer korrekten, ineinander passenden Schachtelfolge, deren letzte Schachtel C_i ist. Formal schreiben wir:

  $v[1] \leftarrow 1$ (die erste Schachtel kann keine andere beinhalten, die Teilfolge beinhaltet also nur dieses Element),

  $v[i] \leftarrow 1 + \max\{v[j] \mid j<i$ und C_j passt in $C_i\}$ (C_j ist die vorletzte Schachtel der Schachtelfolge).

-   $vPred[i]$ beinhaltet den Index j mit der Bedingung, dass die Schachtel C_j die Vorgängerschachtel in der maximalen Teilfolge ist, die mit der Schachtel C_i endet (wenn eine Schachtel keinen Vorgänger hat, dann ist dieser Wert -1):
    $vPred[1] \leftarrow -1$ (die erste Schachtel hat keinen Vorgänger),
    $vPred[i] \leftarrow j$, $v[j]$ maximal mit ($j<i$ und C_j passt in C_i).

Wenn es mehrere Folgen mit maximaler Länge gibt, dann nehmen wir die erste.

Die Vektoren $v[]$ und $vPred[]$ werden sequenziell befüllt. Wir nutzen die globale Variable $imax$ zur Speicherung des aktuellen optimalen Index. Wenn die Länge $v[i]$ für die aktuelle Stelle größer als der Wert $v[imax]$ ist, dann wird $imax$ mit i aktualisiert.
Nun können wir den Pseudocode des Algorithmus formulieren.

```
ALGORITHM_VERSCHACHTELTE_SCHACHTELN
    1.  Read Boxes C₁, C₂, ... Cₙ
    2.  For (i ← 1, n; step 1) Execute
             Sort_Dimensions(Cᵢ)
        End_For
    3.  Sort_Lexikographical(C₁, C₂, ..., Cₙ)
    4.  v[1] ← 1, vPred[1] ← -1, imax ← 1
    5.  For (i ← 2, n; step 1) Execute
        5.1. v[i] ← 1, vPred[i] ← -1
        5.2. For (j ← 1, i-1; step 1) Execute
                If (Cⱼ passt in Cᵢ AND v[j]+1 > v[i]) Then
                    v[i] ← v[j]+1
                    vPred[i] ← j
            End_If
            End_For
        5.3. If (v[i] > v[imax]) Then
                imax ← i
            End_If
        Ende_For
    6. recoverBoxesSubstring (C[1..n], vPred[], imax)
END_ALGORITHM_VERSCHACHTELTE_SCHACHTELN
```

Die Komplexität des Algorithmus ist $O(n^2 m + nm \log m)$, wobei n die Zahl der Schachteln und m die Dimension einer Schachtel ist (aus Schritt 2 folgt $O(nm \log m)$, weil n Schachteln sortiert sind; aus Schritt 5 folgt $O(n^2)$, weil es zwei verschachtelte *for*-Schleifen mit der Länge *n* gibt; in der zweiten *for*-Schleife gilt für die *passt*-Bedingung *O(m)*).

Der Algorithmus *rekonstruiereTeilfolge ()* ermittelt die optimale Schachtelteilfolge auf der Basis des Vektors *vPred*[] und des optimalen Index *imax* rekursiv:

ALGORITHM_rekonstruiereTeilfolge (*C[1..n]*, *vPred[]*, *imax*)
   String *strReturn*;
   currIndex ← *imax*
   While (*currIndex* >= 0) **Do**
     strReturn.insertAtBeginning (*Original_Position(C[currIndex]*));
     currIndex ← *vPred[currIndex]*
   End_While
   return *strReturn*
END_ ALGORITHM_ rekonstruiereTeilfolge (*C[1..n]*, *vPred[]*, *i*)

Die Komplexität dieses Algorithmus ist linear *O(n)*.

Das Programm

Um das beschriebene mathematische Modell zu implementieren, schreiben wir die Klasse *CBox*, die Attribute wie *index* (die ursprüngliche Position in der Eingabedatei) und das Array *dimensions* beinhaltet. Die Methoden *getIndex()*, *compareTo()* und *fitIn()* bearbeiten die Elemente des abstrakten Typs *CBox*.

```java
import java.io.*;
import java.util.*;

public class P01_BoxInBox {

  private static class Box implements Comparable<Box> {
    private int dimensions[];
    private int index;

    public Box(int boxIndex, int boxDimensions[]) {
      this.index = boxIndex;
      this.dimensions = boxDimensions;
    }

    public int compareTo(Box otherBox) {
      assert
        this.dimensions.length == otherBox.dimensions.length :
          " Schachteldimensionen sind nicht einheitlich!";
      int rt = 0;
      for (int i = 0;
```

```
            i < this.dimensions.length && rt == 0; i++) {
      rt = this.dimensions[i] - otherBox.dimensions[i];
    }
    return rt;
  }

  public int getIndex() {
    return index;
  }

  public boolean fitIn(Box otherBox) {
    assert
      this.dimensions.length == otherBox.dimensions.length :
          " Schachteldimensionen sind nicht einheitlich!";
    boolean fit = true;
    for (int i = 0; fit && i < this.dimensions.length; i++) {
      fit = this.dimensions[i] < otherBox.dimensions[i];
    }
    return fit;
  }
}

public static void main(String args[]) {

  Scanner scanner = null;
  PrintWriter out = null;
  try {
    scanner = new Scanner(new File("schachteln.in"));
    out = new PrintWriter(new File("schachteln.out"));
    while (scanner.hasNextInt()) {
      Box boxes[] = new Box[scanner.nextInt()];
      int numDimensions = scanner.nextInt();
      for (int i = 0; i < boxes.length; i++) {
        int boxDimensions[] = new int[numDimensions];
        for (int j = 0; j < numDimensions; j++) {
          boxDimensions[j] = scanner.nextInt();
        }
        Arrays.sort(boxDimensions);
        boxes[i] = new Box(i, boxDimensions);
      }
      Arrays.sort(boxes);

      int v[] = new int[boxes.length];
      Arrays.fill(v, 1);
      int vPred[] = new int[boxes.length];
      Arrays.fill(vPred, -1);
      int indexMax = 0;

      for (int i = 1; i < boxes.length; i++) {
        Box currBox = boxes[i];
```

```
                    for (int j = 0; j < i; j++) {
                        if (boxes[j].fitIn(currBox) && v[j] + 1 > v[i]) {
                            v[i] = v[j] + 1;
                            vPred[i] = j;
                        }
                    }
                    if (v[i] > v[indexMax]) {
                        indexMax = i;
                    }
                }

                out.print("Laenge: ");
                out.println(v[indexMax]);
                StringBuilder bf = new StringBuilder();
                for (int currIdx = indexMax; currIdx >= 0;
                        currIdx = vPred[currIdx]) {
                    bf.insert(0, ' ').insert(0,
                                    (boxes[currIdx].getIndex() + 1));
                }
                out.println(bf);
                out.println("*******************************");

            }
        } catch (Throwable th) {
            th.printStackTrace();
        } finally {
            if (scanner != null) {
                scanner.close();
            }
            if (out != null) {
                out.close();
            }
        }
    }
}
```

Die Programmanalyse

Datenabstraktion. Der abstrakte Datentyp *Box* ist die Java-Darstellung des Konzeptes einer *Schachtel* aus der Problembeschreibung. Auf diese Weise lässt sich ein wichtiges Prinzip der OOP realisieren, das man Kapselung (Geheimnisprinzip) nennt: Der Zugriff auf die Daten zum Lesen oder Ändern kann nur mit Hilfe von Methoden erfolgen. Ein unbeabsichtigtes Ändern des Indexes oder der Dimensionen ist nicht möglich.

Konstruktoren. In Java ist ein Konstruktor eine Methode ohne Rückgabewert und trägt denselben Namen wie die Klasse, die ihn beherbegt. Konstruktoren werden automatisch ausgeführt, wenn neue Objekte der Klasse angelegt werden, dürfen eine beliebige Anzahl an Parametern haben und können überladen werden. Die Anweisung *new* veranlasst den Compiler dazu, anhand der Parameterliste den richtigen Konstruktor mit den Laufzeitwerten aufzurufen. Wir verwenden in unserem Programm einen Konstruktor, der beide Instanzvariablen initialisiert:

```
public Box(int boxIndex, int boxDimensions[]) {
    this.index = boxIndex;
    this.dimensions = boxDimensions;
}
```

So erzeugen wir in der *main()*-Methode ein Objekt vom Typ *Box*:

```
boxes[i] = new Box(i, boxDimensions);
```

Wenn für eine Klasse keine Konstruktoren existieren, erzeugt der Compiler automatisch einen *default*-Konstruktor ohne Parameter, der wiederum lediglich den parameterlosen Konstruktor der Superklasse aufruft. Gibt es wenigstens einen Konstruktor in der Klasse, erzeugt der Compiler keinen *default*-Konstruktor.

Polymorphismus. Der Term *polymorph* stammt aus dem Griechischen und seine Bedeutung ist: „mehrere Formen haben". Polymorphismus in Java bedeutet, dass mehrere Methoden denselben Namen haben dürfen. Manchmal haben diese Methoden verschiedene Formalparameter-Listen (überladene Methoden, engl. *overloading*) und in anderen Fällen haben sie identische Formalparameter-Listen und identische Rückgabetypen (überlagerte Methoden, engl. *overriding*). In unserem Programm verwenden wir die überladene Methode *java.util.Arrays.sort()*, einmal mit einem Parameter vom Typ *int[]* und einmal mit einem Parameter vom Typ *Box[]*.

Die statische lokale Klasse Box. Die Klasse *Box* ist eine statische lokale Klasse (engl. *static inner class*) von *P01_BoxInBox*. Sie ist mit dem Attribut *static* versehen, weil sie keinen Verweis auf die instanziierende Klasse und keinen Zugriff auf deren Membervariablen braucht. Die Klasse *Box* ist *private*, weil es nicht erlaubt ist, sie von außen zu instanziieren.

Das Interface java.lang.Comparable. Klassen, die nur aus abstrakten, öffentlichen Methoden und Konstanten bestehen und keine Konstruktoren besitzen, bezeichnet man als Interfaces. Diese werden mit dem Schlüsselwort *interface* deklariert und sie bilden Eigenschaften ab, die sich auf Klassen beziehen können, die in verschiedenen Hierarchien beheimatet sind. Mit Hilfe der Interfaces lässt sich das Prinzip der Mehrfachvererbung in Java realisieren. Einige Beispiele für Interfaces in Java: *java.lang.Cloneable, java.lang.Runnable, java.util.EventListener, java.io.Serializable, java.util.Collection, java.lang.Iterable, java.util.Queue, java.util.Formattable, java.util.Map.* Eine Möglichkeit, um

Objekte nach individuellen Kriterien zu sortieren, stellt die Methode *sort*(Object[] *a*) aus der Klasse *Arrays* dar, die Teil des Pakets *java.util* ist:

```
Arrays.sort(boxes);
```

Dafür müssen die Elemente das Interface *Comparable* aus dem Paket *java.lang* implementieren:

```
public int compareTo(Object o)
```

Dieses Interface beinhaltet nur die Methode *compareTo*(), die auf den Instanzen dieser Klasse eine „natürliche Ordnung" definiert, auf Grund derer sie z. B. mit *sort*-Methoden sortiert werden können. *compareTo*() liefert
< 0, wenn das aktuelle Element **vor** dem zu vergleichenden liegt,
  0, wenn das aktuelle Element und das zu vergleichende **gleich** sind und
> 0, wenn das aktuelle Element **hinter** dem zu vergleichenden liegt,
zurück.

Wir sehen auch, wie die Methode *Arrays.sort*(*int*[] *a*) das gegebene Array aufsteigend sortiert.

Die Klasse java.util.Arrays beinhaltet Methoden, die Arrays von primitiven Datentypen und Objekten sortieren, durchsuchen, vergleichen, *hashen*, kopieren, füllen und deren Größe anpassen. *java.util.Arrays* beinhaltet auch die Methode *asList*(), die ein Array als Liste repräsentiert. Sie wirft die Ausnahme *NullPointerException*, wenn die spezifizierte Referenz Null ist. Wir verwenden in unserem Programm die Methoden *Arrays.sort*() und *Arrays.fill*().

Ausnahmen behandelt man in Java mit der ***try-catch***-Anweisung. Allgemein sieht sie so aus:

```
try {
  Anweisung;
  ...
}
catch (Ausnahmetyp_1 x1) {
  Anweisung;
  ...
}
catch (Ausnahmetyp_2 x2) {
  Anweisung;
  ...
}
...
```

```
catch (Ausnahmetyp_n xn) {
  Anweisung;
  ...
}
[
finally {
  ...
}
]
```

Die Anweisungen, die sich im *try*-Block befinden, können bei der Ausführung zu einer Ausnahme des Typs *Ausnahmetyp_i* führen. Wenn das passiert, wird der normale Programmablauf gestoppt und mit dem Code aus dem **catch**-Block weitergeführt, der die Ausnahme mit dem korrespondierenden *Ausnahmetyp* abfängt. Die Fehlerobjekte sind Instanzen der Klasse *Throwable* oder einer ihrer Unterklassen. Unter anderem stellt *Throwable* die Methode *printStackTrace*() bereit, die einen Auszug des Laufzeitstacks zurückgibt. Die *finally*-Klausel in der **try-catch**-Anweisung ist optional. Sie wird immer ausgeführt (falls vorhanden), wenn man in einen *try*-Block eintritt, ob nun vorher ein **catch**-Block gegriffen hat oder nicht, daher ist sie prädestiniert dafür, Aufräumoperationen vorzunehmen (z. B. Ressourcen freizugeben). Wir verwenden sie in allen Programmen des Buches dazu, um die Input- und Outputstreams zu schließen.

Die Klasse StringBuilder. Die Lösung geben wir mittels der Klasse *StringBuilder* aus dem Paket *java.lang* aus, die in Java 5 eingeführt wurde. Diese Klasse ist *API*-kompatibel mit *StringBuffer*, aber ihre Methoden sind nicht synchronisiert und daher schneller. Deswegen nutzt man sie gern dann, wenn man eine dynamische Zeichenkette innerhalb eines einzigen Threads bearbeitet. Die wichtigsten Methoden sind *append*() und *insert*(), die jeden Datentyp akzeptieren: *append*() fügt den Parameter am Ende der Zeichenkette hinzu, *insert*() fügt die Zeichen an einer gegebenen Stelle ein.

Die Klasse Scanner aus dem Paket *java.util* liest in allen unseren Programmen die Eingabedaten ein. Auch sie wurde mit Java 5 vorgestellt und sie ist einfacher zu bedienen als z. B. die ältere Klasse *java.io.FileReader*. Eine Instanz von *Scanner* fungiert als einfacher Textscanner, der primitive Datentypen und Strings parsen kann. Die übliche Verwendung:

- Das Erzeugen eines Scanner-Objekts mit dem *File*-Objekt-Konstruktor als Argument, wie in unserem Programm:

```
scanner = new Scanner(new File("schachteln.in"));
```

(eine Ausnahmebehandlung ist zwingend, also befindet sich diese Instanziierung innerhalb eines *try-catch*-Blocks)

- Daten mit einer passenden Methode *nextXXX()* einlesen, in unserem Fall:

```
Box boxes[] = new Box[scanner.nextInt()];
int numDimensions = scanner.nextInt();
for (int i = 0; i < boxes.length; i++) {
  int boxDimensions[] = new int[numDimensions];
  for (int j = 0; j < numDimensions; j++) {
    boxDimensions[j] = scanner.nextInt();
  }
...
```

- Die Existenz eines Tokens eines bestimmten Datentyps mit der Methode *hasNextXXX()* prüfen, in unserem Fall:

```
while (scanner.hasNextInt()) {
...
```

Die Klasse PrintWriter aus dem Paket *java.io* bietet die Möglichkeit, alle primitiven Datentypen komfortabel in textueller Form auszugeben, und zwar so:
- Ausgabestream anlegen, z. B., wie in unserem Programm, ein *PrintWriter*-Objekt instanziieren, auf das die Ausgabe umgeleitet werden soll:

```
out = new PrintWriter(new File("schachteln.out"));
```

- Ausgabe eines primitiven Datentyps oder eines Objekts, das die Methode *toString()* überladen hat, mit einer der überladenen Methoden *print(Ausgabetyp)* oder *println(Ausgabetyp)*. In unserem Programm verwenden wir sie so:

```
out.print("Laenge: ");
out.println(v[indexMax]);
StringBuilder bf = new StringBuilder();
...
out.println(bf);
out.println("********************************");
```

Die *assert*-Anweisung ist seit dem JDK 1.4. bekannt und sie dient dazu, Bedingungen, von denen man annimmt, dass sie wahr sein sollten, zu überprüfen. Das könnte man natürlich auch mit einer *if*-Anweisung erledigen, aber nicht so prägnant. Die allgemeine Form der *assert*-Anweisung ist:

```
assert Ausdruck1 [ : Ausdruck2 ];
```

Hierbei wird zur Laufzeit geprüft, ob *Ausdruck1*, der boole'sch sein muss, wahr ist. Wenn ja, überspringt das Programm die *assert*-Anweisung, anderenfalls wird ein

Fehlerobjekt vom Typ *java.lang.AssertionError* geworfen. Wenn der optionale *Ausdruck2* nicht existiert, hat das Fehlerobjekt keinen Meldungstext. Gibt es hingegen *Ausdruck2*, dann wird seine Bewertung dem Konstruktor des *AssertionError* übergeben und die Stringdarstellung dieser Bewertung dient als Meldungstext. Der Typ von *Ausdruck2* muss einen Wert haben, der kein Ergebnis einer Methode sein darf, die *void* zurückliefert. Wir verwenden in unserem Programm die *assert*-Anweisung in den Methoden *compareTo()* und *fitIn()*, um zu verifizieren, ob zwei Schachteln dieselben Dimensionen haben:

```
assert
  this.dimensions.length == otherBox.dimensions.length :
            " Schachteldimensionen sind nicht einheitlich!";
```

Standardmäßig erkennen Compiler und Interpreter Assertions nicht (aus Gründen der Abwärtskompatiblität). Um den beiden auf die Sprünge zu helfen, gibt man ihnen ab dem JDK 1.4 die Option *–source 1.4* mit, ab JDK 1.5 *–source 1.5* und ab JDK 1.6 *–source 1.6*.

Aufgaben, Problemstellungen

1. In einer lexikographisch geordneten Schachtelfolge ist eine notwendige Bedingung für die Eigenschaft, dass Schachtel *A* in Schachtel *B* passt, dass sich in dieser Folge *A* vor *B* befindet. Warum ist diese Bedingung nicht auch hinreichend? Gegenbeispiel.

2. Entwerfen Sie eine rekursive Variante des Algorithmus *rekonstruiereTeilfolge()*.

3. Es könnte sein, dass die Eingabedatei nicht korrekt ist (falsche Zeichen, Länge einer Schachtelfolge zu groß oder negativ usw.). Erweitern Sie das Programm so, dass die Korrektheit der Eingabedatei geprüft wird.

4. Schreiben Sie ein Programm, das auch große Eingabedateien für verschiedene Dimensionen generiert, und füttern Sie damit unser Programm. Finden Sie eine schlaue Methode, so dass es in Datensätzen mit großen Dimensionen auch längere Folgen von verschachtelten Schachteln geben kann.

5. Es könnte sein, dass es mehrere korrekte Folgen von verschachtelten Schachteln mit derselben maximalen Länge gibt. Ändern Sie das Programm so ab, dass alle diese Teilfolgen von Schachteln aufgelistet werden.

6. Wenn Sie mit der Programmiersprache *C* vertraut sind, schreiben Sie ein *C*-Programm, das unser Problem löst, um die prozedurale Programmierung mit der objektorientierten Programmierung zu vergleichen.

7. Finden Sie heraus, warum der *Algorithmus_Verschachtelte_Schachteln* zur Dynamischen Programmierung gehört, und nicht etwa zu *Greedy*, *Backtracking* oder *Divide-et-Impera*.

8. Sehen Sie sich sowohl die Beschreibung des Interfaces *java.lang.Comparable* in der Java-*API*-Dokumentation, als auch die andere Verwendung des Interfaces im ersten Problem (Rucksackproblem) des dritten Kapitels (*Greedy*) an.

9. Lesen Sie in Java-*API*-Dokumentation über die Interfaces *java.lang.Cloneable*, *java.lang.Runnable*, *java.util.EventListener*, *java.io.Serializable*, *java.util.Collection*, *java.lang.Iterable*, *java.util.Queue*, *java.util.Formattable* und *java.util.Map* nach. Schreiben Sie Beispielprogramme, die all diese Interfaces einsetzen.

10. Entwickeln Sie mehrere Programme mit *try-catch*-Anweisungen: nur eine *catch*-Klausel, mehrere *catch*-Klauseln, ohne *finally*-Klausel und mit. Bauen Sie verschiedene Fehler in den *try*-Block ein und geben Sie die entsprechenden Nachrichten in den *catch*-Blöcken aus. Die Programme sollen zumindest die folgenden Ausnahmen generieren: *NumberFormatException*, *IndexOutOfBoundsException*, *ArithmeticException*, *EmptyStackException*, *EnumConstantNotPresentException*, *IllegalArgumentException*, *NegativeArraySizeException*, *NullPointerException* (alle sind im Paket *java.lang*)

11. Schreiben Sie ein Testprogramm, das die Methoden der Klasse für dynamische Zeichenketten *StringBuffer* aus dem Paket *java.lang* verwendet: alle Konstruktoren, Einfügen (*append()*, *insert()*), Löschen (*deleteCharAt()*, *delete()*) und Verändern von Elementen (*setCharAt()*, *replace()*), Bestimmen der Länge (*length()*, *capacity()*), Konvertieren in einen *java.lang.String* (*toString()*). Ersetzen Sie dann in dem Programm den *StringBuffer* durch *StringBuilder*.

Anmerkungen

Unter anderem haben wir in diesem Kapitel folgende Themen angesprochen:

1. Verfahren der Dynamischen Programmierung
2. OOP Konzepte wie Datenabstraktion, Polymorphismus.
3. Das Konzept von statischen lokalen Klassen
4. das Interface *java.lang.Comparable*
5. die Klasse *java.lang.StringBuilder*
6. Behandlung von Ausnahmen mit Hilfe der *try-catch-* und *assert*-Anweisungen
7. Ausgabe der primitiven Datentypen in eine Datei mit *PrintWriter* aus dem Paket *java.io*
8. Eingabe der primitiven Datentypen aus einer Datei mit *java.util.Scanner*.

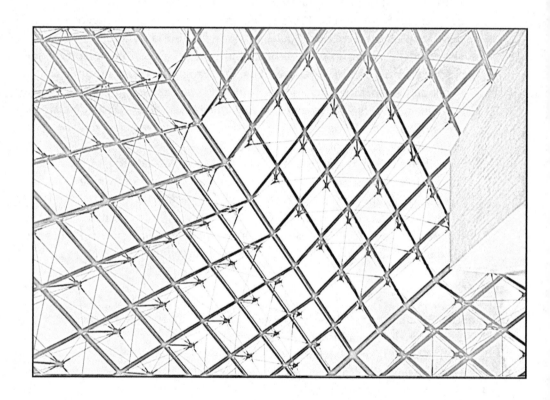

Die Glaspyramide im Louvre, Paris

Greedy

Grundlagen

Greedy-**Algorithmen** (engl. *greedy* = gierig) sind dadurch gekennzeichnet, dass sie immer den aktuell besten Nachfolger auswählen. Daher müssen sie vorher alle zur Verfügung stehenden Nachfolger bewerten, und dazu wenden sie das Gradientenverfahren an. Die gierigen Algorithmen arbeiten recht schnell und finden meist eine gute Lösung. Das heißt aber auch, dass es meist nicht die beste Lösung ist. Das erkennt man recht leicht, wenn man die klassischen Probleme für diesen Algorithmus betrachtet, nämlich das diskrete Rucksackproblem und das Problem des Handlungsreisenden. Der *Greedy*-Algorithmus findet dafür eine relativ gute Lösung, aber die optimale Lösung kann nur gefunden werden, wenn man *Backtracking*-Algorithmen anwendet, und damit steigt der Aufwand beträchtlich. Die beiden Probleme sind NP-vollständig, und sowohl der *Greedy*- als auch der *Backtracking*-Algorithmus bauen die Lösung schrittweise auf, aber nur bei *Backtracking* geht man auch wieder zurück zu einem Vorgänger, und das erklärt auch die enormen Laufzeitdifferenzen der beiden Methoden.

Hier eine allgemeine Form des Greedy-Algorithmus:

```
ALGORITHM_Greedy( S)
    S₁  ← S
    SOL ← ∅
    While (NOT STOP-Condition) Do
    x ← a locally optimal element from S₁
    S₁ ← S₁ \ {x}
    If (SOL ∪ {x} satisfy conditions) Then
        SOL ← SOL ∪ {x}
    End_If
    End_While
END_ALGORITHM_Greedy( S)
```

Die Methode kann erfolgreich auf diverse Probleme angewendet werden: Suche des kürzesten Weges in Graphen (Dijkstra), Aufstellen eines minimalen Spannbaums (Prim, Kruskal), das fraktionale Rucksackproblem, Huffman-Kodierungen.

Problem 1. Rucksackproblem

Das folgende Problem ist das fraktionale Rucksackproblem. Wir haben einen Rucksack mit der Kapazität M und n Objekte mit gegebenen Werten bzw. Gewichten. Finden Sie eine Möglichkeit, den Rucksack so mit Objekten zu füllen, dass er am wertvollsten ist. Wir nehmen an, dass die Objekte beliebig aufgeteilt werden können (daher „fraktional") und dass die Werte der Objekte positiv sind. *Eingabe:* In der Datei *objects.in* befindet sich in der ersten Zeile die Gewichtskapazität M des Rucksacks, gefolgt von Paaren *(Gewicht, Wert)* für jedes Objekt, ein Paar pro Zeile. *Ausgabe:* Schreiben Sie in die Ausgabedatei *rucksack.out* eine bzw. die teuerste Füllung des Rucksacks, wie im Beispiel:

rucksack.in	rucksack.out
41	Objekt 2: 23.45 600.54 - vollstaendig
12.34 123.99	Objekt 1: 12.34 123.99 - vollstaendig
23.45 600.54	Objekt 3: 12.78 90.67 - 5.21kg
12.78 90.67	
9.34 45.32	

Problemanalyse und Entwurf der Lösung

Die Objekte werden absteigend nach dem Verhältnis Wert/Gewicht sortiert und danach in dieser Reihenfolge in den Rucksack getan. Das letzte Objekt wird vermutlich nur teilweise in den Rucksack wandern. Wir schreiben die Klasse *RucksackObject*, die alle Informationen über ein Objekt beinhaltet: Gewicht (*weight*), Wert (*value*) und Index (*index*) des Objekts in der ursprünglichen Reihenfolge. Neben dem Konstruktor und dem Getter für das Attribut *weight* enthält diese Klasse die Implementierungen der Methoden *toString()* und *compareTo()*. Eine Möglichkeit, um Objekte nach individuellen Kriterien zu sortieren, stellt die Methode *sort()* aus der Klasse *Collections* dar, die Teil des Pakets *java.util* ist:

```
Collections.sort(v);
```

Dafür müssen die Elemente das Interface *Comparable* aus dem Paket *java.lang* implementieren:

```
public int compareTo(Object o)
```

Dieses Interface beinhaltet nur die Methode *compareTo()*, die auf den Instanzen dieser Klasse eine „natürliche Ordnung" definiert, auf Grund derer sie z. B. mit *sort*-Methoden sortiert werden können. *compareTo()* liefert

< 0, wenn das aktuelle Element *vor* dem zu vergleichenden liegt,

0, wenn das aktuelle Element und das zu vergleichende *gleich* sind und
> 0, wenn das aktuelle Element *hinter* dem zu vergleichenden liegt,
zurück.

Die gegebenen Objekte lesen wir in die *ArrayList v* ein und sortieren sie nach dem Verhältnis Wert/Gewicht. Dann befüllen wir mit ihnen schrittweise den Rucksack, solange noch Platz darin ist. Passt das letzte Objekt nicht komplett hinein, speichern wir die Menge, die wir noch unterbringen können, mit negativem Vorzeichen in M ($M \leq 0$ bedeutet, dass die Abbruchbedingung erreicht ist). Die Komplexität des Algorithmus ist $O(n \log n)$, weil sie von der Sortiermethode *sort()* abhängig ist.

Wir sehen, dass man die Objekte auf eine natürliche Weise in den Ausgabestream schreiben kann:

```
out.print(v.get(i));
```

Hiermit wird die Methode *toString()* aus der Klasse *RucksackObjekt* automatisch aufgerufen.

Programm

```java
import java.io.*;
import java.util.*;

public class P01Rucksack {

  private static final String FileInputName  = "rucksack.in";
  private static final String FileOutputName = "rucksack.out";

  public static void main(String[] args) throws IOException {
    Scanner scanner = null;
    PrintStream out = null;
    try {
      scanner = new Scanner(
            new File(FileInputName)).useLocale(Locale.ENGLISH);
      out = new PrintStream(new File(FileOutputName));
      float M = scanner.nextFloat();
      List<RucksackObject> v = new ArrayList<RucksackObject>();
      int index = 0;
      while (scanner.hasNextFloat()) {
        float weight = scanner.nextFloat();
        if (!scanner.hasNextFloat())
          break;
        float value = scanner.nextFloat();
        v.add(new RucksackObject(++index, weight, value));
      }
      Collections.sort(v);
```

```java
      int i = v.size() - 1;
      while (i >= 0 && M > 0) {
        float wgt = v.get(i).getWeight();
        if (M >= wgt) {
          M -= wgt;
          --i;
        } else {
          M = -M;
        }
      }
      for (int j = v.size() - 1; j > i; --j) {
        out.print(v.get(j));
        out.println(" - vollstaendig");
      }
      if (i >= 0 && M < 0) {
        out.print(v.get(i));
        out.print(" - ");
        out.print(-M);
        out.print(" kg");
      }
    } finally {
      if (scanner != null) {
        scanner.close();
      }
      if (out != null) {
        out.close();
      }
    }
  }
}

class RucksackObject implements Comparable<RucksackObject> {
  private int index;
  private float weight, value;

  RucksackObject(int index, float weight, float value) {
    this.index = index;
    this.weight = weight;
    this.value = value;
  }

  public int compareTo(RucksackObject other) {
    float diff = this.value / this.weight -
                 other.value / other.weight;
    return diff > 0f ? 1 : (diff < 0f ? -1 : 0);
  }

  public String toString() {
    return "Objekt " + this.index + ": " +
```

```
                this.weight + " "  + this.value;
    }

  public float getWeight() {
    return weight;
    }
}
```

Aufgaben

1. Eine andere Möglichkeit, eine Menge von Elementen zu sortieren, stellt das Interface *Comparator* aus dem Paket *java.util* bereit, das nur die Methode

   ```
   public int compare(Object o1, Object o2)
   ```

   beinhaltet. Sortieren Sie damit die Liste *v*.

2. Beim diskreten Rucksackproblem können Objekte nur vollständig in den Rucksack eingepackt werden. In diesem Fall liefert der *Greedy*-Algorithmus nicht mehr die optimale Lösung. Finden Sie ein Beispiel dafür.

Problem 2. Kartenfärbung

Es seien eine Anzahl n ($2 \leq n \leq 20$) von Ländern und die dazugehörige Landkarte als Matrix $a[][]$ gegeben, in der $a[i][j] = 1$ ist, wenn die Länder i und j Nachbarn sind, andernfalls ist $a[i][j] = 0$. Finden Sie eine Möglichkeit, die Karte mit einer minimalen Anzahl von Farben einzufärben, wobei zwei Länder, die aneinander grenzen, unterschiedliche Farben haben müssen. In die Ausgabedatei geben Sie aufsteigend die zugewiesenen Farbnummern für Land 1 bis Land n aus. Beispiel:

map.in	colors.out
7	1 2 3 4 1 2 5
0 1 1 1 0 0 1	
1 0 1 1 0 0 0	
1 1 0 1 1 0 1	
1 1 1 0 1 0 1	
0 0 1 1 0 1 1	
0 0 0 0 1 0 1	
1 0 1 1 1 1 0	

Problemanalyse und Entwurf der Lösung

Das Problem löst man optimal mit Hilfe der *Backtracking*-Methode, aber der Algorithmus hat exponentielle Komplexität. Eine *Greedy*-Methode liefert zwar eine akzeptable Anzahl von Farben, aber nicht immer die minimale Anzahl. Wir färben das erste Land mit 0 und dann sukzessive alle Länder mit der ersten verfügbaren Farbe (es darf keine gleichfarbigen Nachbarländer geben).

Programm

```java
import java.io.*;
import java.util.*;

public class P02MapColoring {
  private static final String FileInputName = "map.in";
  private static final String FileOutputName = "colors.out";

  public static void main(String[] args) throws IOException {

    Scanner scanner = null;
    PrintStream out = null;
    try {
      scanner = new Scanner(new File(FileInputName));
      int n = scanner.nextInt();
      int a[][] = new int[n][n];
      for (int i = 0; i < n; i++) {
        for (int j = 0; j < n; j++) {
          a[i][j] = scanner.nextInt();
        }
      }
      int col[] = new int[n];
      col[0] = 0;
      for (int i = 1; i < n; i++) {

        int j = -1;
        boolean ok = false;
        do {
          j++;
          ok = true;
          for (int k = 0;
               ok && k < i; k++)
            if (1 == a[k][i] && col[k] == j)
              ok = false;
        } while (!ok);
        col[i] = j;
      }
      out = new PrintStream(new File(FileOutputName));
      for (int i = 0; i < n; i++) {
        out.print(col[i] + 1);
        out.print("  ");
      }
    } finally {
      if (scanner != null) scanner.close();
      if (out != null) out.close();
    }
  }
}
```

> - col[0] ← 0
> - suche schrittweise nach der ersten verfügbaren Farbe für das Land *i* (wenn es ein „kleineres" Nachbarland mit Index *k* und derselben Farbe, also 1==a[k][i] && col[k]==j gibt, dann erhält ok den Wert **false**)

Aufgabe

Zeichnen Sie auf dem Papier für das gegebene Beispiel den zugehörigen Graphen, und finden Sie eine Färbung mit 4 Farben. Die Knoten des Graphen stellen die Länder dar, und zwei Nachbarländer verbindet man mit einer Kante.

Problem 3. Springer auf dem Schachbrett

Schreiben Sie ein Programm, das für einen Springer auf einem $m \times n$-Schachbrett ($4 \leq m$, $n \leq 100$) einen Weg findet, auf dem er alle Felder genau einmal betritt. *Eingabe:* In der Datei *springer.in* finden sich in der ersten Zeile die Größenangaben m, n und in der zweiten Zeile die Startkoordinaten *(row, column)* des Springers. *Ausgabe:* Schreiben Sie in die Datei *springer.out* den gefundenen Weg, wobei das Schachbrett als Matrix dargestellt wird, die Startposition mit 1 markiert ist und die Züge ab 1 hochgezählt werden. Wenn keine Lösung gefunden wird, dann geben Sie „*Keine Loesung!*" aus. Beispiel:

springer.in	springer.out				
5 5	19	12	7	2	21
2 2	6	1	20	17	8
	11	18	13	22	3
	14	5	24	9	16
	25	10	15	4	23
5 5	Keine Loesung!				
2 3					

Problemanalyse und Entwurf der Lösung

Wir wenden die **Warnsdorff-Regel** an, um den Algorithmus aufzubauen. H.C. Warnsdorff hat 1823 eine Regel erarbeitet, die die Aufgabe sehr schnell löst und meist zu einer Lösung führt. Bevor man mit dem Springer zu einem von mehreren möglichen Feldern springt, untersucht man für jedes Folgefeld, wie viele Folgefelder dafür existieren. Damit sollen Sackgassen vermieden werden, denn man wählt das bzw. ein Folgefeld, das die geringste Anzahl von neuen Zugmöglichkeiten aufweist. Die Erklärung ist, dass ein Nachfolgefeld mit der kleinsten Anzahl von weiteren möglichen Zügen am besten geeignet ist: Denn wenn man es nicht beim nächsten Zug betritt, hat es schlechtere Chancen, zukünftig betreten zu werden, weil es ja nur von seinen wenigen Nachfolgefeldern auf einem anderen Weg erreicht werden könnte.

Das Schachbrett wird in einer Matrix $a[][]$ gespeichert. Die acht relativen Sprungkoordinaten des Springers werden zusammengenommen von den Arrays $dx[]$ und $dy[]$ definiert (siehe Programm). Wenn wir uns im Feld (x, y) befinden, dann sind die neuen acht Möglichkeiten $x+dx[i]$, $y+dy[i]$ mit $i=0,...,7$. Die Methode *nrAllowedSteps()* liefert die Anzahl der Schritte zurück, die von einer gegebenen Stelle (x, y) aus zugelassen sind (auf dem Brett und noch unberührt). Den besten Nachfolger für ein gegebenes Feld findet die Methode *findBestSucc()*: alle möglichen Folgefelder werden geprüft und ein bzw. das Feld mit der minimalen Anzahl von weiteren Zügen wird zurückgegeben. Die Methode liefert *true*, wenn es mindestens einen Nachfolger gibt und *false*, falls es keinen Nachfolger gibt. Falls es einen Nachfolger gibt, so ist der beste Nachfolger (mit minimaler Anzahl von weiteren Zügen) durch seine Koordinaten x und y gegeben. Im Hauptprogramm werden wir in einer *while*-Schleife die Zugfolge des Springers bestimmen, indem wir die Methode *findBestSucc()* aufrufen. Die Variable *ctr* zählt die Züge des Springers.

Programm

```java
import java.io.*;
import java.util.*;

public class P03Knight {
  private static final String FileInputName = "springer.in";
  private static final String FileOutputName = "springer.out";
  private static final int dx[] = { -2, -2, -1, -1, 1, 1, 2, 2 };
  private static final int dy[] = { -1, 1, -2, 2, -2, 2, -1, 1 };

  private static boolean onTheTable(int x, int y, int m, int n) {
    return (0 <= x && x < m) && (0 <= y && y < n);
  }

  private static int nrAllowedSteps(int a[][],
                  int m, int n, int x, int y) {
    int nr = 0;
    int xn, yn;
    for (int i = 0; i < 8; i++) {
      xn = x + dx[i];
      yn = y + dy[i];
      if (onTheTable(xn, yn, m, n) && a[xn][yn] == 0)
        nr++;
    }
    return nr;
  }

  static boolean findBestSucc(int a[][], int m, int n, int xy[]) {
    int aux = Integer.MAX_VALUE;
    int xn, yn, xx = 0, yy = 0;
    for (int i = 0; i < 8; i++) {
      xn = xy[0] + dx[i];
      yn = xy[1] + dy[i];
      if (onTheTable(xn, yn, m, n) && a[xn][yn] == 0) {
        int steps = nrAllowedSteps(a, m, n, xn, yn);
        if (steps < aux){
          aux = steps;
```

```
        xx = xn;
        yy = yn;
      }
    }
  }
  if (aux < Integer.MAX_VALUE) {
    xy[0] = xx;
    xy[1] = yy;
    return true;
  }
  return false;
}

public static void main(String[] args) throws IOException {
  Scanner scanner = null;
  PrintStream out = null;
  try {
    scanner = new Scanner(new File(FileInputName));
    out = new PrintStream(new File(FileOutputName));

    int m = scanner.nextInt();
    int n = scanner.nextInt();
    int l = scanner.nextInt();
    int c = scanner.nextInt();
    l--;
    c--;
    int[][] a = new int[m][n];
    a[l][c] = 1;
    int ctr = 1;
    int xy[] = new int[2];
    xy[0] = l;
    xy[1] = c;
    while (findBestSucc(a, m, n, xy)) {
      a[xy[0]][xy[1]] = ++ctr;
    }
    if (ctr == m * n) {
      for (int i = 0; i < m; i++) {
        for (int j = 0; j < n; j++) {
          out.printf("%4d ", a[i][j]);
        }
        out.println();
      }
    } else {
      out.println("Keine Loesung!");
    }
  } finally {
    if (scanner != null) {
      scanner.close();
    }
    if (out != null) {
```

```
            out.close();
        }
    }
  }
}
```

Aufgaben

Schreiben Sie eine rekursive Methode für dieses Problem.

Problem 4. Minimaler Spannbaum (Kruskal-Algorithmus)

Hier ist es zunächst nötig, einige Basiskonzepte der Graphentheorie zu betrachten:

Definition 1. Ein **Graph** ist ein Paar $G=(V, E)$, wobei V eine nicht leere, endliche Menge von Knoten (Ecken, engl. *vertices*) ist und E eine Menge von Paaren aus $V \times V$, die man Kanten (Bögen, engl. *edges*) nennt.

Definition 2. Ein **Untergraph** des Graphen $G=(V, E)$ ist ein Graph $H=(V, F)$ mit der Eigenschaft, dass $F \subseteq E$ gilt (H hat alle Knoten, aber nicht alle Kanten des Graphen G).

Definition 3. Sei $G=(V, E)$ ein Graph. Eine Funktion $c: E \to \mathbb{R}^+$, die jede Kante e aus E auf eine positive reelle Zahl abbildet, nennt man **Gewichtsfunktion** des Graphen G.

Definition 4. Sei $H=(V, F)$ ein Untergraph des Graphen $G=(V, E)$. Als **Gewicht** des Untergraphen H bezeichnet man die Summe der Gewichte seiner Kanten:

$$c(H) = \sum_{e \in E} c(e).$$

Definition 5. Ein nichtleerer Graph $G=(V, E)$ heißt **zusammenhängend**, wenn für je zwei Knoten u und v aus V ein Weg in G existiert, der die beiden Knoten enthält. Wenn so ein Weg für ein Knotenpaar nicht gefunden wird, nennt man G **unzusammenhängend**.

Definition 6. Sei $G=(V, E)$ ein Graph. Wenn der Graph G keine Kreise enthält, sagt man, dass G ein **Wald** ist.

Definition 7. Ein zusammenhängender Wald ist ein **Baum**. Ein Wald ist also ein Graph, dessen Komponenten Bäume sind.

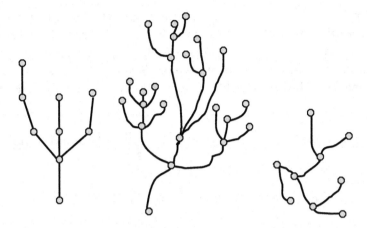

Ein Wald mit drei Bäumen

Definition 8. Ein Untergraph $H=(V, F)$ des Graphen $G=(V, E)$, der alle Knoten von G beinhaltet und auch ein Baum ist, heißt **Spannbaum**.

Definition 9. Einen Spannbaum, der von allen Spannbäumen des Graphen G minimales Gewicht hat, nennt man **minimalen Spannbaum**.

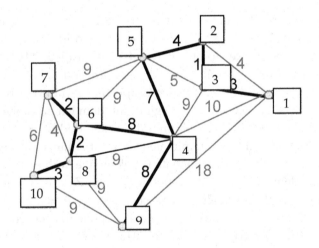

Minimaler Spannbaum

Problem. Es sei ein Graph G mit einer Gewichtsfunktion gegeben. Finden Sie einen minimalen Spannbaum von G.

Eingabe: In der Datei *kruskal.in* befindet sich die Beschreibung eines ungerichteten Graphen: in der ersten Zeile die Anzahl n der Knoten ($1 \leq n \leq 200$) und in den nächsten n Zeilen die quadratische Matrix, die die Gewichte der Kanten darstellt. Ist

$c[i][j]>0$, entspricht das dem Gewicht der Kante (i, j). Ist $c[i][j]=0$, gibt es keine Kante (i, j). Die Werte $c[i][j]$ sind positive reelle Zahlen. Die Eingabedaten sind so gewählt, dass mindestens ein minimaler Spannbaum existiert. *Ausgabe*: Geben Sie in die Datei *kruskal.out* für jede Kante des Spannbaums eine Zeile mit den beteiligten Knoten und dem jeweiligen Gewicht aus. Abschließend berechnen Sie noch das Gesamtgewicht. Beispiel:

kruskal.in	kruskal.out
10	(2, 3) -> 1.0
0 4 3 10 0 0 0 0 18 0	(6, 7) -> 2.0
4 0 1 0 5 0 0 0 0 0	(6, 8) -> 2.0
3 1 0 9 5 0 0 0 0 0	(1, 3) -> 3.0
10 0 9 0 7 8 0 9 8 0	(8, 10) -> 3.0
0 4 5 7 0 9 9 0 0 0	(2, 5) -> 5.0
0 0 0 8 9 0 2 2 0 0	(4, 5) -> 7.0
0 0 0 0 9 2 0 4 0 6	(4, 6) -> 8.0
0 0 0 9 0 2 4 0 9 3	(4, 9) -> 8.0
18 0 0 8 0 0 0 9 0 9	--------------------
0 0 0 0 0 0 6 3 9 0	Gewicht: 39.0

Problemanalyse und Entwurf der Lösung

Die meistverwendeten Algorithmen zur Suche nach minimalen Spannbäumen sind die von Kruskal und Prim. Wir sehen uns nun den Algorithmus genauer an, der vom amerikanischen Mathematiker Joseph Bernard Kruskal (geb. 29.01.1928, New York) im Jahr 1956 in *Proceedings of the American Mathematical Society* vorgestellt wurde.

Algorithmus von Kruskal (1956). Sei der Graph $G=(V, E)$ mit n Knoten und die Gewichtsfunktion $c\colon E \to \mathbb{R}$ gegeben. Man beginnt mit dem Untergraphen $H=(V, \emptyset)$, der n Komponenten hat. Hieraus soll ein Baum mit n Ecken und $n-1$ Kanten entstehen. Zuerst fügen wir die Kante mit dem minimalen Gewicht H hinzu. Dadurch erhalten wir einen Untergraphen mit $n-1$ Komponenten. Sukzessive wählen wir nun immer die Kante mit minimalem Gewicht aus E aus, die keinen Zyklus mit den bereits ausgewählten Kanten erzeugt. Das heißt, wir entscheiden uns für die Kante mit minimalem Gewicht, deren Endpunkte in verschiedenen Komponenten liegen, und fügen diese Kante H hinzu. Dadurch vermindert sich die Anzahl der Komponenten um 1. Der Algorithmus endet, wenn man $n-1$ Kanten ausgewählt hat. Mit Hilfe der Widerspruchsmethode kann man beweisen, dass dieser Algorithmus einen minimalen Spannbaum ermittelt.

```
ALGORITHM_KRUSKAL(Graph G)
  Sort(e₁, e₂, …, eₘ)
  For (i← 1, n; step 1) Execute
    K[i] ← i                              // die Komponenten bezeichnen
  End_For
  weight ← 0
  selEdges ← 0
  While (selEdges<n-1) Do
    (u, v) ← nextEdge(E)
    While (K[u] = K[v]) Do
      (u, v) ← nextEdge(E)
    End_While
    H.add((u, v))
    weight ← weight+c(u, v)
    selEdges ← selEdges+1
    max ← max(K[u], K[v])
    min ← min(K[u], K[v])
    For (i← 1, n; step 1) Execute         // zwei Komponenten vereinigen
      If( K[i]=max) Then K[i] ← min End_If
    End_For
  End_While
  return H, weight
END_ALGORITHM_KRUSKAL(Graph G)
```

Um den Graphen und den Spannbaum zu speichern, brauchen wir eine Datenstruktur, in der die Kanten aufsteigend nach den Gewichten sortiert sind. Wir verwenden die Klasse *TreeMap* aus *java.util*, deren Elemente automatisch nach dem Schlüssel sortiert bleiben. Die Kantengewichte stellen die Schlüssel dar, und weil mehrere Kanten dasselbe Gewicht haben können, weisen wir den Schlüsseln eine Liste zu.

```java
TreeMap<Double, List<Integer>> E =
                    new TreeMap<Double, List<Integer>>();
```

Wenn n die Anzahl der Knoten des Graphen ist, repräsentiert $i*n+j$ die Kante (i, j) (um i und j basierend auf einer Kodierung einer Kante k zu bestimmen: $i ← k\ div\ n$, $j ← k\ mod\ n$). Weil die Gewichtsmatrix symmetrisch zur Hauptdiagonale ist, speichern wir nur den Teil über der Hauptdiagonale:

```java
for (int i = 0; i < n; i++) {
  for (int j = 0; j < n; j++) {
```

```
      double aux = scanner.nextDouble();
      if (i < j && aux != 0D) {
       putInMultimap(E, aux, i * n + j); //das Paar (aux, i*n+j) einfügen
      }
    }
}
```

Um *TreeMap* ein Paar (Schlüssel, Wert) hinzuzufügen, implementieren wir die Methode *putInMultimap*(): Wenn es für den gegebenen Schlüssel keinen Wert gibt (values == **null**), deklarieren wir das Paar (*key*, *values*), wobei *values* eine leere Liste ist, und fügen dieses Paar der *TreeMap mmap* hinzu. Wenn es für den gegebenen Schlüssel einen Wert gibt, tragen wir ihn in die Liste ein.

```
private static void
  putInMultimap(TreeMap<Double, List<Integer>> mmap,
      Double key, Integer value) {
    List<Integer> values = mmap.get(key);
    if (values == null) {
      values = new ArrayList<Integer>();
      mmap.put(key, values);
    }
    values.add(value);
  }
```

Um unsere *TreeMap* zu durchlaufen, entwerfen wir die Klasse *TreeMultimapIterator* mit den Methoden *key*(), *value*(), *next*() und *remove*(). Sie implementiert nicht das Interface *java.util.Iterator* und ihre Methoden sind unserem Problem angepasst. Die Entwurf eines Iterators, der das Interface *java.util.Iterator* implementiert, bleibt Ihnen als Übung.

Programm

```
import java.io.*;
import java.util.*;

public class P04SpanningTree {
  private static final String FileInputName = "kruskal.in";
  private static final String FileOutputName = "kruskal.out";

  public static void main(String[] args) throws IOException {
    Scanner scanner = null;
    PrintStream out = null;
    try {
      scanner = new Scanner(
          new File(FileInputName)).useLocale(Locale.ENGLISH);
      out = new PrintStream(new File(FileOutputName));
      int n = scanner.nextInt();
```

```
TreeMap<Double, List<Integer>> E =
                    new TreeMap<Double, List<Integer>>();
for (int i = 0; i < n; i++) {
  for (int j = 0; j < n; j++) {
    double aux = scanner.nextDouble();
    if (i < j && aux != 0D) {
      putInMultimap(E, aux, i * n + j);
    }
  }
}
int C[] = new int[n];
for (int i = 0; i < n; i++)
  C[i] = i;
TreeMap<Double, List<Integer>> H =
                    new TreeMap<Double, List<Integer>>();
int szH = 0;
while (szH < n - 1) {
  TreeMultimapIterator it =
                        new TreeMultimapIterator(E);
  it.next();
  int uu = it.value().intValue() / n;
  int vv = it.value().intValue() % n;
  while (C[uu] == C[vv]) {
    it.next();
    uu = it.value().intValue() / n;
    vv = it.value().intValue() % n;
  }
  putInMultimap(H, it.key(), it.value());
  szH++;
  it.remove();
  int mi = Math.min(C[uu], C[vv]);
  int ma = Math.max(C[uu], C[vv]);
  for (short i = 0; i < n; i++)
    if (C[i] == ma)
      C[i] = mi;
}
double cost = 0;
Set<Map.Entry<Double, List<Integer>>>
                        hEntries = H.entrySet();
for (Map.Entry<Double, List<Integer>> entry : hEntries) {
  List<Integer> values = entry.getValue();
  double key = entry.getKey();
  for (int value : values) {          „foreach-Schleife"
    out.printf("(%d, %d) -> ",
      value / n + 1, value % n + 1);
    out.println(key);
    cost += key;
  }
}
```

```java
      out.println("--------------------");
      out.println("Gewicht: " + cost);

    } finally {
      if (scanner != null) {
        scanner.close();
      }
      if (out != null) {
        out.close();
      }
    }
  }

  private static void
  putInMultimap(TreeMap<Double, List<Integer>> mmap,
      Double key, Integer value) {
    List<Integer> values = mmap.get(key);
    if (values == null) {
      values = new ArrayList<Integer>();
      mmap.put(key, values);
    }
    values.add(value);
  }

  private static class TreeMultimapIterator {
    private Iterator<Map.Entry<Double, List<Integer>>> mmapIt;
    private ListIterator<Integer> currValuesIt;
    private Integer currValue;

    Map.Entry<Double, List<Integer>> currEntry;

    TreeMultimapIterator(TreeMap<Double, List<Integer>> mmap) {
      this.mmapIt = mmap.entrySet().iterator();
    }

    boolean next() {
      if (this.currValuesIt != null &&
          this.currValuesIt.hasNext()) {
        this.currValue = this.currValuesIt.next();
        return true;
      } else if (mmapIt.hasNext()) {
        this.currEntry = this.mmapIt.next();
        this.currValuesIt =
                      this.currEntry.getValue().listIterator();
        this.currValue = this.currValuesIt.next();
        return true;
      } else {
        return false;
      }
    }
  }
```

```
Double key() {
    return this.currEntry.getKey();
}

Integer value() {
    return this.currValue;
}

void remove() {
    this.currValuesIt.remove();
    if (this.currEntry.getValue().isEmpty()) {
        this.currValuesIt = null;
        this.mmapIt.remove();
    }
}
}
}
}
```

Aufgaben

1. Schreiben Sie sich auf einem Blatt Papier die Inhalte der Variablen nach jedem Schritt auf.
2. Auch mit dem Algorithmus von Prim findet man einen minimalen Spannbaum. Entwerfen Sie ein Programm, das mit diesem Algorithmus arbeitet.

Problem 5. Huffman-Kodierung

Wir wollen einen 262 Buchstaben langen Text in kompakter Form speichern. Der Text beinhaltet die sechs unterschiedlichen Zeichen p, q, r, x, y, und z, wobei p 100 mal, q 17 mal, r zweimal, x 58 mal, y 80 mal und z fünfmal vorkommen.

Üblich ist, Informationen im Computer mit den Bits 0 und 1 zu repräsentieren. Wir suchen für den gegebenen Text eine Darstellung im Binärcode, die jedem Zeichen eine eindeutige Bitsequenz zuweist. Wenn wir einen *Code mit fester Länge* wählen würden, wären mindestens drei Bits für jeden der sechs Buchstaben nötig. Beispiel: $p=000$, $q=001$, $r=010$, $x=011$, $y=100$, $z=101$. Insgesamt belegt der Text $262 \cdot 3 = 786$ Bits Platz.

Eine Alternative ist ein *Code mit beliebiger Länge*, mit dem man deutlich Speicherplatz einsparen kann, weil die sehr oft auftauchenden Zeichen möglichst kurz in binärer Form dargestellt werden. Beispiel für unseren Text: $p=0$, $q=1101$, $r=11000$, $x=111$, $y=10$, $z=11001$. Die Gesamtanzahl der Bits lautet dafür: $100 \cdot 1 + 17 \cdot 4 + 2 \cdot 5 + 58 \cdot 3 + 80 \cdot 2 + 5 \cdot 5 =$

537. Das sind 68,3 Prozent von 786, anders gesagt haben wir gegenüber des Codes mit fester Länge 31,7 Prozent Platz gespart.

Code mit fester und beliebiger Länge für einen Text mit 262 Zeichen
Die Buchstaben p, q, r, x, y, z mit ihren Häufigkeiten

	p	q	r	x	y	z	Bits gesamt
Häufigkeit	100	17	2	58	80	5	-
Feste Länge	000	001	010	011	100	101	**786**
Variable Länge	0	1101	11000	111	10	11001	**537**

Der Code mit beliebiger Länge aus dem Beispiel ist gültig, weil keine binäre Kodierung eines Buchstabens Präfix der anderen Kodierungen ist. So einen Code nennt man Präfixcode, er vereinfacht sowohl die Kodierung (Kompaktierung) als auch die Dekodierung. Das Binärwort 1011000110010111 wird beispielsweise eindeutig zu *yrzpx* dekodiert.

David Albert Huffman (1925-1999) hat 1952 (in *Proceedings of the I.R.E.*, S. 1098-1102) einen Präfixcode vorgestellt. Huffman verwendet einen Binärbaum, dessen Blätter die gegebenen Zeichen symbolisieren. Die Kodierung für ein Zeichen findet man, indem man den Baum von der Wurzel bis zum Blatt durchläuft und eine 0 aufschreibt, wenn man im Baum nach links geht, und eine 1, wenn man nach rechts geht. Huffman-Bäume sind vollständig (jeder Knoten hat keinen oder zwei Teilbäume) aber weil die Blätter unsortiert sind und die inneren Knoten keine Schlüssel für die Zeichen enthalten, sind sie keine Suchbäume.

Wenn wir Zeichenmenge mit C bezeichnen, hat der Baum $|C|$ Blätter (eines für jeden Buchstaben) und $|C|$-1 Innenknoten. Wenn $f(c)$ die Häufigkeit des Buchstaben c ist und $h(c)$ seine Tiefe im Baum (die Anzahl der Bits seiner Kodierung), dann braucht man für den Text $\sum_{c \in C} f(c) \cdot h(c)$ Bits und diese Zahl bezeichnet man als das **Gewicht des Baumes.**

Der von Huffmann ersonnene Algorithmus ist einen *Greedy* Algorithmus: Man fängt mit einer Menge von $|C|$ Blattknoten an und führt schrittweise $|C|$-1 Verschmelzungsoperationen aus um schließlich einen Binärbaum zu erhalten. In jedem Schritt sucht man zwei Bäume A_1 und A_2 mit minimalem Gewicht aus, die zu einem neuen Baum verschmolzen werden, der A_1 und A_2 als Unterbäume hat und dessen Gewicht die Summe der Gewichte von A_1 und A_2 ist.

Schreiben Sie ein Programm, das eine Huffman-Kodierung aufbaut, wenn die Buchstaben eines Textes und ihre Häufigkeit darin gegeben sind. *Eingabe*: In der Datei *huffman.in* steht in jeder Zeile ein Paar (Buchstabe, Häufigkeit). Die Buchstaben sind Zeichen des lateinischen Alphabets, die Häufigkeiten sind natürliche Zahlen zwischen 1 und 1000. *Ausgabe*: Geben Sie die Kodierung jedes Buchstabens in die Datei *huffman.out*, wie im Beispiel:

huffman.in	huffman.out	
p 100	p	0
q 17	y	10
r 2	r	11000
x 58	z	11001
y 80	q	1101
z 5	x	111

Problemanalyse und Entwurf der Lösung

Wir zeigen, wie der Huffman-Algorithmus schrittweise arbeitet. Anfangs haben wir die sechs Blattknoten:

Wir vereinigen die beiden Bäume mit minimalem Gewicht und kommen zu:

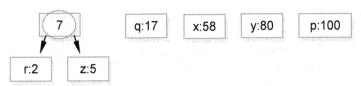

Jetzt verschmelzen wir die Bäume mit den Gewichten 7 und 17:

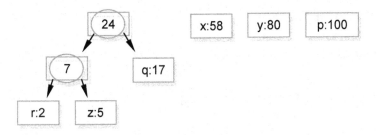

Nun die Bäume mit den Gewichten 24 und 58:

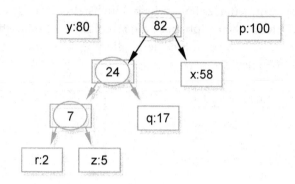

Die Bäume mit den Gewichten 100 und 162:

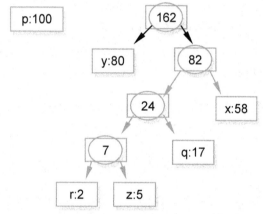

Und nach dem letzten Verschmelzen steht der Baum fest, in dem wir gleich die Kanten mit 0 und 1 markieren.

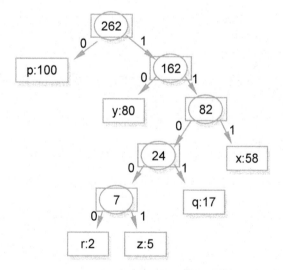

Aus diesem vollständigen Binärbaum können wir die Huffman-Kodierung jedes Zeichens ableiten, wenn wir die Markierungen von der Wurzel bis zum jeweiligen Blatt ablesen.

Der Algorithmus in Pseudocode:

```
ALGORITHM_HUFFMAN(C)
    M ←UrsprünglicheBlattbäume(C)
    While (M mehr als ein Baum hat) Do
        A1, A2 ←MinimaleBäume(M),
        M.remove (A1, A2)
        A ←VerschmolzeneBaum(A1, A2)
        M.add(A)
    End_While
    return Kodierungen(M)
END_ ALGORITHM_HUFFMAN(C)
```

Die Komplexität des Algorithmus ist $O(n \log n)$ aufgrund der Suchoperation nach den minimalen Bäumen. Der Huffmann-Algorithmus führt zu einer optimalen Kodierung, weil die Teilprobleme eine optimale Struktur aufweisen. Beweise dafür findet man z. B. in [Cor04] und [Knu97].

Wir schreiben die Klasse *Node*. Ein Objekt dieser Klasse enthält Informationen über einen Binärbaum, und zwar sein Gewicht, Referenzen zu den beiden Teilbäumen, und, wenn es sich um ein Blatt handelt, das entsprechende Zeichen. Wir bewahren die Bäume in einer sortierten Struktur *map* vom Typ *TreeMap* auf, wobei die Schlüssel die Gewichte darstellen. Weil die Gewichte zweier Bäume auch gleich sein können, sind die Werte Listen mit Bäumen. Die natürliche Ordnung innerhalb dieser Struktur wird durch die Methode *compareTo*() der Klasse *Node* bestimmt, deswegen implementiert sie das Interface *Comparable*. In jedem Schritt verschmelzen wir die beiden ersten Bäume der *map*. Im Programm machen wir das allerdings so, dass wir aus den beiden Bäumen mit minimalem Gewicht zuerst einen neuen Baum konstruieren (Konstruktor *Node(Node left, Node right)*), und sie dann aus der *map* löschen.

Programm

```java
import java.io.*;
import java.util.*;

public class P05HuffmanCode {
    private static final String FileInputName = "huffman.in";
    private static final String FileOutputName = "huffman.out";
```

```java
public static void main(String[] args) throws IOException {
  Scanner scanner = null;
  PrintStream out = null;
  try {
    scanner = new Scanner(new File(FileInputName));
    TreeMap<Integer, List<Node>> map =
                      new TreeMap<Integer, List<Node>>();
    while (scanner.hasNext()) {
      String s = scanner.next();
      Integer cost = new Integer(scanner.nextInt());
      List<Node> list = map.get(cost);
      if (list == null) {
        list = new ArrayList<Node>();
        map.put(cost, list);
      }
      list.add(new Node(cost, s.charAt(0)));
    }

    if (map.isEmpty())
      return;
    while (map.size() > 1) {
      Iterator<Map.Entry<Integer, List<Node>>>
                           it = map.entrySet()
                                .iterator();
      Map.Entry<Integer, List<Node>> entry = it.next();
      ListIterator<Node> listIt = entry.getValue()
                                .listIterator();
      Node first = listIt.next();
      listIt.remove();
      if (!listIt.hasNext() && !listIt.hasPrevious()) {
        it.remove();
        entry = it.next();
        listIt = entry.getValue().listIterator();
      }
      Node second = listIt.next();
      listIt.remove();
      if (!listIt.hasNext() && !listIt.hasPrevious()) {
        it.remove();
      }
      Node newNode = new Node(first, second);
      List<Node> list = map.get(newNode.getCost());
      if (list == null) {
        list = new ArrayList<Node>();
        map.put(newNode.getCost(), list);
      }
      list.add(newNode);
    }
    out = new PrintStream(new File(FileOutputName));
    map.entrySet().iterator().next().getValue().
```

```
          iterator().next().writeCosts(
              out, new ArrayList<Boolean>());
      } finally {
        if (scanner != null) {
          scanner.close();
        }
        if (out != null) {
          out.close();
        }
      }
    }
  }
}

class Node implements Comparable<Node> {
  private int cost;
  private char ch;
  Node left, right;

  Node(int cost, char ch) {
    this.cost = cost;
    this.ch = ch;
  }

  Node(Node left, Node right) {
    this.left = left;
    this.right = right;
    this.cost = left.cost + right.cost;
  }

  int getCost() {
    return cost;
  }

  public int compareTo(Node o) {
    return this.cost - o.cost;
  }

  void writeCosts(PrintStream out, List<Boolean> pathPrefix) {
    if (left == null || right == null) {            // Blattknoten
      out.print(this.ch);
      out.print('\t');
      for (Boolean b : pathPrefix) {
        out.print(b.booleanValue() ? 1 : 0);
      }
      out.println();
    } else {
      pathPrefix.add(Boolean.FALSE);
      left.writeCosts(out, pathPrefix);
```

```
      pathPrefix.set(pathPrefix.size() - 1, Boolean.TRUE);
      right.writeCosts(out, pathPrefix);
      pathPrefix.remove(pathPrefix.size() - 1);
    }
  }
}
```

Aufgaben

1. Zeichnen Sie die Huffman-Bäume für die Kodierungen der Wörter *BANANA*, *ABRACADABRA* und *MISSISSIPPI*.

2. Beweisen Sie, dass der Huffman-Algorithmus zu einer optimalen Kodierung führt.

3. Erweitern Sie das Programm so, dass es auch ausgibt, wie viel Platz in Prozent die Huffman-Kodierung gegenüber einer Kodierung mit fester Länge spart.

4. Modifizieren Sie das Programm so, dass es einen Text verarbeiten kann, der in der Eingabedatei angegeben ist.

5. Beweisen Sie, dass ein vollständiger Binärbaum mit n inneren Knoten $n+1$ Blätter hat.

6. Beweisen Sie, dass die Anzahl der vollständigen Binärbäume mit n Knoten die n-te Catalan-Zahl ist: $C_n = \dfrac{1}{n+1}\dbinom{2n}{n}$.

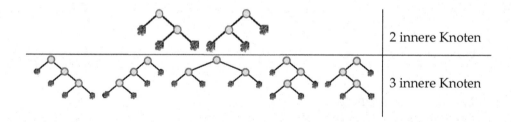

	2 innere Knoten
	3 innere Knoten

Zeichnen Sie die 14 vollständigen Binärbäume mit 4 inneren Knoten.

Data Ordering Problem

4

In diesem Kapitel stellen wir ein NP-vollständiges Problem vor, das nach seiner kompletten Beschreibung mit folgenden Algorithmen gelöst wird: zufällige Lösung, Exakt und *Greedy*. Dazu entwerfen wir auch einen Algorithmus mit unterer Schranke, um die erhaltenen Ergebnisse besser abschätzen zu können. Danach implementieren wir die Algorithmen vollständig, bewerten die Resultate und stellen artverwandte Aufgaben. Um die angesprochenen Algorithmen zu realisieren, bedienen wir uns unter anderem an folgenden Algorithmen und Konzepten: Kruskal-Algorithmus, Generierung aller Permutationen der Länge n in lexikographischer Reihenfolge mit einem Nachfolger-Algorithmus, *swap*-Algorithmus („die Drei-Gläser-Methode"), Generierung aller BitStrings der Länge n mit einem Nachfolger-Algorithmus, *reverse*-Algorithmus, logische Ausdrücke, Interface *Deque* und Klasse *ArrayDeque* (beide neu in Java 6 dazu gekommen), Programmaufruf mit Kommandozeilen-Parametern.

Problembeschreibung

Wir haben an einem Ort eine Menge von Binärwörtern gleicher Länge (Nachrichten). An einem anderen Ort, der über einen Datenkanal mit dem ersten verbunden ist, wollen wir die Nachrichten auch haben. Wir wollen aber nicht einfach die Wörter übermitteln, sondern haben uns eine andere Methode ausgedacht, die zu weniger Volumen auf dem Kanal führt. Wir übertragen anfangs ein Binärwort, aber ab dann nur noch Informationen darüber, an welchen Positionen sich das nächste Wort von seinem Vorgänger unterscheidet. Werfen Sie einen Blick auf die Tabelle unten. Nachdem das erste Binärwort übertragen wurde, senden wir im zweiten Schritt nur die Information „1 3 6 8" über die Datenverbindung, weil sich das zweite Wort an diesen Positionen vom ersten unterscheidet. Der Empfänger muss natürlich wissen, was er mit „1 3 6 8" anfangen soll. Er macht eine Kopie des ersten empfangenen Wortes und invertiert darin die Bits an den Stellen 1, 3, 6 und 8. Das Resultat ist das zweite Binärwort. Im dritten Schritt invertiert der Empfänger in einer Kopie des zweiten Wortes die Bitpositionen 1 und 5. Damit sind die drei Nachrichten auch auf der Empfängerseite vorhanden.

Binärwort	Information, die über den Kanal gesendet wird	Transitionsanzahl
0 1 0 0 1 1 1 0	0 1 0 0 1 1 1 0	0
1 1 1 0 1 0 1 1	1 3 6 8	4
0 1 1 0 0 0 1 1	1 5	2

Eine Bitposition, die einen Unterschied zwischen zwei Nachrichten an diesen Positionen kennzeichnet, bezeichnen wir als **Transition**. Wir fordern nicht, in welcher Reihenfolge die Wörter beim Empfänger bekannt bzw. rekonstruiert werden. Deswegen können wir die Reihenfolge aller Wörter so wählen, dass die Gesamtzahl der Transitionen minimal wird. Das ist das Problem der Datenanordnung, kurz DOP, vom Englischen „data ordering problem".

Stan und Burleson haben 1994 die *bus-invert* Methode vorgestellt, nach der die Wörter vor dem Übertragen auch invertiert werden können, um die Transitionsanzahl weiter zu verringern ([Bur94]).

Definition 1. Unter der **Invertierung** eines Binärwortes versteht man die Operation, jedes einzelne Bit durch sein Komplement zu ersetzen ($0 \rightarrow 1$, $1 \rightarrow 0$). Mit $\overline{w}$ bezeichnen wir das **Inverse** bzw. das **Komplement** des Wortes w. Beispiele: $w =$ 10110001, $\overline{w} = 01001110$ und $\overline{10110} = 01001$.

Für unser DOPI-Problem (DOPI = DOP with inversion) erlauben wir, dass wir die Binärwörter auf Senderseite auch invertieren dürfen. Wenn wir das für ein Wort tun, senden wir noch ein Extra-Bit über den Kanal, um das anzuzeigen. Dieses Problem – das Problem der Datenanordnung mit Inversion– ist NP-vollständig. Es gibt immer mehr Anwendungen in der Praxis für dieses Problem wie z. B. beim Test und Entwurf von Schaltkreisen (*low-power design*), bei der Übertragung von Paketen im Internet oder beim *Data Mining* in der Biologie.

Problemdomäne, Definitionen

Definition 2. Hamming-Distanz. Wenn wir das Wort w_r nach dem Wort w_s übertragen, ist die Anzahl der benötigten Transitionen gleich

$$d(w_r, w_s) = \sum_{j=1}^{k} w_{rj} \oplus w_{sj} \text{ , } k \text{ ist die Länge der beiden Wörter} \quad (1),$$

und das bezeichnen wir als Hamming-Distanz zwischen w_r und w_s. In Formel (1) ist das Bit w_{rj} das j-te Bit in der Binärdarstellung von w_r und $\oplus$ ist die logische Exklusiv-ODER Operation:

x	y	$x \oplus y$
0	0	0
0	1	1
1	0	1
1	1	0

Beispiel: $d(10001110, 10110111) = 4$.

Satz 1. Es sei k eine positive ganze Zahl. Die Hamming-Distanz, die auf der Menge der Wörter der Länge k definiert ist, stellt eine **Metrik** dar, weil sie die folgenden Bedingungen erfüllt:

(M1) $d(x, y) \geq 0$ für alle $x, y \in M$, $d(x, y) = 0 \Leftrightarrow x = y$

(M2) Symmetrie: $d(x, y) = d(y, x)$ für alle $x, y \in M$

(M3) Dreiecksungleichung: $d(x, y) \leq d(x, z) + d(z, y)$ für alle $x, y, z \in M$

Beweis:

1. Aus $d(x,y) = 0$ folgt:

$$\sum_{j=1}^{k} d(x_j, y_j) = 0 \quad \Rightarrow \quad \text{für alle } j=1, \ldots, k \text{ ist } x_j = y_j \ (x_j \text{ und } y_j \text{ sind die Bits, die in den}$$

Wörtern x und y auftauchen).

2. Die Symmetrie folgt direkt aus der Symmetrie der Operation $\oplus$.

3. Wir nehmen an, dass die Wörter x, y und z die Binärdarstellungen $x_1...x_k$, $y_1...y_k$ und $z_1...z_k$ haben. Die Aussage ist für Wörter der Länge 1 wahr und wenn die Bits a, b und c annehmen, dann erhalten wir für die Ausdrücke $d(a, b)$ und $d(a, c)+d(c, b)$ die Tabelle:

Evaluierung der Ausdrücke $d(a, b)$ und $d(a, c) + d(c, b)$

a	b	c	$d(a, b)$	$d(a, c) + d(c, b)$
0	0	0	0	0
0	0	1	0	2
0	1	0	1	1
0	1	1	1	1
1	0	0	1	1
1	0	1	1	1
1	1	0	0	2
1	1	1	0	0

Wir sehen darin, dass die Dreiecksungleichung für alle Wörter der Länge 1 erfüllt ist, und es folgt, dass sie auch für Wörter jeder Länge wahr ist, wenn wir die Bits summieren. ❏

Definition 3. Gesamtanzahl der Transitionen. Gegeben sind die Binärwörter w_1, w_2, ..., w_n, eine Permutation σ (eine bijektive Abbildung mit dem Definitions- und Wertebereich $\{w_1, w_2, ..., w_n\}$) und eine Zuweisung δ (eine Abbildung mit dem

Definitionsbereich $\{1, 2, ..., n\}$ und dem Wertebereich $\{0,1\}$), die für jedes Wort angibt, ob es normal oder invertiert ist. Die Gesamtanzahl der Transitionen ist die Summe:

$$N_T = \sum_{j=1}^{n-1} d(w_{\sigma(j)}^{\delta(j)}, w_{\sigma(j+1)}^{\delta(j+1)}) \qquad (2)$$

Definition 4. Adjazenzmatrix. Für eine Instanz des DOP- oder DOPI-Problems (wobei n die Anzahl der Wörter und k deren Länge ist) definieren wir die Adjazenzmatrix $A=(a_{ij})$ mit $a_{ij} = d(w_i, w_j)$.

Beispiel: Für $n = 3$ und $k = 5$ sieht die Adjazenzmatrix für die Wörter $w_1 = 00011$, $w_2 = 10110$ und $w_3 = 01011$ so aus:

$$A = \begin{pmatrix} 0 & 3 & 1 \\ 3 & 0 & 4 \\ 1 & 4 & 0 \end{pmatrix}$$

($d(w_1, w_1) = 0$, $d(w_1, w_2) = 3$, $d(w_1, w_3) = 1$, ...).

Bezüglich der Adjazenzmatrix gilt das Folgende:
1. *Die Adjazenzmatrix ist symmetrisch zur Hauptdiagonalen.* Aufgrund der Symmetrie der Hamming-Distanz folgt

$$d(w_i, w_j) = d(w_j, w_i) \Rightarrow a_{ij} = a_{ji} \qquad (3)$$

2. *Die Elemente auf der Hauptdiagonalen sind Null.* Aus der Definition der Hamming-Distanz folgt, dass

$$d(w_i, w_i) = 0 \Rightarrow a_{ii} = 0 \qquad (4)$$

3. *Die Adjazenzmatrix ändert sich nicht, wenn man alle Wörter invertiert.*

$$d(w_i, w_j) = d(\overline{w_i}, \overline{w_j}) \qquad (5)$$

4. Wenn k die Länge der Wörter ist, gilt

$$d(w_i, \overline{w_j}) = d(\overline{w_i}, w_j) = k - d(w_i, w_j) = k - a_{ij} \qquad (6)$$

5. Wenn wir die Wörter so senden müssen, wie sie gegeben sind, wir also weder die Reihenfolge ändern noch Wörter invertieren dürfen, ist die Gesamtanzahl der Transitionen gleich der Summe der Elemente, die sich direkt über oder unter der Hauptdiagonalen befinden.

Beispiel 1. Gegeben seien $n = 3$, $k = 12$ und die Wörter

$w_1 = 010100111000$
$w_2 = 001010100110$
$w_3 = 001111011011$

Dann ist die Adjazenzmatrix

$$A = \begin{pmatrix} 0 & 8 & 7 \\ 8 & 0 & 7 \\ 7 & 7 & 0 \end{pmatrix}$$

Wenn wir die Wörter wie gegeben schicken, lautet die Gesamtanzahl der Transitionen

$$N_T = a_{12} + a_{23} = 15$$

Wenn wir nur das zweite Wort invertieren, ist

$$N_T = (k - a_{12}) + (k - a_{23}) = (12 - 8) + (12 - 7) = 9$$

und 40 Prozent kleiner.

Beispiel 2. Für $n = 7$, $k = 15$ und die Wörter

$w_1 = 001010100110110$
$w_2 = 000000001111110$
$w_3 = 001111011010010$
$w_4 = 000010011110111$
$w_5 = 000001111011011$
$w_6 = 000110010001100$
$w_7 = 000001010001110$

ist die Adjazenzmatrix:

$$A = \begin{pmatrix} 0 & 5 & 7 & 5 & 9 & 8 & 8 \\ 5 & 0 & 8 & 4 & 6 & 7 & 5 \\ 7 & 8 & 0 & 6 & 6 & 7 & 7 \\ 5 & 4 & 6 & 0 & 6 & 7 & 7 \\ 9 & 6 & 6 & 6 & 0 & 9 & 5 \\ 8 & 7 & 7 & 7 & 9 & 0 & 4 \\ 8 & 5 & 7 & 7 & 5 & 4 & 0 \end{pmatrix}.$$

Wenn wir die Wörter wie gegeben senden, erhalten wir als Gesamtanzahl der Transitionenen

$$N_T = \sum_{t=1}^{6} a_{t,t+1} = 38$$

Wenn wir die Wörter in der Reihenfolge w_1, w_2, w_4, w_3, w_5, w_7, w_6 schicken, ist

$$N_T = a_{12} + a_{24} + a_{43} + a_{35} + a_{57} + a_{76} = 30$$

Das entspricht einer Reduzierung um 26.7 Prozent.

Beispiel 3. Gegeben sind $n = 8$, $k = 13$ und die Wörter

w_1 = 1111010111001
w_2 = 1010100110110
w_3 = 0000001111110
w_4 = 1111011010010
w_5 = 0001111011011
w_6 = 0110010001100
w_7 = 0001010001110
w_8 = 1000110110100.

Hier die Adjazenzmatrix:

$$A = \begin{pmatrix} 0 & 8 & 9 & 5 & 7 & 6 & 8 & 7 \\ 8 & 0 & 5 & 7 & 9 & 8 & 8 & 3 \\ 9 & 5 & 0 & 8 & 6 & 7 & 5 & 6 \\ 5 & 7 & 8 & 0 & 6 & 7 & 7 & 8 \\ 7 & 9 & 6 & 6 & 0 & 9 & 5 & 8 \\ 6 & 8 & 7 & 7 & 9 & 0 & 4 & 7 \\ 8 & 8 & 5 & 7 & 5 & 4 & 0 & 7 \\ 7 & 3 & 6 & 8 & 8 & 7 & 7 & 0 \end{pmatrix}.$$

Wir übermitteln die Wörter wie angegeben. Dann ist

$$N_T = \sum_{t=1}^{7} a_{t,t+1} = 47$$

Nun übermitteln wir sie so:

$$w_1 \to \overline{w_3} \to w_4 \to \overline{w_8} \to \overline{w_2} \to w_5 \to w_6 \to w_7$$

Wir reduzieren damit die Anzahl der Transitionen um 38,3 Prozent, denn

$$N_T = (13 - a_{13}) + (13 - a_{34}) + (13 - a_{48}) + a_{82} + (13 - a_{25}) + a_{56} + a_{67} = 29$$

An den Beispielen sehen wir, dass wir durch die Änderung der Reihenfolge und durch das Invertieren von Wörtern bedeutend weniger Ressourcen benötigen. Weil n und k bisher sehr klein gewählt waren, können wir einen exakten Algorithmus verwenden, um die beste Lösung zu finden. Wenn aber n und k wachsen, müssen wir andere Algorithmen finden, die möglichst gute Lösungen liefern, denn die exakten Algorithmen sind dann nicht mehr praktikabel.

Definition 5. DOP (*Data Ordering Problem*) Finden Sie eine Permutation σ der Folge der Wörter $w_1, w_2, \ldots, w_n$, so dass die Gesamtanzahl der Transitionen

$$N_T = \sum_{j=1}^{n-1} d(w_{\sigma(j)}, w_{\sigma(j+1)}) \tag{7}$$

minimiert wird.

Definition 6. DOPI (*Data Ordering Problem With Inversion*) Finden Sie eine Permutation σ und eine Zuweisung δ der Folge der Wörter $w_1, w_2, \ldots, w_n$, so dass die Gesamtanzahl der Transitionen

$$N_T = \sum_{j=1}^{n-1} d(w_{\sigma(j)}^{\delta(j)}, w_{\sigma(j+1)}^{\delta(j+1)}) \tag{8}$$

minimiert wird.

DOP und *DOPI* sind *NP*-vollständig

In [Mur95] wurde bewiesen, dass DOP ein NP-vollständiges Problem ist und es werden einige Algorithmen vorgestellt, die akzeptable Lösungen finden: Doppelter Spannbaum (*Double Spanning Tree – DST*), minimaler Spannbaum mit maximaler Anpassung (*Minimum Spanning Tree Maximum Matching – ST-MM*) und *Greedy* (das ist, empirisch betrachtet, die beste Methode).

Die Klasse NP stellt eine interessante Klasse von Problemen dar. Warum ist diese Klasse so interessant? Nun, für kein NP-vollständiges Problem wurde bisher ein polynomialer Algorithmus gefunden. Für den Fall, dass jemand einen polynomialen Algorithmus finden wird, ist aber bereits bewiesen worden, dass es dann für jedes NP-vollständige Problem einen polynomialen Algorithmus geben muss. Diese Probleme sind in sehr vielen Gebieten anzutreffen, und trotzdem scheint nirgends eine polynomiale Lösung in Sicht zu sein. Es wäre also ein Meilenstein der theoretischen Informatik, wenn es dazu käme.

Viele gewöhnliche Probleme, die auf den ersten Blick nicht schwieriger aussehen als eine Sortierung oder als eine Suche in einem Graphen, sind trotzdem NP-vollständig. Man findet sie in den Bereichen Logik, Graphentheorie, Arithmetik, Netzwerkentwurf, Mengen und Partitionen, Speicherung und Suche, Planung, Algebra und Spieltheorie, Sprach- und Automatentheorie, Programmoptimierungen, usw.

DOPI wird wie folgt in ein Entscheidungsproblem umgewandelt.
Instanz. Es seien eine positive Zahl m und n Binärwörter w_1, w_2, ..., w_n der Länge k gegeben.
Frage. Gibt es eine Permutation σ und eine Zuweisung δ der Menge w_1, w_2, ..., w_n der Wörter, so dass

$$N_T = \sum_{j=1}^{n-1} d(w_{\sigma(j)}^{\delta(j)}, w_{\sigma(j+1)}^{\delta(j+1)}) \leq m \qquad (9)$$

und $\delta(w_i) = w_i$ oder $\delta(w_i) = \overline{w_i}$ gelten?

Wir wissen, dass DOP NP-vollständig ist, und intuitiv denken wir, dass DOPI mindestens ähnlich schwierig ist, weil es einen größeren Freiheitsgrad bezüglich des Objektstatus hat. Es wurde auch bereits bewiesen, dass DOPI NP-vollständig ist.

Algorithmen für DOP und DOPI

Für DOPI benötigen wir die Typen *Permutation* und *BitString*, mit deren Hilfe wir die Permutation und die Bitfolge manipulieren können. Für eine Instanz des Problems mit n Binärwörtern der Länge k brauchen wir eine *Permutation* der Länge n (Reihenfolge der Wörter) und einen *BitString* der Länge n (die Zuweisungen der Wörter). Wir werden uns jetzt diese Algorithmen betrachten: Random-Algorithmen, Exakt-Algorithmen, zwei Greedy-Methoden und dazu einen Algorithmus mit unterer Schranke (engl. *lower bound*), der einen minimalen Spannbaum aufbaut.

Gegeben sind die Wörter

$w_1 = 010110011$
$w_2 = 101110000$
$w_3 = 001000001$
$w_4 = 111010001$
$w_5 = 111011111$
$w_6 = 000101111$
$w_7 = 100010001$
$w_8 = 001001111$

Adjazenzmatrix $A89=$

$$A89 = \begin{pmatrix} 0 & 5 & 5 & 4 & 5 & 4 & 4 & 6 \\ 5 & 0 & 4 & 3 & 6 & 7 & 3 & 7 \\ 5 & 4 & 0 & 3 & 6 & 5 & 3 & 3 \\ 4 & 3 & 3 & 0 & 3 & 8 & 2 & 6 \\ 5 & 6 & 6 & 3 & 0 & 5 & 5 & 3 \\ 4 & 7 & 5 & 8 & 5 & 0 & 6 & 2 \\ 4 & 3 & 3 & 2 & 5 & 6 & 0 & 6 \\ 6 & 7 & 3 & 6 & 3 & 2 & 6 & 0 \end{pmatrix}$$

Wir bezeichnen diese Probleminstanz mit *PI89* (weil $n=8$ und $k=9$ ist) und werden auf sie zurückkommen, um die Lösungen der vorgestellten Algorithmen mit einem Beispiel zu belegen. Außerdem verwenden wir von nun an für die Anzahl der Transitionen den Begriff Kosten. Die Gesamtkosten für den Fall, dass die Wörter in der gegebenen Reihenfolge und ohne Invertierung übertragen werden, betragen 32.

Zufällige-Lösung-Algorithmen (*RAN*)

Der Zufällige-Lösung-Algorithmus für DOP generiert eine zufällige Permutation und gibt sie zusammen mit den entsprechenden Gesamtkosten aus. Für DOPI generiert er zusätzlich eine zufällige Bitfolge, die auch ausgegeben wird.

```
ALGORITHM_ RAN_DOP(n, k, w1..wn)

    p ← random Permutation
    return p, cost(p)
END_ ALGORITHM_ RAN_DOP(n, k, w1..wn)
```

```
ALGORITHM_RAN_DOPI(n, k, w1..wn)

    p ← random Permutation
    b ← random BitString
    return p, b, cost(p, b)
END_ ALGORITHM_RAN_DOPI(n, k, w1..wn)
```

Bezüglich PI89 bei DOP ergeben sich zum Beispiel für die Permutation (7, 8, 4, 2, 3, 5, 6, 1) Gesamtkosten von 34. Bei DOPI fallen für die Permutation (7, 1, 3, 8, 5, 2, 4, 6) und die Zuweisung (0, 1, 0, 1, 1, 1, 0, 0) Gesamtkosten von 38 an. Die Komplexität dieser Algorithmen ist O(n).

Exakt-Algorithmen (*EX*)

Der Exakt-Algorithmus für DOP generiert alle Permutationen und speichert die erste, die zu minimalen Gesamtkosten führt. Der für DOPI generiert alle Paare (Permutation, Zuweisung) und speichert das erste, das zu minimalen Gesamtkosten führt.

ALGORITHM_ EXAKT_DOPI(n, k, $w_1..w_n$)

    $p \leftarrow$ random *Permutation(n)*

    $b \leftarrow$ random *BitString(n)*

    For (all *Permutations(n) r*) **Execute**

      For (all *BitStrings(n) bs*) **Execute**

        If(*cost(r, bs)<cost(p, b)*) **Then**

          $p \leftarrow r$

          $b \leftarrow bs$

      End_If End_For   End_For
      return *p, b, cost(p, b)*

END_ ALGORITHM_ EXAKT_DOPI(n, k, $w_1..w_n$)

Bezüglich PI89 erhalten wir bei DOP für die Permutation (1, 6, 8, 3, 2, 7, 4, 5) minimale Gesamtkosten von 21. Der minimalen DOPI-Kosten belaufen sich auf 16, und sie fallen für die Permutation (1, 8, 2, 6, 4, 7, 3, 5) und die Zuweisung (0, 1, 0, 1, 0, 0, 0, 1) an. Die Komplexität des *EXAKT_DOP*-Algorithmus ist $O(n!)$, die des *EXAKT_DOPI*-Algorithmus ist $O(n! \cdot 2^n)$.

Greedy_Min-Algorithmen (GM)

Mit dem *Greedy_Min*-Prinzip lösen wir sowohl DOP als auch DOPI.
Der Ablauf:
- Berechne die Kosten für alle möglichen Wörterpaare und selektiere das erste Paar, das minimale Kosten hat. Bei DOPI dürfen die Wörter natürlich invertiert werden.
- Dieses Paar ist die Anfangssequenz.
- Vervollständige die Sequenz, indem schrittweise ein noch „freies" Wort entweder am Anfang oder am Ende der aktuellen Sequenz hinzugefügt wird. Das freie Wort und die Position des Hinzufügens müssen dabei so gewählt

werden, dass die Kosten des freien Wortes zu dem Nachbarwort in der Sequenz minimal sind. Bei DOPI darf das freie Wort invertiert werden.

Die Komplexität dieser Algorithmen ist polynomial $O(n^2)$. Für *PI89* kommen bei DOP mit der Permutation (5, 1, 6, 8, 3, 4, 7, 2) Gesamtkosten von 22 zustande. Bei DOPI ergeben sich mit der Permutation (5, 3, 7, 4, 6, 2, 8,1) und der Zuweisung (1, 0, 0, 0, 1, 0, 1, 0) Gesamtkosten von 16.

Greedy_Min Simplified-Algorithmen (GMS)

Wir vereinfachen das *Greedy_Min*-Prinzip (*GM*) ein bisschen. Der Sequenz dürfen neue Wörter nur noch am Ende hinzugefügt werden. Dadurch spart man sich vor allem bei großen Probleminstanzen Zeit. Die Ergebnisse sind mit denen von *GM* vergleichbar. Die Komplexität dieses Algorithmus ist auch polynomial $O(n^2)$.

Bezüglich *PI89* bestimmt er bei DOP die Permutation (4, 7, 2, 3, 8, 6, 1, 5) und Gesamtkosten von 23 und bei DOPI die Permutation (4, 6, 8, 1, 2, 7, 3, 5), die Zuweisung (0, 1, 1, 0, 1, 1, 1, 0) und die Gesamtkosten 19.

Algorithmen mit unterer Schranke *(LB)*

Die Probleme DOP und DOPI können natürlich mit Hilfe der Graphentheorie modelliert werden. Für DOP bauen wir einen vollständigen Graphen, in dem die Knoten die n Wörter darstellen und jede Kante als Gewicht die Hamming-Distanz ihrer beiden Knoten hat. Die Hamming-Distanz zweier Wörter ändert sich nicht, wenn man beide Wörter invertiert, egal in welchem Zustand die beiden Wörter usrprünglich waren (beide invertiert, beide nicht invertiert, nur eines der beiden invertiert): $d(w_i, w_j) = d(\overline{w_i}, \overline{w_j})$ und $d(w_i, \overline{w_j}) = d(\overline{w_i}, w_j)$.

Für DOPI erzeugen wir einen Multigraphen, indem wir zwei Knoten mit zwei Kanten verbinden, eine für jede Invertierungsalternative. In beiden Graphen müssen wir die minimalen hamiltonschen Pfade finden, die alle Knoten beinhalten, und das Problem der hamiltonschen Pfade ist NP-vollständig.

Ein minimaler Spannbaum des Graphen bzw. Multigraphen hat in den meisten Fällen ein kleineres Gewicht als der minimale hamiltonsche Pfad, manchmal ist es auch gleich groß. Die optimale Lösung des Problems (die die Exakt-Algorithmen finden) ist also mindestens so groß wie das Gewicht des minimalen Spannbaums. Durch diese untere Schranke (engl. *lower bound*) können wir bei großen Probleminstanzen auch einschätzen, wie gut die Greedy-Algorithmen arbeiten, denn die Exakt-Algorithmen können wir aufgrund ihrer langen Laufzeit nicht mehr einsetzen.

Es gibt zwei bekannte Algorithmen, um den minimalen Spannbaum zu berechnen, den von Prim (verwendet die Knoten) und den von Kruskal (verwendet die Kanten).

Wir setzen den Kruskal-Algorithmus ein, den wir auch in Problem 4 des vorigen Greedy-Kapitels implementiert haben.

Bezüglich *PI89* konstruieren wir bei DOP diesen Baum: $(4, 7) \to 2 \mid (6, 8) \to 2 \mid (2, 4) \to 3 \mid (3, 4) \to 3 \mid (3, 8) \to 3 \mid (4, 5) \to 3 \mid (1, 4) \to 4$.

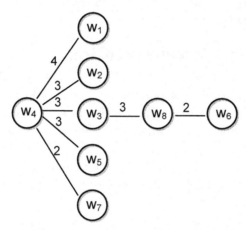

Minimaler Spannbaum für DOP, *PI89*

Das Gewicht des Baumes ist 20.

Bei DOPI erzeugen wir den Baum $(4, 6) \to 1 \mid (2, 6) \to 2 \mid (2, 8) \to 2 \mid (4, 7) \to 2 \mid (1, 8) \to 3 \mid (2, 5) \to 3 \mid (3, 4) \to 3$ mit dem Gewicht 16.

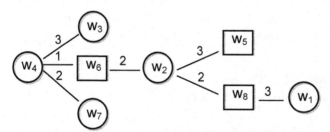

Minimaler Spannbaum für DOPI, *PI89* (die invertiert übertragenen Wörter sind durch ein Quadrat gekennzeichnet, die normalen durch einen Kreis.)

Die Komplexität des Algorithmus ist polynomial $O(n^2)$.

Implementierungsdetails

Wie immer verzichten wir im Programm auf die Prüfung der Eingabedaten und setzen die Richtigkeit voraus. Wir prüfen also zum Beispiel nicht, ob alle Wörter gleich lang sind, ob mindestens zwei davon vorhanden sind und ob eine gegebene Pemutation richtig ist. Das erlaubt es uns, uns besser auf die Funktionalität der Algorithmen und auf die gewählten Datenstrukturen zu konzentrieren. Alle für DOP und DOPI vorgestellten Algorithmen implementieren wir gemeinsam in einem Programm. *BitString* wird durch *java.util.BitSet* implementiert und *Permutation* durch *int*[].

Wir schreiben die Klasse *P01_DOPI* mit den Attributen:

-   n: Anzahl der gegebenen Binärwörter;
-   k: Länge der Wörter;
-   w[]: ein Array mit Elementen vom Typ *BitSet*, das die Wörter aufnimmt;
-   a[][]: zweidimensionales Array für die Adjazenzmatrix;
-   p[]: Array, das die Permutation für w[] darstellt;
-   b: eine Zuweisung vom Typ *BitSet* für die Wörter w[].

Der Konstruktor *P01_DOPI(**int** n, **int** k)* generiert n zufällige Binärwörter in w[], danach baut er damit die Adjazenzmatrix mit Hilfe der Methode *hammingDist*() auf und initialisiert die Permutation p[] und das *BitSet b*.

Es folgen die Methoden:

-   *shufflePermutation*(): vertauscht zufällig gewählte Elemente in der Permutation p[] paarweise, das tun wir mit der Methode *Math.random*() aus dem Paket *java.lang*;
-   *getCostDOP*(): liefert die Kosten für eine gegebene Permutation *perm*[] und die Adjazenzmatrix a[][], indem sie die Anzahl der Transitionen kumuliert;
-   *getRandomCostDOP*(): vermischt die Permutation p[] und liefert die DOP-Kosten zurück;
-   *getCostDOPI*(): gibt die Kosten für die gegebene Permutation *perm*[] und das *BitSet bs* aus: für alle nacheinander liegenden Wörter w_{perm_i} und $w_{perm_{i-1}}$ addieren wir $a[perm_{i-1}][perm_i]$ zur Variablen t, wenn $bs[i] = bs[i-1]$ ist, anderenfalls addieren wir $k - a[perm_{i-1}][perm_i]$;
-   *getRandomCostDOPI*(): vermischt die Permutation p[], setzt zufällige Bits im *BitSet bs* und gibt die Kosten zurück;

Für die exakten Algorithmen für DOP und DOPI müssen wir alle Permutationen der Länge n generieren. Wir verwenden dafür einen Nachfolger-Algorithmus, der auch in [Log06c] auf Seite 173 angegeben ist.

Weiter zeigen wir, wie man den Nachfolger einer Permutation (p_1, p_2, …, p_n) bestimmt. Er wird wie folgt konstruiert:

ALGORITHM_NACHFOLGER_PERM(p, n)

> Schritt 1. Man sucht von rechts beginnend das erste Element p_k, das $p_k < p_{k+1}$ ($1 \leq k < n$) erfüllt.
>
> Schritt 2. Für dieses k sucht man erneut von rechts beginnend das erste Element p_t, das $p_t > p_k$ ($k < t$) erfüllt. (Es gibt mindestens ein Element, auf das die Bedingung zutrifft, nämlich p_{k+1}).
>
> Schritt 3. Man vertauscht die Inhalte von p_k und p_t.
>
> Schritt 4. Man kehrt die Sequenz $p_{k+1} p_{k+2} \ldots p_n$ um.

    return $p(n)$

END_ ALGORITHM_NACHFOLGER_PERM(p, n)

Die resultierende Permutation ist die lexikographisch kleinste, die größer als die gegebene Permutation ist. **Beispiel:** Es sei $n = 6$ und wir wollen den Nachfolger der Permutation (6, 3, 5, 4, 2, 1) finden. Das erste k von rechts mit $p_k < p_{k+1}$ ist 2 (weil 3 < 5 ist und jedes Paar rechts davon diese Bedingung nicht erfüllt). Bezüglich $k = 2$ ist $p_4 = 4$ das erste Element von rechts, das größer als $p_2 = 3$ ist. Wir vertauschen also p_2 und p_4 und erhalten damit (6, 4, 5, 3, 2, 1). Die Umkehrung der Sequenz, die sich hinter p_2 befindet (5, 3, 2, 1), führt schließlich zu (6, 4, 1, 2, 3, 5), dem lexikographischen Nachfolger der gegebenen Permutation (6, 3, 5, 4, 2, 1).

Um zwei Elemente eines Array zu vertauschen, schreiben wir die Methode *swap()*, die die „Drei-Gläser-Methode" verwendet. Wir haben zwei verschiedene Cocktails und wollen den Inhalt des einen Glases in das zweite bringen und umgekehrt.

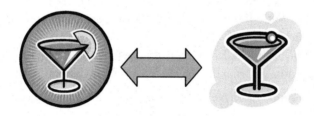

Mit einem dritten leeren Glas schaffen wir das:

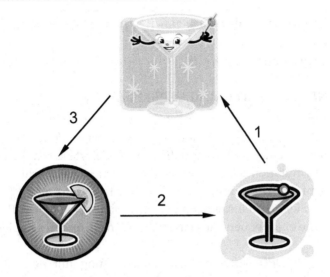

Mit anderen Worten:

> **ALGORITHM_SWAP(a, b)**
> $aux \leftarrow b$
> $b \leftarrow a$
> $a \leftarrow aux$
> **END_ ALGORITHM_SWAP (a, b)**

Um eine Sequenz in einem Array umzukehren, entwerfen wir die Methode *reverse*(), die alle Elemente zwischen den Indizes i und j (einschließlich i und j) umkehrt. Wir spiegeln dazu die Elemente an der Sequenzmitte:

> **ALGORITHM_REVERSE(arr[], i, j)**
> $half \leftarrow \dfrac{i+j-1}{2}$
> *for*($k \leftarrow i$; $k \le half$; **step** 1)
> $SWAP(arr[k], arr[i+j-k])$
> **END_ ALGORITHM_REVERSE(arr[], i, j)**

Die gespiegelten Elemente innerhalb der Sequenz $arr[i..j]$ sind: $arr[i]$ und $arr[j]$, $arr[i+1]$ und $arr[j-1]$, $arr[i+2]$ und $arr[j-2]$, ... Das heißt, dass die Summe der Indizes invariant $i+j$ ist, also vertauschen wir allgemein $arr[k]$ und $arr[i+j-k]$.

Alternativ können wir den *reverse*-Algorithmus auch so schreiben:

```
ALGORITHM_REVERSE2(arr[], i, j)
    While ( i < j ) Do
        SWAP(arr[i++], arr[j--])
    End_While
END_ ALGORITHM_REVERSE2(arr[], i, j)
```

Die Methode *nextPermutation*() wandelt eine gegebene Permutation in ihren Nachfolger um, wenn es einen gibt, und in diesem Fall liefert sie **true** zurück. Wenn es keine Nachfolger-Permutation gibt, liefert sie **false** zurück. Sie macht von dem oben beschriebenen Nachfolger-Algorithmus und den Methoden *swap*() und *reverse*() Gebrauch. Beachten Sie, wie die Methode *System.arraycopy*() aus dem Paket *java.lang* angewendet wird, die eine Sequenz aus einem Array in ein anderes kopiert.

Die Methode *getExactDOP*() liefert eine optimale Lösung mit den dazugehörigen Kosten, indem sie alle Permutationen in lexikographischer Reihenfolge durchläuft und die bis zu einem Zeitpunkt gefundene beste Lösung in der Permutation p und die Kosten in t speichert.

Um den exakten *DOPI* Algorithmus zu implementieren, müssen wir alle *BitStrings* der Länge n analysieren. Dazu brauchen wir die Methode *next_bitstring*(), die den Nachfolger eines *BitStrings* und **true** zurückliefert, wenn es ihn gibt, ansonsten **false**. Sie basiert auf einem anderen Nachfolger-Algorithmus, der auch in [Log06c], Seite 168, vorgestellt wird:

```
ALGORITHM_NACHFOLGER_BS (x_{n-1}, x_{n-2}, ..., x_1, x_0)
    1.  k ← kleinster Index mit x_k = 0
    2.  If (Index k existiert) Then
            For (i←0; i<k; step 1) x_i ← 0
            x_k ← 1
        Else
            "Es gibt keinen Nachfolger!"
END_ ALGORITHM_NACHFOLGER_BS (x_{n-1}, x_{n-2}, ..., x_1, x_0)
```

> Man sucht das kleinste k mit der Bedingung $x_k = 0$. Wenn es ein solches k gibt, dann wird $x_k \leftarrow 1$ und $x_i \leftarrow 0$ für alle $i \leq k-1$.
>
> *Beispiel:*
> *Nachfolger*(1000111)=1001000 (k=3)

getExactDOPI() liefert die optimale Lösung für das *DOPI*-Problem, indem sie alle Paare (*Permutation*, *BitString*) generiert und schrittweise prüft, ob ein Paar besser ist (kleinere Kosten) als die bisher gefundenen. Wenn ja, wird das Paar in (p, b) gespeichert.

Die *Greedy-Min-Simplified* Algorithmen werden in der Methode *getGMS()* implementiert. Zuerst wird die kleinste Kante des Graphen (i_0, j_0) gefunden und dessen Knoten in p hinzugefügt.

Wenn der boolsche Parameter *isPODI* **true** ist, wird die Invertierung berücksichtigt und die Werte k-$a[i][j]$ geprüft.

```
if (isDOPI && k - a[i][j] < cost) {
   i0 = i;
   j0 = j;
   cost = k - a[i][j];
}
```

Nachdem ein Wörterpaar mit kleinster Distanz gefunden wurde, komplettieren wir schrittweise die Permutation p. Der aktuelle Index in p ist *pIdx*, und wenn wir das Element *p[pIdx+1]* suchen, prüfen wir nur die Werte *i*, die noch nicht in p enthalten sind (von $p[0]$ bis $p[pIdx]$):

```
boolean found = false;
for (int tmpIdx = 0; tmpIdx <= pIdx; tmpIdx++) {
   if (p[tmpIdx] == i) {
      found = true;
      break;
   }
}
```

Ist *found* = *true* bedeutet das, dass der Wert *i* noch nicht in p enthalten ist, und wir prüfen die Distanzen für diesen potentiellen Kandidaten für $p[i]$.

```
if (found) {
   if (a[j0][i] < aux) {
      aux = a[j0][i];
      next = i;
   }
   if (isDOPI && k - a[j0][i] < aux) {
      aux = k - a[j0][i];
      next = i;
   }
}
```

Nachdem alle möglichen Kandidaten getestet und in *next* der Index des besten Wortes und in *aux* die Kosten gespeichert wurden, aktualisieren wir p und die Gesamtkosten:

```
p[++pIdx] = next;
cost += aux;
```

Natürlich vergessen wir den DOPI-Fall nicht und aktualisieren auch den *BitString b*, wenn nötig:

```java
if (isDOPI) {
  boolean bLast = b.get(bIdx);
  b.set(++bIdx, !(aux == a[j0][next])^bLast);
}
```

wobei *bLast* das letzte Bit in *b* ist.

Der logische Ausdruck:

```java
!(bLast^(aux==a[j0][next]))
```

ist äquivalent zu:

```java
if(aux==a[j0][next]){
  b.set(++bIdx, bLast);
}else {
  b.set(++bIdx, !bLast);
}
```

Wir bezeichnen $aux{\to}a$, $a[j_0][next]{\to}b$, $bLast{\to}c$:

$$
\begin{array}{l}
\texttt{if } (a{=}b) \\
\quad res \leftarrow c \qquad\qquad \Leftrightarrow res \leftarrow !((a{=}b)\char`\^c) \\
\texttt{else } res \leftarrow !c
\end{array}
$$

a	b	c	a=b	res	(a=b)^c	!((a=b)^c)
0	0	0	1	0	1	0
0	0	1	1	1	0	1
0	1	0	0	1	0	1
0	1	1	0	0	1	0
1	0	0	0	1	0	1
1	0	1	0	0	1	0
1	1	0	1	0	1	0
1	1	1	1	1	0	1

Die Methode *getGM()* implementiert den *Greedy-Min* Algorithmus (*GM*), der dem *Greedy-Min-Simple* Algorithmus (*GMS*) ähnlich ist. Das Unterschied ist, dass wir bei *GM* mit Anfang und Ende der Sequenz arbeiten. Wir brauchen also eine Kollektion, die uns erlaubt, dort Elemente hinzuzufügen. Dazu greifen wir auf die Klasse *ArrayDeque* zurück, die das Interface *Deque* implementiert. Beide, das Interface und die Klasse, sind Teil des Pakets *java.util*, allerdings sind sie erst seit Java 6.0 mit von der Partie. *Deque* ist eine Abkürzung von *Double Ended Queue* und seine Implementierung kann als *Stack* (*Last In First Out*) oder *Queue* (*First In First Out*) genutzt werden. Für das Einfügen, Abfragen und Löschen von Elementen in *Deque* stehen je zwei Methoden zur Auswahl. Wenn eine Operation nicht durchführbar ist, liefern die Methoden in der mittleren Spalte der Tabelle einen besonderen Wert zurück, wogegen die Methoden in der rechten Spalte eine Ausnahme werfen.

ArrayDeque Operationen

Operation	Status/Besondere Wert	Ausnahme werfend
Einfügen am Anfang	*offerFirst*(elem)	*addFirst*(elem)
Einfügen am Ende	*offerLast*(elem)	*addLast*(elem)
Löschen am Anfang	*pollFirst*()	*removeFirst*()
Löschen am Ende	*pollLast*()	*removeLast*()
Abfrage am Anfang	*peekFirst*()	*getFirst*()
Abfrage am Ende	*peekLast*()	*getLast*()

Die Implementierung von *Deque* gestattet es, auch **null** hinzuzufügen. Bei Methoden der mittleren Spalte weist eine **null** als Rückgabe darauf hin, dass die Kollektion leer ist. Deswegen ist es nicht empfehlenswert, eine **null** einzufügen.

In *getGM*() bauen wir die Sequenz schrittweise mit Hilfe der Variablen *pAux* vom Typ *ArrayDeque<Integer>* auf, und für *DOPI* kommt noch *bAux* vom Typ *ArrayDeque<Boolean>* dazu. Die Enden der Sequenz bezeichnen wir mit *i0* und *j0* und zuerst weisen wir der Sequenz das beste Wörterpaar zu. Für jedes Wort *i*, das noch nicht in *pAux* ist (*iObj* bleibt **null**), prüfen wir alle Möglichkeiten, es an beiden Enden normal und bei DOPI ggfs. invertiert einzufügen. Die kleinsten Kosten für ein *i* speichern wir in der Variablen *aux* und *i* in *next*. Schließlich kopieren wir *pAux* in *p*, bei DOPI noch *bAux* in *b* und geben die Gesamtkosten für diese Kombination aus.

Die Methode *getLB*() baut den minimalen Spannbaum mit Hilfe des Kruskal-Algorithmus und des *multimap*-Konzeptes, und sie ist genauso implementiert wie das Problem 4 des *Greedy*-Kapitels. Der einzige Unterschied besteht darin, dass wir für DOPI einen Multigraphen bauen, indem wir für alle Knotenpaare (*i*, *j*) auch die Kanten für das Gewicht *k-a[i][j]* anlegen. Der Ablauf des Kruskal-Algorithmus bleibt aber unverändert. Wir wenden den *multimap*-Mechanismus mit Hilfe des Typs *TreeMap<Integer, List<int[]>>* an und wir entwickeln die Iterator-Klasse *TreeMultimapIterator* und die Methode *putInMultimap*().

Alle vorgestellten Algorithmen wollen wir jetzt einsetzen. Wir starten unser Programm mit den 6 Kommandozeilen-Parametern *n1*, *n2*, *sn*, *k1*, *k2*, und *sk*. Das Programm generiert und analysiert daraufhin sukzessive mehrere Probleminstanzen. Aus den Parametern *n1*, *n2*, *sn* leiten wir die Anzahl *n* der Wörter für jede Instanz ab: *n1* und *n2* stellen das Intervall dar, das in Schritten von *sn* abgearbeitet wird. Ähnlich verhält es sich mit der Länge *k* der Wörter: *k1* und *k2* bilden ein Intervall für die Länge *k*, das in Schritten von *sk* durchlaufen wird. Alle Binärwörter erzeugt das Programm zufällig.

```
for(int n=n1; n<=n2; n+=sn)
  for(int k=k1; k<=k2; k+=sk)...        // führe alle Algorithmen aus ...
```

Wenn wir das Programm zum Beispiel mit:

```
java P01_DOPI 5 8 1 25 65 20
```

aufrufen, gibt es die Ergebnisse (die gefundenen Gesamtkosten) in die Datei *report.txt* in dieser Form aus:

			DOP					DOPI			
n	k	RAN	EX	GMS	GM	LB	RAN	EX	GMS	GM	LB
5	25	48	40	41	40	37	61	35	38	35	34
5	45	90	79	84	79	79	91	76	79	76	76
5	65	134	117	120	117	117	134	116	118	116	115
6	25	66	55	55	55	55	58	47	47	47	47
6	45	114	95	98	95	95	121	86	88	86	84
6	65	158	146	155	146	142	167	136	139	136	136
...											

Schauen Sie sich an, wie die Methode *main*() implementiert ist. Weil wir alle Algorithmen aufrufen wollen, also auch die exakten, wächst die Laufzeit bedeutend. Deswegen brauchen wir kleine Werte für die Anzahl n der Wörter.

Programm

```java
import java.io.*;
import java.util.*;

public class P01_DOPI {
  private int n;
  private int k;
  private BitSet w[];
  private int a[][];
  private int p[];
  private BitSet b;

  ////////////////////////////////////////////////////////
  P01_DOPI(int n, int k) {
    this.n = n;
    this.k = k;
    // Wörter generieren
    Random random = new Random();
    this.w = new BitSet[n];
    for (int i = 0; i < n; i++) {
      BitSet wAux = new BitSet(k);
      for (int j = 0; j < k; j++) {
        wAux.set(j, random.nextBoolean());
      }
```

```
      w[i] = wAux;
    }
    // Aufbau der Matrix
    this.a = new int[n][n];
    for (int i = 0; i < n; i++)
      for (int j = 0; j < n; j++) {
        a[i][j] = hammingDist(w[i], w[j], k);
      }

    // Initialisierung der Permutation und des BitStrings
    this.p = new int[n];
    this.b = new BitSet(n);
    for(int i=0; i<n; i++){
      p[i]=i;
      b.set(i, false);
    }
}

////////////////////////////////////////////////////
private static int hammingDist(BitSet w1, BitSet w2,
                               int size) {
    int t = 0;
    for (int i = 0; i < size; i++)
      if (w1.get(i) != w2.get(i))
        t++;
    return t;
}

////////////////////////////////////////////////////
private void shufflePermutation() {
    for (int idx = p.length - 1; idx > 0; idx--) {
      // Wähle einen beliebigen Index zwischen 0 und idx
      int randLoc = (int) (Math.random() * (idx + 1));
      int temp = p[randLoc];
      p[randLoc] = p[idx];
      p[idx] = temp;
    }
}

////////////////////////////////////////////////////
private int getCostDOP(int perm[]) {
    int t = 0;
    for (int i = 1; i < n; i++)
      t += a[perm[i - 1]][perm[i]];
    return t;
}
////////////////////////////////////////////////////
int getRandomCostDOP() {
    for (int i = 0; i < n; i++)
      p[i] = i;
```

```java
    this.shufflePermutation();
    return getCostDOP(p);
}

//////////////////////////////////////////////////////////
private int getCostDOPI(int perm[], BitSet bs) {
    if (this.n <= 1)
        return 0;
    int t = 0;
    for (int i = 1; i < n; i++)
        t += (bs.get(i) == bs.get(i - 1)) ?
            a[perm[i - 1]][perm[i]] :
            k - a[perm[i - 1]][perm[i]];
    return t;
}

//////////////////////////////////////////////////////////
int getRandomCostDOPI() {
    this.b.clear();
    Random rand = new Random();
    for (int i = 0; i < n; i++) {
        p[i] = i;
        this.b.set(i, rand.nextBoolean());
    }
    this.shufflePermutation();
    return getCostDOPI(p, b);
}

//////////////////////////////////////////////////////////
private static void swap(int arr[], int i, int j) {
    int temp = arr[i];
    arr[i] = arr[j];
    arr[j] = temp;
}

//////////////////////////////////////////////////////////
private static void reverse(int arr[], int i, int j) {
    int half = (i + j - 1) / 2;
    for (int k = i; k <= half; k++) {
        swap(arr, k, i + j - k);
    }
}

//////////////////////////////////////////////////////////
private static boolean nextPermutation(int[] arr) {
    int k = arr.length - 2;
    while (k >= 0 && arr[k] > arr[k + 1])
        k--;
    if (k >= 0) {
```

```
       int t = arr.length - 1;
       while (arr[t] < arr[k])
         t--;
       swap(arr, k, t);
       reverse(arr, k + 1, arr.length - 1);
       return true;
     } else {
       return false;
     }
}

////////////////////////////////////////////////////
int getExactDOP() {
  int[] r = new int[n];
  for (int i = 0; i < n; i++){
    r[i] = i; p[i]=i;
  }
  int t = getCostDOP(p);
  while (nextPermutation(r)) {
    int aux = getCostDOP(r);
    if (aux < t) {
      t = aux;
      System.arraycopy(r, 0, p, 0, n);
    }
  }
  return t;
}

////////////////////////////////////////////////////
private static boolean nextBitSet(BitSet bs, int numBits) {
  int clearBit = bs.nextClearBit(0);
  if (clearBit < numBits) {
    bs.set(clearBit);
    bs.clear(0, clearBit);
    return true;
  } else {
    return false;
  }
}



////////////////////////////////////////////////////
int getExactDOPI() {
  int[] r = new int[n];
  for (int i = 0; i < n; i++){
    r[i] = i; p[i]= i;
  }
  b.clear();
  int t = getCostDOPI(p, b);
```

```java
  while (nextPermutation(r)) {
    BitSet bs2 = new BitSet(n);
    do {
      int aux = getCostDOPI(r, bs2);
      if (aux < t) {
        t = aux;
        System.arraycopy(r, 0, p, 0, n);
        b.clear();
        b.or(bs2);
      }
    } while (nextBitSet(bs2, n));
  }
  return t;
}


////////////////////////////////////////////////////////
int getGMS(boolean isDOPI) {
  int pIdx = -1;
  b.clear();
  int bIdx = -1;

  int i0 = 0, j0 = 1;
  int cost = a[i0][j0];
  for (int i = 0; i < n - 1; i++)
    for (int j = i + 1; j < n; j++) {
      if (a[i][j] < cost) {
        i0 = i;
        j0 = j;
        cost = a[i0][j0];
      }
      if (isDOPI && k - a[i][j] < cost) {
        i0 = i;
        j0 = j;
        cost = k - a[i0][j0];
      }
    }
  p[++pIdx] = i0;
  p[++pIdx] = j0;
  if (isDOPI) {
    b.clear(++bIdx);
    b.set(++bIdx, a[i0][j0] != cost);
  }
  while (pIdx < n - 1) {
    int next = -1;
    int aux = k + 1;
    for (int i = 0; i < n; i++) {
      boolean found = false;
      for (int tmpIdx = 0; tmpIdx <= pIdx; tmpIdx++) {
        if (p[tmpIdx] == i) {
          found = true;
```

```
            break;
          }
        }
      if (found) {
        if (a[j0][i] < aux) {
          aux = a[j0][i];
          next = i;
        }
        if (isDOPI && k - a[j0][i] < aux) {
          aux = k - a[j0][i];
          next = i;
        }
      }
    }
    p[++pIdx] = next;
    cost += aux;
    if (isDOPI) {
      boolean bLast = b.get(bIdx);
      b.set(++bIdx, !(aux == a[j0][next])^bLast);
    }
    j0 = next;
  }
  return cost;
}
```

Äquivalent zu:
```
if (isDOPI){
  b.set(bIdx+1,
    !(aux == a[j0][next])^bLast);
  bIdx++;
}
```

```
//////////////////////////////////////////////////////
int getGM(boolean isDOPI) {
  b.clear();
  Deque<Integer> pAux = new ArrayDeque<Integer>();
  Deque<Boolean> bAux = null;
  bAux = new ArrayDeque<Boolean>();
  int i0 = 0, j0 = 1;
  int cost = a[i0][j0];
  for (int i = 0; i < n - 1; i++)
    for (int j = i + 1; j < n; j++) {
      if (a[i][j] < cost) {
        i0 = i;
        j0 = j;
        cost = a[i0][j0];
      }
      if (isDOPI && k - a[i][j] < cost) {
        i0 = i;
        j0 = j;
        cost = k - a[i0][j0];
      }
    }
  pAux.addLast(i0);
  pAux.addLast(j0);
  if (isDOPI) {
    bAux = new ArrayDeque<Boolean>();
```

```
      bAux.addLast(false);
      bAux.addLast(a[i0][j0] != cost);

}
while (pAux.size() < n) {
   int next = -1;
   int aux = k + 1;
   for (int i = 0; i < n; i++) {
      Integer iObj = null;
      for (Integer itPAux : pAux) {
         if (itPAux.intValue() == i) {
            iObj = itPAux;
            break;
         }
      }
      if (iObj == null) {
         if (a[j0][i] < aux) {
            aux = a[j0][i];
            next = i;
         }
         if (a[i0][i] < aux) {
            aux = a[i0][i];
            next = i;
         }
         if (isDOPI && k - a[j0][i] < aux) {
            aux = k - a[j0][i];
            next = i;
         }
         if (isDOPI && k - a[i0][i] < aux) {
            aux = k - a[i0][i];
            next = i;
         }
      }
   }
   cost += aux;
   if (a[j0][next] == aux ||
                   (isDOPI && k - a[j0][next] == aux)) {
      pAux.addLast(next);
      if (isDOPI) {
         bAux.addLast(!(aux == a[j0][next])^bAux.getLast());
      }
      j0 = next;
   } else {
      pAux.addFirst(next);
      if (isDOPI) {
         bAux.addFirst(
                   !(aux == a[i0][next])^ bAux.getFirst() );
      }
      i0 = next;
   }
```

```
  }
  Iterator<Integer> pAuxIt = pAux.iterator();
  for (int i = 0; i < n; i++) {
    p[i] = pAuxIt.next();
  }
  if (isDOPI) {
    Iterator<Boolean> bAuxIt = bAux.iterator();
    for (int i = 0; i < n; i++) {
      b.set(i, bAuxIt.next());
    }
  }

  return cost;
}

/////////////////////////////////////////////////////
private static void putInMultimap(
        TreeMap<Integer, List<int[]>> mmap,
                            Integer key,
                            int[] value  ) {
  List<int[]> values = mmap.get(key);
  if (values == null) {
    values = new ArrayList<int[]>();
    mmap.put(key, values);
  }
  values.add(value);
}

/////////////////////////////////////////////////////
private static class TreeMultimapIterator {
  private Iterator<Map.Entry<Integer, List<int[]>>> mmapIt;
  private ListIterator<int[]> currValuesIt;
  private int[] currValue;

  Map.Entry<Integer, List<int[]>> currEntry;

  TreeMultimapIterator(TreeMap<Integer, List<int[]>> mmap) {
    this.mmapIt = mmap.entrySet().iterator();
  }

  boolean next() {
    if ( this.currValuesIt != null &&
         this.currValuesIt.hasNext() ) {
      this.currValue = this.currValuesIt.next();
      return true;
    } else if (mmapIt.hasNext()) {
      this.currEntry = this.mmapIt.next();
      this.currValuesIt =
                    this.currEntry.getValue().listIterator();
```

```java
      this.currValue = this.currValuesIt.next();
      return true;
    } else {
      return false;
    }
  }

  Integer key() {
    return this.currEntry.getKey();
  }

  int[] value() {
    return this.currValue;
  }

  void remove() {
    this.currValuesIt.remove();
    if (this.currEntry.getValue().isEmpty()) {
      this.currValuesIt = null;
      this.mmapIt.remove();
    }
  }
}

///////////////////////////////////////////////////////////
int getLB(boolean isDOPI) {
  int cost = 0;
  TreeMap<Integer, List<int[]>> E =
                          new TreeMap<Integer, List<int[]>>();
  for (int i = 0; i < n - 1; i++)
    for (int j = 0; j < n; j++) {
      int[] e = {i, j};
      putInMultimap(E, a[i][j], e);
      if (isDOPI)
        putInMultimap(E, k - a[i][j], new int[]{i,j});
    }
  int C[] = new int[n];
  for (int i = 0; i < C.length; i++)
    C[i] = i;
  TreeMap<Integer, List<int[]>> H =
                          new TreeMap<Integer, List<int[]>>();
  int szH = 0;
  while (szH < n - 1) {
    TreeMultimapIterator it = new TreeMultimapIterator(E);
    it.next();
    int uu = it.value()[0];
    int vv = it.value()[1];
    while (C[uu] == C[vv]) {
      it.next();
      uu = it.value()[0];
```

```
      vv = it.value()[1];
    }

    putInMultimap(H, it.key(), it.value());
    szH++;
    cost += it.key();
    it.remove();
    int mi = Math.min(C[uu], C[vv]);
    int ma = Math.max(C[uu], C[vv]);
    for (int i = 0; i < n; i++)
      if (C[i] == ma)
        C[i] = mi;
  }
  return cost;
}

//////////////////////////////////////////////////////////
public static void main(String args[]) throws IOException {
  if (args.length != 6) {
    throw new IOException(
      "Invalid number of parameters ! Required: 6; Provided: "
            + args.length);
  }
  int n1 = Integer.parseInt(args[0]);
  int n2 = Integer.parseInt(args[1]);
  int sn = Integer.parseInt(args[2]);
  int k1 = Integer.parseInt(args[3]);
  int k2 = Integer.parseInt(args[4]);
  int sk = Integer.parseInt(args[5]);
  PrintStream out = new PrintStream(new File("report.txt"));
  try {
    out.printf("%25s%35s%n", " DOP", " DOPI");
    out.printf("%5s%5s |%5s%5s%5s%5s%5s ||%5s%5s%5s%5s%5s%n",
               "n", "k",
               "RAN", "EX", "GMS", "GM", "LB",
               "RAN", "EX", "GMS", "GM", "LB");

    for (int n = n1; n <= n2; n += sn) {
      for (int k = k1; k <= k2; k += sk) {
        int kk = 3;
        while(kk-->0){
        P01_DOPI dopi = new P01_DOPI(n, k);
        out.printf("%5d%5d |", n, k);
        out.printf("%5d%5d%5d%5d%5d ||",
                   dopi.getRandomCostDOP(),
                   dopi.getExactDOP(), dopi.getGMS(false),
                   dopi.getGM(false), dopi.getLB(false));
        out.printf("%5d%5d%5d%5d%5d%n",
                   dopi.getRandomCostDOPI(),
                   dopi.getExactDOPI(), dopi.getGMS(true),
```

```
                        dopi.getGM(true), dopi.getLB(true));
        }}
      }
    } finally {
      out.close();
    }
  }
}
```

Auswertung der Ergebnisse

Die folgende Tabelle beinhaltet die Ergebnisse der *RAN- EX- GMS-, GM-* und *LB-*
Algorithmen für kleine n, die sich beim Aufruf mit den Parametern 5 7 1 200 600 200
ergeben.

Beispiele DOP/DOPI für kleine n

n	k	DOP						DOPI			
		RAN	EX	GMS	GM	LB		RAN	EX	GMS	GM	LB
5	200	390	373	374	373	372		399	371	373	371	370
5	400	779	753	774	773	752		792	740	752	743	739
5	600	1145	1133	1183	1133	1127		1148	1090	1100	1094	1076
6	200	530	480	488	482	479		513	449	454	449	447
6	400	1013	950	963	960	950		1006	935	943	941	931
6	600	1478	1442	1444	1442	1436		1488	1428	1444	1428	1428
7	200	604	547	547	547	545		580	534	539	534	533
7	400	1197	1152	1169	1163	1151		1190	1121	1132	1121	1119
7	600	1778	1718	1735	1722	1717		1785	1699	1707	1699	1697

Wie erwartet sind die DOPI-Ergebnisse des *EX*-Algorithmus für eine Instanz besser
als die DOP-Resultate, und das umso mehr, je größer k wird. Der Algorithmus *LB* mit
unterer Schranke liefert Kosten, die meist nur wenig unter den Kosten der *EX*-
Algorithmen liegen, selten sind sie sogar gleich. Außerdem sehen wir, dass *GM* fast
immer bessere Resultate als *GMS* liefert.

Für große n allerdings verhält es sich nicht so, hier ist *GMS* in einigen Fällen besser als
GM. Um das zu belegen, starten wir unser Programm so, dass n die Werte 1250, 1450,
..., 2050 annimmt und k die Werte 15, 315 und 615. Außerdem lassen wir die *EX*-
Algorithmen nicht mitlaufen, weil sie zu lange rechnen würden. Wir führen das Delta
Δ ein, das anzeigt, wie *GM* und *GMS* voneinander abweichen. *GMS* ist schneller als
GM, weil wir nur an einem Ende der Sequenz arbeiten.

Ergebnisse DOP

Input Data		DOP				
n	k	RAN	GM	GMS	Δ	LB
1250	15	9341	2480	**2478**	-2	2102
1250	315	196999	**163523**	163535	+12	160951
1250	615	383842	337871	**337861**	-10	334211
1450	15	10868	2766	**2755**	-11	2342
1450	315	228241	189220	**189217**	-3	186318
1450	615	445842	**391117**	391146	+29	386907
1650	15	12363	**3031**	3041	+10	2582
1650	315	259686	**214691**	214698	+7	211377
1650	615	507187	444244	**444233**	-11	439538
1850	15	13915	3315	**3314**	-1	2890
1850	315	291342	**239950**	239984	+34	236325
1850	615	568827	**497320**	497371	+51	492047
2050	15	15277	**3570**	3588	+18	3025
2050	315	322854	**265499**	265533	+34	261566
2050	615	630214	**550324**	550376	+52	544575

Verglichen mit RAN liefern die beiden *Greedy*-Algorithmen wesentlich bessere Ergebnisse, besonders für kleine k. Außerdem sehen wir, dass die *Greedy*- und *LB*-Resultate recht ähnlich sind, daraus folgern wir, dass die *Greedy*-Resultate sehr nahe an den exakten Ergebnissen liegen. In insgesamt 6 von 15 Fällen ist *GMS* besser als *GM*.

Ergebnisse DOPI

Input Data		DOPI				
n	k	RAN	GM	GMS	Δ	LB
1250	15	9372	**2083**	2087	+4	1709
1250	315	196813	**161427**	161481	+44	159040
1250	615	384281	**334411**	334452	+41	330858
1450	15	54189	**2308**	2315	+7	1803
1450	315	228251	**186626**	186702	+76	183975
1450	615	445764	387119	**387106**	-13	383004
1650	15	12295	2522	**2513**	-9	1889
1650	315	259779	211935	**211933**	-2	208841
1650	615	506744	**439712**	439734	+22	435103
1850	15	13836	2750	**2741**	-9	1969
1850	315	291321	**237099**	237102	+3	233542
1850	615	568973	**492231**	492307	+76	487102
2050	15	13836	2952	**2950**	-2	1975
2050	315	322770	**262273**	262282	+9	258412
2050	615	260096	**544788**	544804	+16	539004

Hier bei DOPI ist *GMS* in 5 von 15 Fällen besser als *GM*. Beide Algorithmen liefern Resultate, die sehr nah an der unteren Schranke liegen. Auch hier sind die Ergebnisse von *RAN* umso schlechter, je kleiner k ist.

Aufgaben

1. Welche Relationen muss eine Metrik erfüllen?
2. Definieren Sie die Euklid- und die Edit-Distanz (Levenshtein-Distanz, siehe Kapitel. 8. Dynamische Programmierung, Problem 13) und beweisen Sie, dass auch sie Metriken sind.
3. Formulieren Sie auch die Algorithmen *GM*, *GMS* und *LB* in Pseudocode.
4. Weil die Adjazenzmatrix symmetrisch zur Hauptdiagonale ist, und diese Diagonale nur Nullen beinhaltet, es ist ausreichend, nur die obere Hälfte der Matrix zu speichern. Modifizieren Sie das Programm so, dass die Matrix in einem Array mit $(n-1) + (n-2) + ...+1 = n(n-1)/2$ Elementen gespeichert wird.
5. Erweitern Sie alle Methoden des Programms mit einer Validierung der Parameter.
6. Verschmelzen Sie die beiden Methoden *getRandomCostDOP()* und *getRandomCostDOPI()* zu einer Methode *getRandomCost(**boolean** isDOPI)*. Wiederholen Sie das für die Methoden *getExactDOP()* und *getExactDOPI()*.
7. Erweitern Sie das Programm so, dass es einen detaillierten Bericht liefert: die generierten Wörter, die Adjazenzmatrix, den minimalen Spannbaum für *LB* und für jeden Algorithmus auch die Paare (Permutation, *BitString*).
8. Ändern Sie das Programm so ab, dass man die Wörter auch aus einer Datei lesen kann und geben Sie zusätzlich die Laufzeit jedes Algorithmus aus.
9. Implementieren Sie die *LB*-Methode mit Hilfe des Algorithmus von Prim, um den minimalen Spannbaum aufzubauen.
10. Schreiben Sie Testprogramme für größere Instanzen (große n und k).
11. Implementieren Sie ein Programm, das alle Permutationen mit gegebener Länge n in lexikographischer Reihenfolge mit einem Nachfolger-Algorithmus ausgibt. Beispiel:

Tastatur	perm.out		
3	1	2	3
	1	3	2
	2	1	3
	2	3	1
	3	1	2
	3	2	1

Modifizieren Sie das Programm so, dass es die Permutationen in antilexikographischer Reihenfolge ausgibt. Wieviele Permutationen gibt es für die natürliche Zahl n?

12. Erstellen Sie ein Programm, das alle *BitStrings* mit gegebener Länge *n* in lexikographischer Reihenfolge mit Hilfe eines Nachfolger-Algorithmus ausgibt. Beispiel:

Tastatur	bitstrings.out
2	00
	01
	10
	11

Modifizieren Sie das Programm so, dass die Ausgabe antilexikographisch erfolgt. Wieviele *BitStrings* gibt es für die natürliche Zahl *n*?

13. Verschmelzen Sie die beiden Methoden *GM* und *GMS* zu einer einzigen. Nutzen Sie ein neues Flag im Methodenkopf (**boolean** *isGM*), um anzuzeigen, ob auch das andere Ende untersucht werden soll.

14. Wir haben oft eine „*foreach*-Schleife" verwendet, die erst mit Java 5 eingeführt wurde. Lokalisieren Sie diese Stellen im Programm und nennen Sie die allgemeine Form dieser Anweisung.

15. Die Klasse *java.util.Collections* beinhaltet die statischen Methoden *shuffle()*, *swap()* und *reverse()*, um Listen zu manipulieren. Modifizieren Sie unser Programm und verwenden Sie diese Methoden aus *Collections* anstatt der selbstgeschriebenen Methoden *shufflePermutation()*, *swap()* und *reverse()*.

16. In der Methode *getLB()* setzen wir für das *multimap*-Konzept, das den minimalen Spannbaum speichert, eine *TreeMap* ein, in der die Kanten explizit als *int[]* dargestellt werden. Sehen Sie sich die Darstellung für die Kanten im vierten Problem des dritten Kapitels (Greedy) an (*Integer* statt **int**[2]). Ändern Sie die Deklaration von H im Programm wie folgt:

```
TreeMap<Double, List<Integer>> H =
                    new TreeMap<Double, List<Integer>>();
```

17. Das Interface *Deque* und die Klasse *ArrayDeque* sind erst mit Java 6 hinzugekommen. Lesen Sie sich die Beschreibungen und Methoden in der Java-*API*-Dokumentation durch und schreiben Sie ein Beispielprogramm mit allen Methoden der Klasse *ArrayDeque*.

18. *ArrayDeque* ist eine Array-Implementierung (mit veränderlicher Größe) des Interfaces *Deque*. Objekte dieses Typs unterliegen keiner Kapazitätsbeschränkung, sie können also beliebig wachsen und sind nicht *thread-safe*. Die Klasse *ArrayDeque* ist schneller als *java.util.Stack*, wenn sie als *Stack* fungiert und schneller als *java.util.LinkedList*, wenn sie als *Queue* fungiert. Schreiben Sie einen Testprogramm, das diese Aussage bestätigt. Es könnte so aufgebaut sein, dass es eine lange gültige Folge von *Stack*- (bzw. *Queue*-) Operationen zufällig generiert. Diese Operationsfolge wird einmal mit *ArrayDeque* für *Stack* (bzw. *Queue*) und anschließend mit *Stack* (bzw. *LinkedList*) aufgeführt. Die Laufzeiten der einzelnen Operationsfolgen können Sie mit *System.currentTimeMillis()* messen und am Ende ausgegeben.

Statue in Bremen

Rekursion

Vollständige Induktion

Giuseppe Peano
(1858-1932)

Man muss oft in der Mathematik Aussagen nicht nur für endliche Mengen beweisen, sondern für unendliche. Die natürlichen Zahlen ℕ bilden eine unendliche Menge. Um eine Aussage über ℕ zu beweisen, kann man sie nicht nacheinander für alle natürlichen Zahlen beweisen, weil der Prozess kein Ende hätte.

Wir werden nun die Menge ℕ der natürlichen Zahlen axiomatisch mit den 5 Sätzen des italienischen Mathematikers Giuseppe Peano beschreiben (Peanosche Axiome):

P I: 0 ist eine natürliche Zahl.

P II: Jede natürliche Zahl n hat genau einen Nachfolger, der ebenfalls eine natürliche Zahl ist.

P III: 0 ist Nachfolger keiner natürlichen Zahl

P IV: Zwei verschiedene natürliche Zahlen haben verschiedene Nachfolger

P V: (Induktionsaxiom): Eine Menge X enthält alle natürlichen Zahlen, wenn sie die Zahl 0 und mit jeder natürlichen Zahl auch stets deren Nachfolger enthält.

Das Induktionsaxiom ist die Basis für das mathematische Beweisverfahren der vollständigen Induktion. Die vollständige Induktion („Schluss von n auf $n+1$") verwendet man normalerweise, um Aussagen für natürliche Zahlen zu beweisen. Sie kann aber auch für andere Fälle eingesetzt werden.

Die Schritte der vollständigen Induktion:

Induktionsanfang IA (Schritt 1): Zuerst zeigt man, dass die Aussage für den Basisfall (z. B. für n=0 oder n=1) wahr ist.

Induktionsvoraussetzung IV (Schritt 2): Man geht davon aus, dass die Aussage $A(n)$ für eine natürliche Zahl n aus $\mathbb{N}$ wahr ist.

Induktionsschluss IS (Schritt 3): Nun muss man zeigen, dass auch $A(n$+1$)$ gültig ist, wenn $A(n)$ wahr ist. Anders gesagt muss man zeigen, dass eine Aussage, die für n gilt, auch für dessen Nachfolger gilt.

Nun weiß man, dass

$A(0)$ wahr ist (Schritt 1) und die Folgerung „wenn $A(n)$, dann $A(n$+1$)$" wahr ist (Schritt 3).

Wir erkennen, dass eine Aussage somit für alle natürlichen Zahlen gilt. Wir haben sie für die 0 bewiesen und aufgrund der Folgerung ist die Aussage auch für die 1 zutreffend, für die 2 auch, usw.

Zu beachten:

- Auch wenn man nicht den Induktionsanfang verifiziert hat, kann der Induktionsschluss erfolgreich sein. Aber dann hat man die Aussage nicht für den Basisfall nachgewiesen. Induktionsanfang und -schluss müssen bewiesen werden.
- Der Basisfall muss nicht n=0 sein. Es gibt Aussagen, die erst für Zahlen größer 0 zutreffend sind. Dafür muss der Induktionsanfang (Basisfall) bei der kleinstmöglichen Zahl erfolgen. Es kann auch mehrere Basisfälle geben.
- n ist nur eine Variable, die natürlich anders heißen kann. Bei Aussagen mit mehreren Variablen muss man sich überlegen, welche Variable für die vollständige Induktion verwendet wird.

Problem 1. *Summenformel.* Zeigen Sie, dass $\displaystyle\sum_{k=1}^{n} \frac{1}{k(k+1)} = \frac{n}{n+1}$ für alle $n \geq 1$.   (1)

Direkter Beweis. Diese Formel könnte man auch direkt beweisen, indem man die Summe expandiert:

$$\sum_{k=1}^{n}\frac{1}{k(k+1)} = \sum_{k=1}^{n}\left(\frac{1}{k} - \frac{1}{k+1}\right) = \frac{1}{1} - \frac{1}{2} + \frac{1}{2} - \frac{1}{3} + \ldots + \frac{1}{n} - \frac{1}{n+1} = 1 - \frac{1}{n+1} = \frac{n}{n+1}. \qquad \square$$

Beweis durch vollständige Induktion. Wir bezeichnen mit $A(n)$ die Aussage

$$\sum_{k=1}^{n}\frac{1}{k(k+1)} = \frac{n}{n+1}$$ und müssen beweisen, dass sie wahr ist für alle $n \geq 1$.

Induktionsanfang (IA): $A(1)$ ist wahr: $\dfrac{1}{1 \cdot 2} = \dfrac{1}{2}$.

Induktionsvoraussetzung (IV): $A(n)$: $\displaystyle\sum_{k=1}^{n}\frac{1}{k(k+1)} = \frac{n}{n+1}$ ist wahr.

Induktionsschluss (IS): Wir müssen zeigen, dass $A(n{+}1)$ auch wahr ist.

Die Aussage $A(n{+}1)$ lautet: $\displaystyle\sum_{k=1}^{n+1}\frac{1}{k(k+1)} = \frac{n+1}{n+2}$. Wir berechnen jetzt den linken Teil der Gleichung:

$$\sum_{k=1}^{n+1}\frac{1}{k(k+1)} = \frac{1}{(n+1)(n+2)} + \sum_{k=1}^{n}\frac{1}{k(k+1)} = \frac{1}{(n+1)(n+2)} + \frac{n}{n+1} =$$

$$= \frac{1 + 2n + n^2}{(n+1)(n+2)} = \frac{(n+1)^2}{(n+1)(n+2)} = \frac{n+1}{n+2}.$$

Gemäß dem Prinzip der vollständigen Induktion folgt, dass die Aussage $A(n)$ für alle natürlichen Zahlen n mit $n \geq 1$ wahr ist. $\square$

Problem 2. *Teilbarkeit durch eine Primzahl.* Beweisen Sie, dass die Aussage „Ist p eine Primzahl und n eine natürliche Zahl, so ist $n^p - n$ durch p teilbar" wahr ist.

Beweis durch vollständige Induktion: Wir bezeichnen die Aussage mit $A(n)$.

Induktionsanfang (IA): $A(0)$ und $A(1)$ sind wahr: $n^p - n = 0$ und 0 ist durch p teilbar.

Induktionsvoraussetzung (IV): $A(n)$: „$n^p - n$ durch p teilbar" ist wahr.

Induktionsschluss (IS): Wir müssen zeigen, dass auch $A(n{+}1)$ wahr ist.

Mit Hilfe des Binomischen Lehrsatzes schreiben wir $(n+1)^p - (n+1)$ in der folgenden Form:

$$(n+1)^p - (n+1) = (n^p + \binom{p}{1}n^{p-1} + \binom{p}{2}n^{p-2} + ... + \binom{p}{p-1}n + 1) - (n+1) =$$

$$= (n^p - n) + \binom{p}{1}n^{p-1} + \binom{p}{2}n^{p-2} + ... + \binom{p}{p-1}n . \qquad (2)$$

Weil p prim ist, folgt, dass die Zahlen $\binom{p}{1}, \binom{p}{2}, ..., \binom{p}{p-1}$ durch p teilbar sind. Aus der Induktionsvoraussetzung wissen wir, dass auch $n^p - n$ durch p teilbar ist. Somit sind alle Summanden des letzten Teils der Formel (2) durch p teilbar, und $A(n+1)$ ist wahr.

Gemäß dem Prinzip der vollständigen Induktion folgt, dass die Aussage $A(n)$ für alle natürlichen Zahlen wahr ist. ❑

Problem 3. *Die Cauchy-Schwarz-Ungleichung (Schwarzsche Ungleichung).* Wir stellen hier eine nützliche Ungleichung vor, die in vielen Bereichen der Mathematik verwendet wird: Lineare Algebra (Vektoren), Analysis (unendliche Reihen), Wahrscheinlichkeitstheorie, Integration von Produkten. Wenn a_1, a_2, ..., a_n, b_1, b_2, ..., b_n reelle Zahlen sind, dann gilt für jede natürliche Zahl $n \geq 1$:

$$(a_1^2 + a_2^2 + ... + a_n^2)(b_1^2 + b_2^2 + ... + b_n^2) \geq (a_1 b_1 + a_2 b_2 + ... + a_n b_n)^2 . \qquad (3)$$

Direkter Beweis. Zuerst werden wir einen sehr schönen Beweis liefern, der mit Hilfe einer Gleichung zweiten Grades erfolgt. Wir betrachten die folgende Gleichung mit der Unbekannten x:

$$(a_1 x + b_1)^2 + (a_2 x + b_2)^2 + ... + (a_n x + b_n)^2 = 0 \qquad (4)$$

Die Gleichung (4) hat maximal eine Wurzel (der Teil links vom Gleichheitszeichen ist immer größer oder gleich 0 für alle reellen Zahlen x) und könnte in folgender äquivalenten Form geschrieben werden:

$$(a_1^2 + a_2^2 + ... + a_n^2)x^2 + 2(a_1 b_1 + a_2 b_2 + ... + a_n b_n)x + (b_1^2 + b_2^2 + ... + b_n^2) = 0 . \qquad (5)$$

Weil diese quadratische Gleichung maximal eine Wurzel hat, ist ihre Diskriminante D kleiner oder gleich 0:

$$D = 4(a_1b_1 + a_2b_2 + ... + a_nb_n)^2 - 4(a_1^2 + a_2^2 + ... + a_n^2)(b_1^2 + b_2^2 + ... + b_n^2) \leq 0 \qquad (6)$$

und (6) ist äquivalent zu (3). ❑

Beweis durch vollständige Induktion. Wir bezeichnen (3) mit $A(n)$.

Induktionsanfang (IA): $A(1)$ ist wahr: $a_1^2 b_1^2 \geq (a_1 b_1)^2 = a_1^2 b_1^2$ für alle $a_1, b_1 \in \square$.

Induktionsvoraussetzung (IV): $A(n)$ ist wahr.

Induktionsschluss (IS): Wir müssen zeigen, dass $A(n+1)$ auch wahr ist.

$A(n+1)$: $(a_1^2 + a_2^2 + ... + a_{n+1}^2)(b_1^2 + b_2^2 + ... + b_{n+1}^2) \geq (a_1b_1 + a_2b_2 + ... + a_{n+1}b_{n+1})^2$

$$\Leftrightarrow \begin{cases} (a_1^2 + a_2^2 + ... + a_n^2)(b_1^2 + b_2^2 + ... + b_n^2) + a_{n+1}^2(b_1^2 + b_2^2 + ... + b_n^2) + \\ + b_{n+1}^2(a_1^2 + a_2^2 + ... + a_n^2) + a_{n+1}^2 b_{n+1}^2 \geq (a_1b_1 + a_2b_2 + ... + a_{n+1}b_{n+1})^2 \end{cases} \qquad (7)$$

Aus der *Induktionsvoraussetzung* folgt:

$$\sqrt{a_1^2 + a_2^2 + ... + a_n^2} \cdot \sqrt{b_1^2 + b_2^2 + ... + b_n^2} \geq a_1b_1 + ... + a_nb_n$$

$$\Rightarrow 2a_{n+1}b_{n+1}(a_1b_1 + ... + a_nb_n) \leq 2a_{n+1}b_{n+1}\sqrt{a_1^2 + a_2^2 + ... + a_n^2} \cdot \sqrt{b_1^2 + b_2^2 + ... + b_n^2} \leq$$

$$a_{n+1}^2(b_1^2 + ... + b_n^2) + b_{n+1}^2(a_1^2 + ... + a_n^2) \qquad (8)$$

Letztere Ungleichung gilt wegen $2xy \leq x^2 + y^2$ für alle $x, y \in \mathbb{R}$
$(\Leftrightarrow (x-y)^2 \geq 0)$

Wir haben also
$(a_1^2 + a_2^2 + ... + a_n^2)(b_1^2 + b_2^2 + ... + b_n^2) \geq (a_1b_1 + a_2b_2 + ... + a_nb_n)^2$
$a_{n+1}^2(b_1^2 + ... + b_n^2) + b_{n+1}^2(a_1^2 + ... + a_n^2) \geq 2a_{n+1}b_{n+1}(a_1b_1 + ... + a_nb_n)$
$a_{n+1}^2 b_{n+1}^2 = a_{n+1}^2 b_{n+1}^2$

Wenn wir diese drei Relationen addieren, erhalten wir:
$(a_1^2 + a_2^2 + ... + a_n^2 + a_{n+1}^2)(b_1^2 + b_2^2 + ... + b_n^2 + b_{n+1}^2) \geq (a_1b_1 + a_2b_2 + ... + a_nb_n + a_{n+1}b_{n+1})^2$,

und das ist $A(n+1)$.

Gemäß dem Prinzip der vollständigen Induktion folgt, dass die Aussage $A(n)$ für alle natürlichen Zahlen $n \geq 1$ wahr ist. ❏

Aufgaben

1. Beweisen Sie die folgenden Aussagen durch vollständige Induktion und schreiben Sie passende Programme, die allgemein die Resultate prüfen:

   a) $\displaystyle\sum_{k=1}^{n} \frac{k}{(2k-1)(2k+1)(2k+3)} = \frac{n(n+1)}{2(2n+1)(2n+3)}$ für alle $n \geq 1$.

   b) $\displaystyle\sum_{k=1}^{n} \frac{k^4}{(2k-1)(2k+1)} = \frac{n(n+1)(n^2+n+1)}{6(2n+1)}$ für alle $n \geq 1$.

2. Finden Sie die allgemeinen Formeln für die beiden Ausdrücke und beweisen Sie sie:

   a) $\displaystyle S_n = 1 \cdot 1! + 2 \cdot 2! + \ldots + n \cdot n! = \sum_{k=1}^{n} k \cdot k!$ für alle $n \geq 1$.

   b) $\displaystyle P_n = \left(1 - \frac{1}{4}\right) \cdot \ldots \cdot \left(1 - \frac{1}{n^2}\right) = \prod_{k=2}^{n} \left(1 - \frac{1}{k^2}\right)$ für alle $n \geq 2$.

3. Sei x eine reelle Zahl und $x \neq \pm 1$. Beweisen Sie für alle $n \in \mathbb{N}$:

$$\frac{1}{1+x} + \frac{2}{1+x^2} + \ldots + \frac{2^n}{1+x^{2^n}} = \frac{1}{x-1} + \frac{2^{n+1}}{1-x^{2^{n+1}}}.$$

4. Zeigen Sie, dass für jede natürliche Zahl $n \geq 1$ und alle $\alpha \in \mathbb{R}$ gilt:

   a) $\displaystyle \cos\alpha \cdot \cos 2\alpha \cdot \ldots \cdot \cos 2^n\alpha = \frac{\sin 2^{n+1}\alpha}{2^{n+1}\sin\alpha}$

   b) $\displaystyle \sin\alpha + \sin 2\alpha + \ldots + \sin n\alpha = \frac{\sin\dfrac{n+1}{2}\alpha}{\sin\dfrac{\alpha}{2}} \sin\frac{n\alpha}{2}.$

5. *Bernoullische Ungleichung.* Beweisen Sie, dass für ein reelles x mit $x > -1$ und $n \in \mathbb{N}$ gilt: $1 + nx \leq (1+x)^n$.

6. Beweisen Sie, dass für alle natürlichen Zahlen $n \geq 1$ die Aussagen gelten:

   a) $11^{n+2} + 12^{2n+1}$ ist durch 133 teilbar;

   b) $4^n + 15n - 1$ ist durch 9 teilbar;

   c) $3 \cdot 5^{2n+1} + 2^{3n+1}$ ist durch 17 teilbar;

d) $2^{7n+3} + 3^{2n+1} \cdot 5^{4n+1}$ ist teilbar durch 23.

7. Die Fibonacci-Folge ist wie folgt für alle $n \geq 2$ definiert: $F(0) = 0$, $F(1) = 1$, $F(n) = F(n\text{-}1) + F(n\text{-}2)$. Zeigen Sie:

   a) $F(n+m) = F(m+1) \cdot F(n) + F(m) \cdot F(n-1)$ für alle $m, n \in \mathbb{N} \setminus \{0\}$.

   b) $F(n \cdot k)$ ist teilbar durch $F(n)$ für alle $n, k \in \mathbb{N} \setminus \{0\}$.

   c) Für alle n, $k \in \mathbb{N} \setminus \{0\}$ gelten: $F(kn-1) \equiv F^k(n-1)\,(\operatorname{mod} F^2(n))$ und
   $F(kn-2) \equiv (-1)^{k+1} F^k(n-2)\,(\operatorname{mod} F^2(n))$.

   d) $F(n \cdot F(n))$ ist durch $F^2(n)$ für alle $n \in \mathbb{N} \setminus \{0\}$ teilbar.

   e) $F(n \cdot F^m(n))$ ist für alle $m \in \mathbb{N}$ und $n \in \mathbb{N} \setminus \{0\}$ durch $F^{m+1}(n)$ teilbar.

Rekursion: Grundlagen

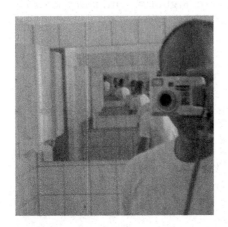

Der Begriff **Rekursion** (aus dem lateinischen *recurrere* = zurücklaufen) deutet an, dass etwas „mit Bezug auf sich selbst" verwendet wird. Rekursion ist für die Informatik das, was die vollständige Induktion für die Mathematik ist. Wir nennen eine Struktur rekursiv, wenn Bestandteile der Struktur denselben Aufbau besitzen wie die ganze Struktur, z. B. sind Bäume und Listen rekursive Datenstrukturen. Ein Algorithmus ist dann rekursiv, wenn in seinem Inneren Teilprobleme dadurch gelöst werden, dass der Algorithmus selbst wieder aufgerufen wird. Das bekannte Problem der „Türme von Hanoi" lässt sich rekursiv sehr elegant formulieren. Iterative Algorithmen kann man in rekursive Algorithmen umwandeln (für eine Schleife erzeugt man eine rekursive Methode) und umgekehrt (man verwendet einen Kellerspeicher-*Stack*).

Um eine rekursive Methode zu entwerfen, ist es ausreichend zu bestimmen, was die Methode für einen bestimmten Wert erledigen soll, denn alle anderen Werte verarbeitet sie genauso. Sehr wichtig ist die *Abbruchbedingung* (wir müssen sicher sein, dass der Algorithmus endet!), d. h. wir brauchen eine Bedingung, die dafür sorgt, dass die Methode nicht mehr aufgerufen wird. Ohne Abbruchbedingung geraten wir in eine so genannte *Endlosschleife*.

Es gibt mehrere Arten von Rekursionen, die man beispielsweise nach der erwarteten Anzahl rekursiver Aufrufe abhängig von der Größe der Kontrollvariablen klassifizieren kann:

- *lineare Rekursion:* jeder Aufruf der rekursiven Funktion löst *höchstens einen weiteren Aufruf* aus, die Anzahl rekursiver Aufrufe hängt linear von der Größe der Kontrollvariablen ab. Beispiele: Fakultätsfunktion, Quersummen-Funktion, Transformation einer Zahl in ein anderes Zahlensystem.
- *verzweigte Rekursion ("fat recursion"):* jeder Aufruf der rekursiven Funktion löst unmittelbar zwei oder mehr weitere Aufrufe aus. In diesem Fall müssen wir sehr vorsichtig sein, dass wir nicht denselben Wert mehrere Male berechnen, denn sonst würde die Laufzeit gewaltig steigen (Beispiele: Fibonacci-Zahlen, Binomialkoeffizienten). Wir können das nur durch die *Dynamische Programmierung* effizient lösen.
- *verschachtelte Rekursion ("compound recursion"):* das Argument für den rekursiven Aufruf ruft selbst wieder die rekursive Methode auf. Dadurch entstehen sehr viele Selbstaufrufe (Beispiele: Ackermann, Manna-Pnueli)
- *offene (nicht monotone) Rekursion:* das Kontrollargument wird *nicht immer* in Richtung der *Abbruchbedingung* verändert (Beispiel: $(3n+1)$-*Folge* oder Collatz-funktion).

Nach dem Aufruftyp könnte man Rekursionen so einordnen:
- *direkte Rekursion:* eine Methode ruft sich selbst direkt auf
- *indirekte Rekursion:* mindestens zwei Methoden, die einander aufrufen.

Problem 1. Quersumme und Spiegelung einer natürlichen Zahl

Schreiben Sie rekursive Methoden, die die Quersumme und Spiegelung einer natürlichen Zahl n ($n>0$) ausgeben. Eine Zahl spiegelt man, indem man die Reihenfolge der Ziffern umkehrt. Beispiel:

Tastatur	Bildschirm
n= 34690213776	sumDigits(n)= 48
	reverse(n)= 67731209643

Problemanalyse und Entwurf der Lösung

Wir schreiben die rekursiven Methoden *sumDigits()*, *noDigits()*, *pow()* und *reverse()*, um die Aufgabe zu lösen. Lesen Sie die Erklärungen in den Kästchen für die ersten drei Methoden. Die natürliche Zahl n spiegelt man wie folgt:
- man nimmt die letzte Ziffer und fügt rechts von ihr Nullen hinzu. Die Anzahl der Nullen ist die Zahl der Ziffern minus 1 (*(n mod 10)*pow(10,noDigits(n)-1)*),
- dann addiert man die umgekehrte Zahl ohne der letzten Ziffer (*n div 10*):

$$((n \bmod 10)*pow(10,noDigits(n)-1)+reverse(n \bmod 10)).$$

Programm

```java
import java.util.*;

public class P1DigitsSumAndReverse {
```

> Die Quersumme einer natürlichen Zahl n ist die Summe ihrer letzten Ziffer (n *mod* 10) und der Quersumme der Zahl ohne diese Ziffer (n *div* 10).

```java
    private static long sumDigits(long number) {
        return number==0
                ? number
                : number%10+sumDigits(number/10);
    }

    private static long noDigits(long number) {
        return number==0
                ? number
                : 1+noDigits(number/10);
    }
```

> Die Anzahl der Ziffern einer natürlichen Zahl ist 1 plus die Anzahl der Ziffern der Zahl ohne die letzte Ziffer (n *div* 10).

```java
    private static long pow(long base, long exp) {
        return exp==0
                ?
                1 : base *pow(base, exp-1);
    }
```

$$b^n = \begin{cases} 1, \text{wenn} \quad n = 0 \\ b \cdot b^{n-1}, \text{wenn} \quad n > 0 \end{cases}$$

```java
    private static long reverse(long number){
        return number==0
                ? 0 :
    ((number%10)*pow(10,noDigits(number)-1)+reverse(number/10));
    };

    public static void main(String[] args) {
        System.out.print("n= ");
        Scanner sc = new Scanner(System.in);
        long n = sc.nextLong();
        System.out.print("sumDigits(n)= ");
        System.out.println(sumDigits(n) );
        System.out.print("reverse(n)= ");
        System.out.println(reverse(n));
    }
}
```

Aufgaben

1. Schreiben Sie für das Beispiel die Schritte des Programms auf ein Blatt Papier.
2. Implementieren Sie auch iterative anstelle der rekursiven Methoden *sumDigits()*, *noDigits()*, *pow()* und *reverse()*.
3. Implementieren Sie die Methode *pow()* durch schnelles Potenzieren:

ALGORITHM_SCHNELLES POTENZIEREN (b, e)

1. $e = e_0 + e_1 \cdot 2 + e_2 \cdot 2^2 + ... + e_r \cdot 2^r$

   mit $e_0, e_1, ..., e_r \in \{0, 1\}$

   (Darstellung von e im Binärsystem)

2. $e = e_0 + 2 \cdot (e_1 + 2 \cdot (e_2 + 2 \cdot (... + 2(e_{r-1} + 2 \cdot e_r))...))$

3. $b^e = (...(((b^{e_r})^2 \cdot b^{e_{r-1}})^2 \cdot b^{e_{r-2}})^2 \cdot b^{e_{r-3}}) \cdot ...)^2 \cdot b^{e_0}$

4. In jedem Schritt quadriert man das Zwischenergebnis und multipliziert es danach mit 1 bzw. b, je nachdem, ob e_i gleich 0 oder 1 ist.

ALGORITHM_ SCHNELLES POTENZIEREN (b, e)

Die Komplexität dieses Algorithmus ist $O(\log n)$, wobei n der Exponent ist.

4. Erstellen Sie iterative und rekursive Methoden, die die Werte $n! = 1 \cdot 2 \cdot ... \cdot n$ und $S(n) = 1 + 2 + ... + n$ berechnen.
5. Entwickeln Sie eine iterative und eine rekursive Methode, die die Summe $S(m, n) = m + (m+1) + ... + n$ berechnen (wenn $m > n$ ist, dann geben Sie 0 aus).

Problem 2. Die Zahl 4

Die Zahl *Vier* steht sinnbildlich für die vier Himmelsrichtungen, für die vier Jahreszeiten und für die vier Elemente.

Wir wollen nun beweisen, dass man aus der Zahl vier jede andere natürliche Zahl durch geeignete Operationen erzeugen kann. Die folgenden Operationen sind dafür geeignet:

A) man fügt am Ende die Ziffer 4 hinzu;

B) man fügt am Ende die Ziffer 0 hinzu;

C) man teilt sie durch 2 (wenn die Zahl gerade ist).

Zum Beispiel erhält man 2524, wenn man auf die Zahl 4 die Operationen *CCBCBACA* sukzessive ausführt. Schreiben Sie ein Programm, das für die Zahlen in der Datei *nr4.in* zeigt, wie sie schrittweise aus der Zahl 4 durch Anwendung der obigen Operationen entstehen, und speichern sie die Ergebnisse in *nr4.out*. Beispiel:

nr4.in	nr4.out
2524	4->2->1->10->5->50->504->252->2524
564	4->44->22->224->112->56->564
12	4->2->24->12
3	4->2->24->12->6->3

(inspiriert durch das sowjetische Magazin Kwant, Autor: A.K. Tolpigo)

Problemanalyse und Entwurf der Lösung

Wir werden den Weg zu einer Zahl n finden, indem wir den umgekehrten Weg von n zu 4 bestimmen. Dazu wenden wir auf n die umgekehrten Operationen an:

A') man entfernt die Ziffer 4, wenn sie am Ende steht;
B') man entfernt die Ziffer 0, wenn sie am Ende steht;
C') man multipliziert die Zahl mit 2.

Beweis, dass man von jeder natürlichen Zahl n mit diesen Operationen zu der Zahl 4 gelangen kann. Man könnte n nach der letzten Ziffer klassifizieren und für jede Kategorie den Beweis führen. Es genügt aber auch, wenn man zeigt, dass aus jedem geraden $n \geq 4$ eine kleinere gerade Zahl entstehen kann. Wenn n ungerade ist, dann kann man es durch Multiplikation mit 2 in eine gerade Zahl transformieren. Die letzte Ziffer einer geraden Zahl kann fünf Werte aufweisen:

i) $10k \rightarrow k$;
ii) $10k + 2 \rightarrow 20k + 4 \rightarrow 2k$;
iii) $10k + 4 \rightarrow k \rightarrow 2k$;
iv) $10k + 6 \rightarrow 20k + 10 + 2 \rightarrow 40k + 20 + 4 \rightarrow 4k + 2$;
v) $10k + 8 \rightarrow 20k + 10 + 6 \rightarrow 40k + 30 + 2 \rightarrow 80k + 60 + 4 \rightarrow 8k + 6.$ ❑

Dafür implementieren wir die rekursive Methode *numberFour()*.

Programm

```java
import java.io.*;
import java.util.*;

public class P02Number4 {

  private static final String FileInputName = "nr4.in";
  private static final String FileOutputName = "nr4.out";

  private static
  StringBuilder numberFour(int number, StringBuilder out) {
    if (number != 4) {
      switch (number % 10) {
```

```
      case 0:
      case 4:
        numberFour(number / 10, out);
        break;
      default:
        numberFour(number * 2, out);
      }
      out.append("->");
    }
    out.append(number);
    return out;
  }

  public static void main(String[] args) throws IOException {
    Scanner sc = null;
    PrintStream out = null;
    try {
      out = new PrintStream(new File(FileOutputName));
      sc = new Scanner(new File(FileInputName));
      while (sc.hasNextInt()) {
        int number = sc.nextInt();
        out.println(numberFour(number, new StringBuilder()));
      }
    } finally {
      if (sc != null) {
        sc.close();
      }
      if (out != null) {
        out.close();
      }
    }
  }
}
```

Aufgaben

1. Notieren Sie alle Schritte für die Zahlen aus *nr4.in* auf Papier.
2. Schreiben Sie auch eine iterative Methode dafür.

Problem 3. Rest großer Potenzen

Berechnen Sie den Wert $R = B^P \bmod M$, wenn B, P und M natürliche Zahlen sind, mit $0 \leq B$, $P \leq 200.000.000$ und $0 \leq M \leq 50.000$. *Eingabe*: In der Datei *bigmod.in* befinden sich mehrere Eingabefälle als Tripel, ein Tripel pro Zeile. *Ausgabe*: In die Ausgabedatei *bigmod.out* schreiben Sie für jedes Tripel (B, P, M) den Wert $R = B^P \bmod M$.

Beispiel :

bigmod.in	bigmod.out
3 18132 17	13
17 1765 3	2
2374859 3029382 36123	13195

(*http://acm.uva.es/p/v3/374.html*)

Problemanalyse und Entwurf der Lösung

Um mit Zahlen beliebiger Länge zu arbeiten, bietet Java die Klasse *BigInteger* aus dem Paket *java.math*. Diese Klasse beinhaltet die gewöhnlichen arithmetischen Operatoren und Operatoren zur Bitmanipulation. Die Methode *compareTo()* vergleicht zwei *BigInteger*-Objekte und liefert –1, 0 oder 1 zurück. Die folgenden Methoden trifft man oft im Bereich der Kryptographie an:

gcd(BigInteger val)	gibt den größten gemeinsamen Teiler von *abs(this)* und *abs(val)* zurück
modPow(BigInteger exp, BigInteger m)	gibt ein *BigInteger*-Instanz zurück, dessen Wert *this*^{exp} mod m
*isProbablePrime(**int** certainty)*	gibt **true** zurück, wenn *this-BigInteger* vermutlich prim ist und **false**, wenn es sicher zusammengesetzt ist

Wir setzen hier die Klasse *BigInteger* nicht ein. Sie sollen sie aber später als Übung mit der Methode *modPow()* in einem eigenen Programm verwenden.

Satz. Für alle $a, b, c \in \mathbb{N}\backslash\{0\}$, gilt $(a \cdot b)\bmod c = ((a \bmod c) \cdot (b \bmod c)) \bmod c$.

Beweis 1. x mod c ist Rest bei Division von x durch c und ist also die eindeutig bestimmte Zahl zwischen 0 und c-1, für die $x - x \bmod c$ Vielfaches von c ist. Sonst ist nur zu zeigen, dass $a \cdot b - (a\%c) \cdot (b\%c)$ Vielfaches von c ist. Es ist aber

$$a \cdot b - (a \bmod c) \cdot (b \bmod c) = a \cdot b - a \cdot (b \bmod c) + a \cdot (b \bmod c) - (a \bmod c) \cdot (b \bmod c) =$$
$$= a \cdot \underline{(b - (b \bmod c))} + (b \bmod c) \cdot \underline{(a - (a \bmod c))} \qquad (1)$$

Die unterstrichenen Faktoren sind aber Vielfache von c. ❑

Beweis 2. Gemäß dem Euklid'schen Restsatz bekommen wir sukzessive:

$$\exists R \in \{0,...,c-1\} \text{ so dass } a \cdot b = Q \cdot c + R \rightarrow$$
$$R = (a \cdot b)\%c = a \cdot b - Q \cdot c \qquad (2)$$

$$\exists R_1 \in \{0,...,c-1\} \text{ s.d. } a = Q_1 \cdot c + R_1, R_1 = a \bmod c$$
$$\exists R_2 \in \{0,...,c-1\} \text{ s.d. } b = Q_2 \cdot c + R_2, R_2 = b \bmod c \qquad \Rightarrow a \cdot b = Q_3 \cdot c + R_1 \cdot R_2 \Rightarrow$$

$$\Rightarrow \quad (a \cdot b) \bmod c = (R_1 \cdot R_2) \bmod c = (a \bmod c \cdot b \bmod c) \bmod c . \quad ❑$$

Wir werden eine rekursive Methode *bigMod()* schreiben, die auf diesem Satz basiert:

$$bigMod(B,P,M) = \begin{cases} a) & 1, \text{wenn } P = 0 \\ b) & 0, \text{ wenn nicht a) gilt und } B = 0 \\ c) & B\%M, \text{wenn nicht a) oder b) gilt und } (B = 0 \text{ oder } P = 1) \\ d) & (BigMod(B, P/2, M)^2)\%M, \text{wenn nicht a), b) oder c)} \\ & \text{gilt und } P \text{ gerade ist} \\ e) & (BigMod(B, P\text{-}1, M) \cdot (B \% M))\%M, \text{ wenn nicht} \\ & \text{a), b), c) oder d) gilt und } P \text{ ungerade ist} \end{cases}$$

Programm

```java
import java.io.*;
import java.util.*;

public class P03BigMod {

  private static final String FileInputName = "bigmod.in";
  private static final String FileOutputName = "bigmod.out";

  private static long bigMod(long b, long p, long m) {
    if (0 == p)
      return 1;
    if (0 == b)
      return 0;
    if (1 == b || 1 == p)
      return b % m;
    if (1 == m)
      return 0;
    if (0 == p % 2) {
      long aux;
      aux = bigMod(b, p / 2, m);
      return (aux * aux) % m;
    } else
      return (bigMod(b, p - 1, m) * (b % m)) % m;

  }

  public static void main(String[] args) throws IOException {
    Scanner sc = null;
    PrintStream out = null;
    try {
      out = new PrintStream(new File(FileOutputName));
      sc = new Scanner(new File(FileInputName));
      while (sc.hasNextLong()) {
```

```
        long b = sc.nextLong();
        long p = sc.nextLong();
        long m = sc.nextLong();
        out.println(bigMod(b, p, m));
      }
    } finally {
      if (sc != null) {
        sc.close();
      }
      if (out != null) {
        out.close();
      }
    }
  }
}
```

Aufgaben

1. Schreiben Sie eine iterative Variante für das Problem.

2. Beweisen Sie den obigen Satz mit dieser Vorgehensweise: n mod $c = n - c(n$ div $c)$, $((a \bmod c) \cdot (b \bmod c)) \bmod c = ((a-c(a \text{ div } c)) \cdot (b-c(b \text{ div } c))) = \ldots$

3. Schauen Sie sich in der Java-Hilfe (http://java.sun.com/javase/6/docs/api/) alle Member der Klasse *BigInteger* an. Schreiben Sie ein Testprogramm, das alle Konstruktoren und Methoden verwendet.

4. Lösen Sie das Problem mit der Klasse *BigInteger* und der Methode *modPow()*.

5. Entwerfen Sie ein Programm, das die Klasse *BigInteger* verwendet, um $n!$ (n Fakultät) für beliebig große Werte n zu berechnen. *Bemerkung*: $n! = 1 \cdot 2 \cdot \ldots \cdot n$.

6. Man liest n natürliche Zahlen $a_1, a_2, \ldots, a_n$, jede kleiner als 2.000.000, und eine positive Zahl $c<50.000$. Schreiben Sie ein Programm, das den Wert $(a_1 \cdot a_2 \cdot \ldots \cdot a_n)$ mod c berechnet. Implementieren Sie zwei Varianten, einmal mit Hilfe der Klasse *java.math.BigInteger* und einmal ohne diese Klasse.

7. Die Klasse *BigDecimal*, ebenso aus dem Paket *java.math*, bietet die Möglichkeit, beliebig genaue Gleitkommazahlen zu bearbeiten. Schauen Sie sich in der Java-Hilfe deren Methoden an und wie die Objekte auf Basis der *BigInteger*-Klasse aufgebaut sind. Schreiben Sie ein Beispielprogramm, das alle Methoden dieser Klasse verwendet.

8. Aus $\tan \dfrac{\pi}{4} = 1$ folgt $\pi = 4 \cdot \arctan 1$ (3)

   Die Mathematiker *James Gregory* (1638-1675) und *Gottfried Wilhelm Leibniz* (1646-1716) haben ca. 1670 unabhängig voneinander die folgende unendliche Reihe für *arctan* entdeckt:

   $$\arctan x = x - \frac{x^3}{3} + \frac{x^5}{5} - \frac{x^7}{7} + \ldots, \text{ für alle } x \in \mathbb{R} \text{ mit } |x| \leq 1 \qquad (4)$$

Sie kann auch so geschrieben werden:

$$\arctan x = \sum_{n=0}^{\infty} (-1)^n \left(\frac{x^{2n+1}}{2n+1} \right), \text{ für alle } x \in \mathbb{R} \text{ mit } |x| \leq 1 \tag{5}$$

James Gregory (1638-1675)   Gottfried Wilhelm Leibniz (1646-1716)

Mit einem kleinen Testprogramm, das mit dieser Reihe den Wert $\pi = 4 \cdot \arctan 1$ berechnet, erhalten wir Werte wie:

n	$\cong \pi$
0	4
1	2.666666666666667
2	3.4666666666666668
3	2.8952380952380956
4	3.3396825396825403
5	2.9760461760461765
100000	3.1416026534897203
100001	3.1415826537897158
200000	3.1415976535647618
200001	3.1415876536397613
300000	3.1415959869120198
300001	3.1415893202786864
400000	3.1415951535834941
400001	3.1415901536022441

Wir erkennen, dass die Teilfolge der geraden Glieder absteigend ist (alle Werte sind > π), wohingegen die Teilfolge der ungeraden Glieder aufsteigend ist (alle Werte sind < π). Schreiben Sie ein Programm, das mit Hilfe dieser Reihe und der Klasse *java.math.BigDecimal* die Kreiszahl π auf 100 Stellen exakt berechnet.

9. *Die Verbesserung von Machin.* Im Jahre 1706 hat der englische Astronomie-professor *John Machin* (1680-1751) eine Formel gefunden, die π schneller berechnet. Mit ihr hat er damals π auf 100 Stellen genau bestimmt:

$$\frac{\pi}{4} = 4\arctan\frac{1}{5} - \arctan\frac{1}{239} \tag{6}$$

Schreiben Sie ein Programm, das π auf 1000 Stellen genau mit (6), (4) und der Klasse *BigDecimal* berechnet.

Problem 4. Die Torte (lineare Rekursion)

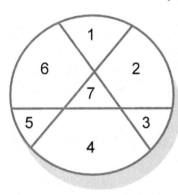

Auf einer Party muss man Stücke aus einer Torte schneiden, die unterschiedlich groß sein dürfen. Mit drei Schnitten könnte man 7 Stücke bekommen, wie man in der Abbildung sieht. Wie viele Stücke kann man maximal mit n Schnitten bekommen? (Wie viele Gebiete lassen sich in einer Ebene maximal erzeugen, wenn man n Geraden anlegen kann?) *Eingabe:* In der Datei *torte.in* steht zeilenweise die Anzahl der gegebenen Schnitte ($0 \le n \le 2.000$). *Ausgabe:* Schreiben Sie in *torte.out* die maximale Anzahl der Tortenstücke, die man mit den gegebenen Schnitten erhalten kann.

Beispiel:

torte.in	torte.out
0	0 Schnitte -> 1 Stuecke!
1	1 Schnitte -> 2 Stuecke!
2	2 Schnitte -> 4 Stuecke!
9	9 Schnitte -> 46 Stuecke!
10	10 Schnitte -> 56 Stuecke!
2000	2000 Schnitte -> 2001001 Stuecke!
678	678 Schnitte -> 230182 Stuecke!

Problemanalyse und Entwurf der Lösung

Wenn die maximale Anzahl der Gebiete für n-1 sich schneidende Geraden $S(n$-1) ist, dann kommen durch eine neue Gerade n Gebiete dazu:

$S(0) = 1$ (kein Schnitt $\rightarrow$ es bleibt ein Stück: die ganze Torte)
$S(n) = n + S(n$-1), für alle n>0 $\tag{1}$

Die Formel (1) ist eine rekursive Formel, und wir implementieren damit die Methode $S()$.

Programm 4.1.

```
import java.io.*;
import java.util.*;

public class P4Tart1 {
  private static final String FileInputName = "torte.in";
  private static final String FileOutputName = "torte.out";

  private static int S(int n){
    if(n<1) return 1;
    else
      return n + S(n-1);
  }

  public static void main(String args[]) throws IOException {
    Scanner sc = null;
    PrintStream out= null;
    try {
      out = new PrintStream(new File(FileOutputName));
      sc = new Scanner(new File(FileInputName ));
      while(sc.hasNextInt()) {
        int n = sc.nextInt();
        out.printf(
                "%4d Schnitte -> %7d Stuecke!%n", n, S(n));
      }
    }
    finally {
      if (sc!=null) {
        sc.close();
      }
      if(out!=null) {
        out.close();
      }
    }
  }
}
```

Wir bemerken, dass das Program für größere n den Wert $S(n)$ nicht berechnen kann, weil die Methode sich zu oft selbst aufruft. Aus Formel (1) folgt , dass

$$S(n) = n + S(n\text{-}1) = n + (n\text{-}1) + S(n\text{-}2) = \ldots = 1 + \frac{n \cdot (n+1)}{2}. \tag{2}$$

Programm 4.2.

```
import java.io.*;
import java.util.*;

public class P4Tart2 {
```

```
private static final String FileInputName = "torte.in";
private static final String FileOutputName = "torte.out";
public static void main(String args[]) throws IOException {
   Scanner sc = null;
   PrintStream out= null;
   try {
      out = new PrintStream(new File(FileOutputName));
      sc = new Scanner(new File(FileInputName ));
      while(sc.hasNextInt()) {
         int n = sc.nextInt();
         out.printf(
            "%4d Schnitte -> %7d Stuecke!%n", n,1 + n*(n+1)/2);
      }
   }
   finally {
      if (sc!=null) {
         sc.close();
      }
      if(out!=null) {
         out.close();
      }
   }
}
}
```

Aufgabe

Das umgekehrte Problem. Es sei die maximale Anzahl der Gebiete gegeben, und die Anzahl der Schnitte ist gesucht. Alle Zahlen in *reg.in* sind in der Form $1+\dfrac{n(n+1)}{2}$ gegeben. Beispiel:

reg.in	reg.out
56	10
2001001	2000
230182	678

Problem 5. Die Ackermannfunktion
(Verschachtelte Rekursion, "compound recursion")

Es gibt mehrere mathematische Funktionen, die als Ackermannfunktion bezeichnet werden. Ursprünglich hat Wilhelm Ackermann 1926 eine Funktion erfunden, die extrem schnell wächst. Die Ackermannfunktion ist hilfreich bei der Bestimmung von Grenzen der theoretischen Informatik. So kann man damit zum Beispiel Benchmarktests für rekursive Funktionsaufrufe erstellen.

Die Ackermannfunktion ist für $m, n \in \mathbb{N}$ wie folgt definiert:

$$Ack(n,m) = \begin{cases} m+1, \text{wenn} \quad n=0 \\ Ack(n\text{-}1,\ 1), \text{wenn} \quad m=0 \\ Ack(n\text{-}1,\ Ack(n,\ m\text{-}1)), \text{wenn } m \neq 0 \text{ und } n \neq 0 \end{cases}$$

Die Ackermannfunktion wächst sehr schnell: $Ack(3, 4)=125$, aber $Ack(4, 2)$ besitzt bereits 19729 Dezimalstellen! Schreiben Sie ein Programm, das die Ackermannfunktion für Paare (n, m) berechnet. Beispiel:

ack.in	ack.out
0 2	Ack(0, 2)= 3
2 0	Ack(2, 0)= 3
3 4	Ack(3, 4)= 125
3 5	Ack(3, 5)= 253
3 2	Ack(3, 2)= 29

Problemanalyse und Entwurf der Lösung

Die mathematisch rekursive Definition der Funktion wird durch die Methode *ack*() implementiert.

Programm

```java
import java.io.*;
import java.util.*;

public class P5Ack {
  private static final String FileInputName = "ack.in";
  private static final String FileOutputName = "ack.out";

  private static long ack(long n, long m) {
    if(0==n) return m+1;
      else if(0==m) return ack(n-1, 1);
        else return ack(n - 1, ack(n, m - 1));
  }

  public static void main(String[] args) throws IOException {
    Scanner sc = null;
    PrintStream out= null;
    try {
      out = new PrintStream(new File(FileOutputName));
      sc = new Scanner(new File(FileInputName ));
      while(sc.hasNextLong()) {
        long n = sc.nextLong();
        long m = sc.nextLong();
```

Äquivalent zu:
```
out.println("Ack(" + n + ", " + m
+ ")= " + ack(n, m));
```

```
            out.print("Ack(");
            out.print(n);
            out.print(", ");
            out.print(m);
            out.print(")= ");
            out.println(ack(n, m));
        }
    }
    finally {
        if (sc!=null) {
            sc.close();
        }
        if(out!=null) {
            out.close();
        }
    }
  }
}
```

Aufgabe

Manna-Pnueli. Entwickeln Sie ein Programm, das für eine ganze Zahl x mit -1000 ≤ x ≤ 1000 den Wert der wie folgt definierten „Manna-Pnueli"-Funktion $f(x)$ berechnet:

$$f: \mathbb{Z} \rightarrow \mathbb{Z}, \quad f(x) = \begin{cases} x-1, \text{ wenn } x \geq 12 \\ f(f(x+2)), \text{ wenn } x < 12 \end{cases}$$

Beispiel:

mp.in	mp.out
12	Manna-Pnueli(12)= 11
34	Manna-Pnueli(34)= 33
56	Manna-Pnueli(56)= 55
-123	Manna-Pnueli(-123)= 11
98	Manna-Pnueli(98)= 97
678	Manna-Pnueli(678)= 677
-234	Manna-Pnueli(-234)= 11

Problem 6. Rekursive Zahlenumwandlung (Dezimalsystem in System mit Basis p)

Schreiben Sie eine rekursive Methode, die eine gegebene Zahl n ($0 \leq n \leq 9.000.000$) aus dem Dezimalsystem in das Zahlensystem mit Basis p ($2 \leq p \leq 10$) umwandelt. Beispiel:

baseP.in	baseP.out
324123534 2	324123534 zur Basis 2 = 10011010100011011101110001110
324539 9	324539 zur Basis 9 = 544158
654789045 6	654789045 zur Basis 6 = 144550222433
675432 4	675432 zur Basis 4 = 2210321220
9000000 8	9000000 zur Basis 8 = 42252100
3 2	3 zur Basis 2 = 11
8 6	8 zur Basis 6 = 12

Problemanalyse und Entwurf der Lösung

Die Klasse *Long* aus dem Paket *java.lang* umhüllt den primitiven Datentyp **long** (*Wrapper*-Klasse für **long**). Sie kapselt die primitiven Variablen in einer objektorientierten Hülle und stellt eine Reihe von Methoden bereit, um auf sie zuzugreifen. *Wrapper*-Klassen existieren zu allen numerischen Typen (**byte**, **short**, **int**, **long**, **double**, **float**) und zu den Typen **char** und **boolean**. Die *Wrapper*-Klasse *Long* bietet die Methode

```
static String toString(long i, int radix)
```

die einen String zurückgibt, der das erste Argument in der Basis, die vom zweiten Argument spezifiziert wird, darstellt. In unserem Fall ist der *String*

```
Long.toString(n, p)
```

die Darstellung von *n* in der Basis *p*. Das in einem Programm zu implementieren, verbleibt als Übung, wir zeigen weiter, wie diese Operation rekursiv implementiert wird und bauen den Algorithmus auf.

Wenn *N* die Darstellung $a_k a_{k-1}...a_1 a_0$ im Zahlensystem mit der Basis *p* hat, dann gilt:

$$N = \overline{a_k a_{k-1}...a_1 a_0} = a_k p^k + a_{k-1} p^{k-1} + ... + a_1 p + a_0, \quad a_k, a_{k-1},..., a_0 \in \{0,1,..., p-1\}$$

also $N = p(a_k p^{k-1} + a_{k-1} p^{k-2} + ... + a_1) + a_0$.

Daraus folgt der rekursive Algorithmus:

ALGORITHM_doTransformBase10ToP(*n*, *p*)
  If (*n>0*) **Execute**
    ALGORITHM_doTransformBase10ToP(n div p, p)
    Write (*n % p*)
  End_If
End_ ALGORITHM_doTransformBase10ToP (*n*, *p*)

Programm

```java
import java.io.*;
import java.util.*;

public class P6BaseP {
  private static final String FileInputName = "baseP.in";
  private static final String FileOutputName = "baseP.out";

  private static void transfBase10ToP(long n,
                            int p, PrintStream out) {
    if(n>0){
      transfBase10ToP(n/p, p, out);
      out.print(n%p) ;
    }
  }

  public static void main(String[] args) throws IOException {
    Scanner sc = null;
    PrintStream out= null;
    try {
      out = new PrintStream(new File(FileOutputName));
      sc = new Scanner(new File(FileInputName ));
      while(sc.hasNextLong()) {
        long n = sc.nextLong();
        int p = sc.nextInt();
        out.printf("%10d zur Basis %d = ", n, p);
        transfBase10ToP(n, p, out);
        out.println();
      }
    }
    finally {
      if (sc!=null) {
        sc.close();
      }
      if(out!=null) {
        out.close();
      }
    }
  }
}
```

Aufgaben

1. Schreiben Sie einen nicht-rekursiven Algorithmus, der das Problem löst.
2. Lesen Sie in der Java-Doku über die Attribute und Methoden der Klasse *Long*. Schreiben Sie ein Beispielprogramm, das alle diese Methoden einsetzt.
3. Entwerfen Sie ein Progrämmchen, das das Problem mit der Methode *toString()* aus der *Wrapper*-Klasse *Long* löst.

4. Implementieren Sie das Programm (rekursive und iterative Variante) für den umgekehrten Weg der Umwandlung. Gegeben ist ein Paar *(Np, P)*, und Sie sollen die Zahl *Np* aus dem Zahlensystem mit der Basis *P* in eine Dezimalzahl transformieren. Beispiel:

baseP10.in	baseP10.out
42252100 8	9000000
11 2	3
12 6	8

Schreiben Sie selbst den Algorithmus wie oben und eine Extravariante mit Verwendung der Methode *parseLong()* aus der Klasse *Long*.

Problem 7. Summe zweier Wurzeln (verzweigte Rekursion)

Es sei die Gleichung $x^2 - Sx + P = 0$ mit $S, P \in \mathbb{R}$ gegeben. x_1 und x_2 seien die Wurzeln der Gleichung, und Sie sollen den Wert $T_n = x_1^n + x_2^n$ für $n \in \mathbb{N}$ berechnen. T_n wird bestimmt, ohne die Wurzeln x_1 und x_2 zu ermitteln. Die reellen Zahlen S, P mit $-500 \le S, P \le 500$ und die natürliche Zahl n ($0 \le n \le 20$) sind in der Eingabedatei, und T_n ist gefragt. Beispiel:

equation.in	equation.out
5 6.54 3.22	7799.79
0 3 4	2
1 3.45 6.78	3.45

Problemanalyse und Entwurf der Lösung

Weil x_1 und x_2 die Wurzeln der Gleichung sind, folgt $x^2 - Sx + P = (x - x_1)(x - x_2)$. Also gilt $x_1 + x_2 = S$ und $x_1 \cdot x_2 = P$ (die Vieta-Relationen). Die Formel für T_n ist dann:

$$T_n = \begin{cases} 2, \text{wenn } n = 0 \\ x_1 + x_2, \text{wenn } n = 1 \\ ST_{n-1} - PT_{n-2}, \text{wenn } n > 1 \end{cases} \tag{1}$$

Die Klasse *Formatter* aus dem Paket *java.util* bietet eine bequeme und flexible Möglichkeit, elementare Datentypen formatiert auszugeben. Sie existiert erst ab Java 5 und arbeitet ähnlich wie die *printf*-Funktion aus C und C++. Man kann mit dieser Klasse alle primitiven Datentypen und ihre *Wrapper*, sowie Datums-/Zeitwerte der Klassen *java.util.Calendar* und *java.util.Date* in vielfältiger Weise (auch länderspezifisch) formatiert ausgeben. Betrachten Sie sich die Anwendung dieser Klasse im Programm, indem ein *Formatter*-Objekt instanziiert und dessen Methode *format()* aufgerufen wird.

Programm

```java
import java.io.*;
import java.util.*;

public class P7Equation {
  private static final String FileInputName = "equation.in";
  private static final String FileOutputName = "equation.out";

  private static double sum(int n, double s, double p){
    if(0==n) return 2;
    if(1==n) return s;
    return s*sum(n-1, s, p)-p*sum(n-2, s, p);
  }

  public static void main(String[] args) throws IOException {
    Scanner sc = null;
    PrintStream out= null;
    try {
        out = new PrintStream(new File(FileOutputName));
        sc = new Scanner(
           new File(FileInputName)).useLocale(Locale.ENGLISH);
        Formatter formatter =
                        new Formatter(out, Locale.ENGLISH);
        while(sc.hasNextInt()) {
          int n = sc.nextInt();
          double s = sc.nextDouble();
          double p = sc.nextDouble();
          formatter.format("%.6g%n", sum(n, s, p));
        }
    }
    finally {
      if (sc!=null) {
        sc.close();
      }
      if(out!=null) {
        out.close();
      }
    }
  }
}
```

Aufgaben

1. Beweisen Sie die Formel (1) direkt und durch vollständige Induktion.
2. Lesen Sie sich in der Java–Hilfe (http://java.sun.com/javase/6/docs/api) die Beschreibung und die vielen Beispiele der Klasse *Formatter* durch.

3. *Verallgemeinerung.* Berechnen Sie für die Gleichung k-ten Grades $x^k - S_1 x^{k-1} + ... + (-1)^k S_k = 0$ mit den Wurzeln $x_1, x_2, ..., x_k$ den Wert $T_n = x_1^n + x_2^n + ... + x_k^n$.

Hinweis: Die rekursive Formel lautet

$$T_n = S_1 T_{n-1} - S_2 T_{n-2} + ... + (-1)^{k-1} \cdot S_k \cdot T_{n-k}.$$

Problem 8. Collatz-Funktion (nicht-monotone Rekursion)

Die Collatz-Funktion ist definiert wie folgt:

$$f(n) = \begin{cases} 1, \text{wenn } n = 1 \\ \dfrac{n}{2}, \text{wenn } n \text{ gerade} \\ 3 \cdot n + 1, \text{wenn } n \text{ ungerade} \end{cases}$$

und hat die Eigenschaft, dass sie gegen 1 „konvergiert". Zum Beispiel wird für $n=12$ die generierte Sequenz: 12, 6, 3, 10, 5, 16, 8, 4, 2, 1 und sie hat die Länge 9, weil man in 9 Schritten die Eins erreicht. Schreiben Sie eine rekursive Funktion, die diese Sequenz generiert, und am Ende soll auch die Anzahl der Schritte ausgegeben werden. Beispiel:

collatzSeq.in	collatzSeq.out
1 12 67 1003 234	1 <0> 12 6 3 10 5 16 8 4 2 1 <9> 67 202 101 304 152 76 38 19 58 29 88 44 22 11 34 17 52 26 13 40 20 10 5 16 8 4 2 1 <27> 1003 3010 1505 4516 2258 1129 3388 1694 847 2542 1271 3814 1907 5722 2861 8584 4292 2146 1073 3220 1610 805 2416 1208 604 302 151 454 227 682 341 1024 512 256 128 64 32 16 8 4 2 1 <41> 234 117 352 176 88 44 22 11 34 17 52 26 13 40 20 10 5 16 8 4 2 1 <21>

Problemanalyse und Entwurf der Lösung

Wir werden die rekursive Methode *fCollatz()* implementieren, die durch den Parameter l auch die Anzahl ihrer Aufrufe zählt.

Programm

```java
import java.io.*;
import java.util.*;

public class P08CollatzSeq {

  private static final String FileInputName = "collatzSeq.in";
  private static final String FileOutputName =
                                      "collatzSeq.out";

  private int step;
  private PrintStream out;

  public P08CollatzSeq(PrintStream outStream) {
    this.step = 0;
    this.out = outStream;
  }

  public void calculate(long n) {
    this.out.print(n);
    this.out.print(' ');
    if (n != 1) {
      this.step++;
      this.calculate(n%2 == 0 ? n/2 : 3*n+1);
    } else {
      out.print("<" + this.step);
      out.print('>');
      out.println();
      out.println();
    }
  }

  public static void main(String[] args) throws IOException {
    Scanner sc = null;
    PrintStream out = null;
    try {
      out = new PrintStream(new File(FileOutputName));
      sc = new Scanner(new File(FileInputName));
      while (sc.hasNextLong()) {
        P08CollatzSeq col = new P08CollatzSeq(out);
        col.calculate(sc.nextLong());
      }
    } finally {
      if (sc != null) {
        sc.close();
      }
      if (out != null) {
        out.close();
      }
    }
```

```
    }

}
```

Aufgaben

1. Schreiben Sie auch eine iterative Variante für das Problem.
2. Wir bezeichnen mit A die „Halbieren"-Operation und mit B die „3n+1"-Operation. Erweitern Sie das Programm so, dass auch die benötigten A- und B-Operationen mitgezählt werden. Für n=12 braucht man z. B. 7 A- und 2 B- Operationen; für n=1003 braucht man 29 A- und 12 B- Operationen.

   Implementieren Sie ein Programm, das die natürlichen Zahlen aus einem gegebenen Intervall bestimmt, für die die nötigen Schritte der Collatz-Funktion maximal werden (z. B. findet sich im Intervall [45; 459] die Zahl 327, für die 143 Schritte nötig sind). Liefern Sie auch alle Zahlen aus diesem Intervall, für die die Anzahl von A- bzw. B-Operationen maximal wird.

Problem 9. Quadrate und Quadrätchen

Ein Quadrat, dessen Seiten parallel zu den Koordinatenachsen liegen, ist geometrisch eindeutig durch seinen Mittelpunkt und seine Seitenlänge bestimmt. Wir sagen, dass ein Quadrat mit der Seitenlänge 2k+1 die Größe k hat. Für eine natürliche Zahl k definieren wir die Familie der Quadrate mit folgenden Eigenschaften:

(i)   das größte Quadrat hat die Größe k (seine Seitenlänge ist 2k+1) und ist in einem Netz der Größe 1024 zentriert (dieses Netz hat die Seitenlänge 2049);

(ii)   für die Größe k eines Quadrats gilt: $1 \leq k \leq 512$;

(iii)   alle Quadrate, die größer als 1 sind, haben ein Quadrat der Größe k **div** 2 in jeder ihrer vier Ecken zentriert;

(iv)   die obere linke Ecke des Netzes hat die Koordinaten (0, 0) und die untere rechte Ecke hat die Koordinaten (2048, 2048).

Für eine gegebene Zahl k können wir eine eindeutige Familie von Quadraten mit diesen Eigenschaften zeichnen. Ein Punkt auf dem Netz befindet sich in keinem, einem oder mehreren Quadraten. Schreiben Sie ein Programm, das die Zahl k und die Koordinaten eines Punktes einliest und die Anzahl der Quadrate ausgibt, die den Punkt enthalten. *Eingabe:* Jede Zeile der Datei *quadrate.in* stellt einen aus den drei Werten k, x_0 und y_0 bestehenden Eingabefall dar. *Ausgabe:* Geben Sie für jeden Eingabefall in die Datei *quadrate.out* die Anzahl der Quadrate aus, in denen der entsprechende Punkt (x_0, y_0) liegt. Beispiel:

quadrate.in	quadrate.out
56 1012 1000	1
500 1000 1000	4
500 113 941	5
1100 512 512	5

(ACM European NorthWestern Regional, 1992)

Problemanalyse und Entwurf der Lösung

Eine erste Lösungsmöglichkeit wäre, rekursiv für jedes Quadrat zu prüfen, ob sich der Punkt darin befindet. Wenn das zutrifft, inkrementieren wir die Variable n. Wir schreiben die Methode *inSquare(x0, y0, cx, cy, k)*, die die Prüfung erledigt. Die Parameter kennzeichnen den Punkt (x_0, y_0) und das Quadrat mit dem Mittelpunkt (cx, cy) und der Größe k. Die Methode *count()* zählt, in wie vielen Quadraten der Punkt gefunden wird. Sie wird rekursiv für die vier erzeugten Quadrate der Größe $k/2$ aufgerufen.

Satz. Wenn wir die Parallelen zu den Quadratseiten durch den Mittelpunkt des ersten Quadrats zeichnen, dann befinden sich alle für die rechte obere Ecke generierten Quadrate im ersten Quadranten. Die Quadrate für die obere linke Ecke liegen im zweiten, für die untere linke Ecke im dritten und für die untere rechte Ecke im vierten Quadranten.

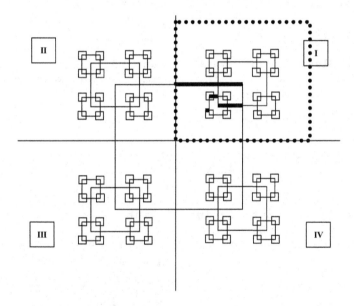

Beweis. Wenn k die Seitenlänge des gepunkteten Quadranten ist, dann sehen wir, dass sich die fett gezeichneten Segmente der Ordinate nähern und die Längen $\dfrac{k}{2}$, $\dfrac{k}{4}$, $\dfrac{k}{8}$, ..., $\dfrac{k}{2^n}$, ... haben. Das stellt eine geometrische Reihe dar, und es folgt:

$$\frac{k}{2}+\frac{k}{2^2}+\frac{k}{2^3}+...+\frac{k}{2^n}=k\cdot\left(1-\frac{1}{2^n}\right).$$

Die Folge $k\cdot\left(1-\dfrac{1}{2^n}\right)$ für $n = 0, 1, 2, ...$ ist aufsteigend und konvergiert gegen k. Es folgt, dass sich alle für die obere rechte Ecke erzeugten Quadrate im ersten Quadranten befinden. Aufgrund der Symmetrie liegen die für die anderen drei Ecken generierten Quadrate in den zugehörigen Quadranten II, III und IV. ❏

Die alternative zweite Programmvariante führt den rekursiven Aufruf der Methode *count()* nur für das Quadrat durch, das den Punkt beinhaltet (und nicht mehr für alle 4 Quadrate).

Programm

```java
import java.io.*;
import java.util.*;

public class P9QuadrateRek {

  private static final String FileInputName = "quadrate.in";
  private static final String FileOutputName =
                                    "quadrate.out";
  private int step = 0;

  private boolean inSquare(int x0, int y0,
                           int cx, int cy, int k){
      int x1 = cx - k;
      int x2 = cx + k;
      int y1 = cy - k;
      int y2 = cy + k;
      return (x1 <= x0 && x0 <= x2 &&
              y1 <= y0 && y0 <= y2);
  }

  public void count(int x0, int y0, int cx, int cy, int k) {
    int x1, x2, y1, y2;
    if(inSquare(x0, y0, cx, cy, k)) this.step++;

      if(k>1){
      x1 = cx - k;
      x2 = cx + k;
      y1 = cy - k;
      y2 = cy + k;
      count(x0, y0, x1, y1, k/2);
      count(x0, y0, x1, y2, k/2);
      count(x0, y0, x2, y1, k/2);
      count(x0, y0, x2, y2, k/2);
      }
  }
  public static void main(String[] args) throws IOException {
    Scanner sc = null;
    PrintStream out= null;
    try {
```

Die zweite Variante:
```java
...
if(inSquare(x0, y0, x1, y1, k))
    count(x0, y0, x1, y1, k/2, n);
if(inSquare(x0, y0, x1, y2, k))
    count(x0, y0, x1, y2, k/2, n);
if(inSquare(x0, y0, x2, y1, k))
    count(x0, y0, x2, y1, k/2, n);
if(inSquare(x0, y0, x2, y2, k))
    count(x0, y0, x2, y2, k/2, n);
...
```

```
        int k, x0, y0;
        out = new PrintStream(new File(FileOutputName));
        sc = new Scanner(new File(FileInputName ));
        while(sc.hasNextInt()) {
            k = sc.nextInt();
            x0 = sc.nextInt();
            y0 = sc.nextInt();
            P9QuadrateRek q = new P9QuadrateRek();
            q.count(x0, y0, 1024, 1024, k);
            out.println(q.step);
        }
    }
    finally {
        if (sc!=null) {
            sc.close();
        }
        if(out!=null) {
            out.close();
        }
    }
  }
}
```

Aufgabe

Berechnen Sie die Summe aller Flächeninhalte und Umfänge der Quadrate, in denen der gegebene Punkt beheimatet ist.

Problem 10. Quadrate (direkte Rekursion)

Schreiben Sie eine rekursive Applikation, die diese Abbildung erstellt.

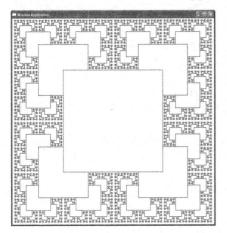

Problemanalyse und Entwurf der Lösung

In die Ecken eines Quadrats mit der Kantenlänge L zeichnet man je ein Quadrat mit der Kantenlänge $L/2$ so ein, dass der Quadratmittelpunkt auf dem Eckpunkt des Ausgangsquadrats liegt. Für die vier Quadrate mit Kantenlänge $L/2$ zeichnet man dann 16 Quadrate mit Kantenlänge $L/4$ und macht so lange weiter, bis die Länge der Kanten 10 Pixel groß wird.

Programm

```java
import java.awt.*;
import javax.swing.*;

public class P10PaintQuadrate extends JPanel{
  private static final long serialVersionUID =
                                  -3249277353528332376L;
  public void paint(Graphics g) {
    Dimension dim = this.getSize();
    drawSquare(g, dim.width/2, dim.height/2,
                Math.min(dim.width/2, dim.height/2));
  }

  private void drawSquare(Graphics g, int x, int y, int l)  {
    if (l > 10) {
      drawSquare(g, x-l/2, y-l/2, l/2);
      drawSquare(g, x-l/2, y+l/2, l/2);
      drawSquare(g, x+l/2, y-l/2, l/2);
      drawSquare(g, x+l/2, y+l/2, l/2);
      g.drawRect(x-l/2, y-l/2, l, l);
    }
  }

  public static void main(String args[]) {
    JFrame frame = new JFrame("Rekursivitaet Beispiel");
    P10PaintQuadrate quadratePanel = new P10PaintQuadrate();
    frame.getContentPane().add(quadratePanel);
    quadratePanel.setPreferredSize(new Dimension(400, 400));
    frame.pack();

    frame.setDefaultCloseOperation(
                      WindowConstants.EXIT_ON_CLOSE);
    Dimension screenDim =
        Toolkit.getDefaultToolkit().getScreenSize();
    Dimension frameDim = frame.getSize();
    frame.setLocation
          ((screenDim.width-frameDim.width)/2,
           (screenDim.height-frameDim.height)/2);

    frame.setVisible(true);                    // Anzeige des Frames

  }
}
```

Aufgaben

1. Ändern Sie das Programm so, dass die Abbildung 1 erstellt wird. Kleinere Quadrate werden nicht mehr von größeren verdeckt.

2. Finden Sie heraus, welchen Zweck die Programmzeile

   ```
   private static final long serialVersionUID =
                              -3249277353528332376L;
   ```

   hat. Was passiert, wenn wir diese Zeile löschen?

3. Modifizieren Sie das Programm so, dass es gleichseitige Dreiecke anstatt Quadrate konstruiert (Abbildung 2). In jede Ecke eines Dreiecks zeichnet man ein Dreieck, dessen Seitenlänge halb so groß ist wie die des Ausgangsdreiecks.

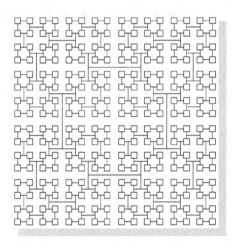 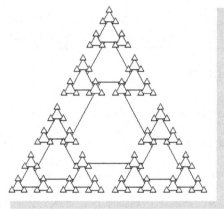

Abbildung 1   Abbildung 2

4. Informieren Sie sich mit der Java-Hilfe über die Beschreibung und Beispiele der Klassen *java.awt.Component* und *javax.swing.JPanel*. Beachten Sie, wie die Methoden der beiden Klassen im Programm eingesetzt werden.

Problem 11. Quadrate und Kreise (indirekte Rekursion)

Schreiben Sie ein indirekt rekursives Programm, das die untenstehende Abbildung ausgibt.

Problemanalyse und Entwurf der Lösung

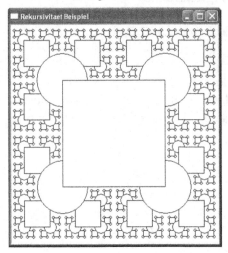

In die Ecken eines Quadrats mit Seitenlänge L zeichnen wir Kreise mit Radius $L/2$ ein, deren Mittelpunkte auf den Quadratecken liegen. Wir stellen uns vor, dass die Kreise als Inkreise von gedachten Quadraten dienen, die nicht sichtbar sind. Wir zeichnen nun Quadrate so in die Ecken der virtuellen Quadrate ein, dass die Seitenlänge den Kreisradien entspricht und die Mittelpunkte auf die Ecken der virtuellen Quadrate zentriert sind. Wir wiederholen alle Schritte so lange, bis die Seitenlänge 1 eines Quadrats erreicht ist.

Programm

```java
import java.awt.*;
import javax.swing.*;

public class P11PaintQuadrateCircle extends JPanel {

  private static final long serialVersionUID =
                                   -6741198167758549984L;

  public void paint(Graphics g) {
    Dimension dim = this.getSize();
    drawSquare(g, dim.width / 2, dim.height / 2,
            Math.min(dim.width / 2,dim.height / 2));
  }

  private void drawCircle(Graphics g, int x, int y, int r) {
    if (r > 25) {
      g.drawOval(x-r/2, y-r/2, r, r);
      drawSquare(g, x, y, r);
    }
  }


  private void drawSquare(Graphics g, int x, int y, int l) {
    if (l > 1) {
```

```
            g.drawRect(x-1/2, y-1/2, 1, 1);
            drawCircle(g, x-1/2, y-1/2, 1/2);
            drawCircle(g, x-1/2, y+1/2, 1/2);
            drawCircle(g, x+1/2, y-1/2, 1/2);
            drawCircle(g, x+1/2, y+1/2, 1/2);
        }
    }

    public static void main(String args[]) {
        JFrame frame = new JFrame("Rekursivitaet Beispiel");
        P11PaintQuadrateCircle quadratePanel =
                                new P11PaintQuadrateCircle();
        frame.getContentPane().add(quadratePanel);
        quadratePanel.setPreferredSize(new Dimension(400, 400));
        frame.pack();
        frame.setDefaultCloseOperation(
                            WindowConstants.EXIT_ON_CLOSE);

        Dimension screenDim =
                    Toolkit.getDefaultToolkit().getScreenSize();
        Dimension frameDim = frame.getSize();
        frame.setLocation((screenDim.width - frameDim.width) / 2,
            (screenDim.height - frameDim.height) / 2);
        frame.setVisible(true);
    }
}
```

Aufgaben

1. Errechnen Sie die sichtbare Gesamtfläche aller Kreise.
2. Entwickeln Sie ein Programm, das eine indirekte Rekursion verwendet, die so aufgebaut ist:
   - *drawSquare* ruft viermal die Methode *drawCircle* auf (zeichnet vier Kreise mit Durchmesser $L/2$, deren Mittelpunkte auf den Quadratecken liegen),
   - *drawCircle* ruft einmal *drawTriangle* auf (zeichnet und positioniert ein gleichseitiges Dreieck so, dass der von *drawCircle* erzeugte Kreis den Umkreis des Dreiecks darstellt),
   - *drawTriangle* ruft dreimal die Methode *drawSquare* auf (zeichnet drei auf die Ecken des Dreiecks zentrierte Quadrate mit Seitenlänge $L/2$).

Problem 12. Die Koch'sche Schneeflockenkurve

Die Koch-Kurve wurde 1904 von dem schwedischen Mathematiker Helge von Koch (1870-1924) eingeführt. Sie ist eines der ersten formal beschriebenen Fraktale. Die Koch-Kurve wird in einem iterativen Prozess aufgebaut. Am Anfang ist sie nur eine Strecke, und in jeder Iteration teilt man jedes Segment der Kurve in drei gleiche Teile und führt für das mittlere Stück die Konstruktion „baue gleichseitiges Dreieck" aus, wie die Abbildung zeigt:

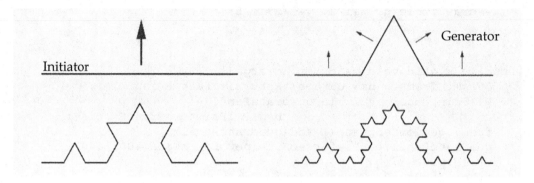

Die Konstruktion der Koch-Kurve schreitet in Stufen voran.
In jeder Stufe erhöht sich die Anzahl der Strecken um den Faktor 4.

Zur Schneeflockenkurve kommt man, wenn man den Iterationsprozess nicht mit einer Strecke, sondern mit einem gleichseitigen Dreieck startet. Schreiben Sie ein Programm, das diese Kurve für eine gegebene Iteration zeichnet. Beispiel (Eingabedatei *iteration.in*):

Iteration = 1	Iteration = 2

Iteration = 4	Iteration = 6
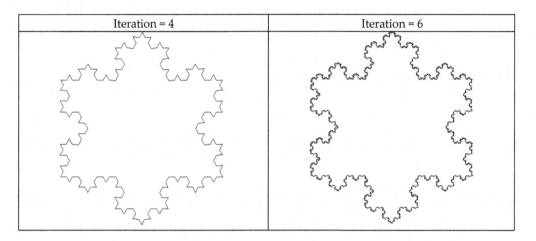	

Problemanalyse und Entwurf der Lösung

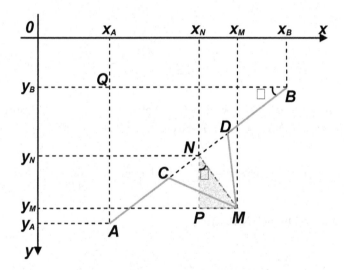

Für die gegebenen Punkte A und B in der Ebene mit den Koordinaten $A(x_A, y_A)$ und $B(x_B, y_B)$ müssen wir die Koordinaten der Punkte C, D und M finden mit den Eigenschaften:

$$C, D \in AB, \ \overline{AC} \equiv \overline{CD} \equiv \overline{DB} \equiv \overline{CM} \equiv \overline{MD} \ .$$

Wir bezeichnen den Mittelpunkt des Segments $\overline{AB}$ mit $N(x_N, y_N)$. Die Koordinaten dieses Punktes sind:

$$x_N = \frac{x_A + x_B}{2}, \quad y_N = \frac{y_A + y_B}{2}.$$

Nun berechnen wir die Koordinaten des Punktes C. Es gilt:

$$\frac{x_C - x_A}{x_B - x_A} = \frac{1}{3} \Rightarrow 3x_C - 3x_A = x_B - x_A \Rightarrow x_C = \frac{2x_A + x_B}{3},$$

$$\frac{y_C - y_A}{y_B - y_A} = \frac{1}{3} \Rightarrow 3y_C - 3y_A = y_B - y_A \Rightarrow y_C = \frac{2y_A + y_B}{3}.$$

Auf diese Weise kommt man auch zu:

$$x_D = \frac{x_A + 2x_B}{3} \text{ und } y_D = \frac{y_A + 2y_B}{3}.$$

Weil MCD ein gleichseitiges Dreieck mit der Seitenlänge $\dfrac{\overline{AB}}{3}$ und der Höhe $\overline{MN}$ ist,

folgt:

$$\overline{MN} = \overline{CM} \cdot \sin\frac{\pi}{3} = \frac{AB}{3} \cdot \frac{\sqrt{3}}{2} = \frac{\sqrt{3}}{6} \cdot \overline{AB}.$$

Wir sehen, dass α = ∢PNM = ∢QBA (*PN* steht senkrecht auf *QB* und *NM* senkrecht auf *AB*: $PN \perp QB$ und $NM \perp AB$). Im Dreieck *ABQ* ist

$$\sin\alpha = \frac{y_A - y_B}{\overline{AB}} \text{ und } \cos\alpha = \frac{x_B - x_A}{\overline{AB}}.$$

Das wenden wir im Dreieck *NMP* an:

$$\Delta x = \overline{MN} \cdot \sin\alpha = \frac{\sqrt{3}}{6} \cdot \overline{AB} \cdot \frac{y_A - y_B}{\overline{AB}} = \frac{\sqrt{3}}{6} \cdot (y_A - y_B)$$

und

$$\Delta y = \overline{MN} \cdot \cos\alpha = \frac{\sqrt{3}}{6} \cdot \overline{AB} \cdot \frac{x_B - x_A}{\overline{AB}} = \frac{\sqrt{3}}{6} \cdot (x_B - x_A).$$

Somit sind die Koordinaten des Punktes *M*:

$$x_M = x_N + \Delta x = \frac{x_A + x_B}{2} + \frac{\sqrt{3}}{6} \cdot (y_A - y_B)$$

und

$$y_M = y_N + \Delta y = \frac{y_A + y_B}{2} + \frac{\sqrt{3}}{6} \cdot (x_B - x_A).$$

Diese Lösung wurde in [Ran99] präsentiert.

Programm

```java
import java.awt.*;
import java.io.*;
import java.util.*;

import javax.swing.*;

public class P12Koch extends JPanel {

  private static final long
                    serialVersionUID = 7412004320518032437L;

  private static final double Sqrt3 = Math.sqrt(3.0);
  private static final double Sqrt3Div6 = Math.sqrt(3.0) / 6.0;

  private static final String FileInputName = "iteration.in";

  private int iterations;

  public P12Koch(int numIterations) {
    this.iterations = numIterations;
  }

  public void paint(Graphics g) {
    Dimension rect = this.getSize();
    int diff = rect.width - rect.height;
    PaintInvariant paintInv = new PaintInvariant(g, 5);
    int l;
    if (diff < 0) {
      diff *= -1;
      l = rect.width / 2;
      paintInv.dx = 0;
      paintInv.dy = diff / 2;
    } else {
      l = rect.height / 2;
      paintInv.dx = diff / 2;
      paintInv.dy = 0;
    }

    double xa, ya, xb, yb, t = l;
```

```java
      xa = 1;
      ya = 1 - t;
      xb = 1 - Sqrt3 * t / 2;
      yb = 1 + t / 2;
      drawKoch(paintInv, this.iterations,
                     (int) xa, (int) ya, (int) xb, (int) yb);
      xa = 1 + Sqrt3 * t / 2;
      ya = 1 + t / 2;
      drawKoch(paintInv, this.iterations,
                     (int) xb, (int) yb, (int) xa, (int) ya);
      xb = 1;
      yb = 1 - t;
      drawKoch(paintInv, this.iterations,
                     (int) xa, (int) ya, (int) xb, (int) yb);
   }

   private void drawKoch(PaintInvariant paintInv, int n,
                 double xa, double ya, double xb, double yb)  {
      if (n > 1) {
         double xc, yc, xm, ym, xd, yd;
         xm = (xa + xb) / 2 + Sqrt3Div6 * (ya - yb);
         ym = (ya + yb) / 2 + Sqrt3Div6 * (xb - xa);
         xc = (2 * xa + xb) / 3;
         yc = (2 * ya + yb) / 3;
         xd = (xa + 2 * xb) / 3;
         yd = (ya + 2 * yb) / 3;
         drawKoch(paintInv, n - 1, xa, ya, xc, yc);
         drawKoch(paintInv, n - 1, xc, yc, xm, ym);
         drawKoch(paintInv, n - 1, xm, ym, xd, yd);
         drawKoch(paintInv, n - 1, xd, yd, xb, yb);
      } else {
         paintInv.g.drawLine(
                     (int) xa, (int) ya, (int) xb, (int) yb);
      }

   }

   public static void main(String args[]) throws IOException {
      Scanner sc = new Scanner(new File(FileInputName));
      int numIterations;
      try {
         numIterations = sc.nextInt();

         JFrame frame = new JFrame("Rekursivitaet Beispiel");
         P12Koch quadratePanel = new P12Koch(numIterations);
         frame.getContentPane().add(quadratePanel);
         quadratePanel.setPreferredSize(new Dimension(400, 400));
         frame.pack();
         frame.setDefaultCloseOperation(
                            WindowConstants.EXIT_ON_CLOSE);
```

```
        // Frame auf den Bildschirmmittelpunkt einstellen
        Dimension screenDim =
                    Toolkit.getDefaultToolkit().getScreenSize();
        Dimension frameDim = frame.getSize();
        frame.setLocation((screenDim.width - frameDim.width) / 2,
            (screenDim.height - frameDim.height) / 2);

        // den Frame anzeigen
        frame.setVisible(true);

    } finally {
      sc.close();
    }
  }
}

class PaintInvariant {
  Graphics g;

  int dx, dy, minL;

  PaintInvariant(Graphics g, int minL) {
    this.g = g;
    this.minL = minL;
  }
}
```

Aufgaben

1. Berechnen Sie Fläche, die die Koch'sche Schneeflocke für eine gegebene Iteration n einschließt. Das Ausgangsdreieck hat die Seitenlänge L. Wenn die Anzahl der Iterationen gegen unendlich geht, geht zwar auch die Kurvenlänge gegen unendlich, nicht aber der durch sie begrenzte Flächeninhalt. Berechnen Sie ihn auch für diesen Fall.

2. *Sierpinski-Dreieck.* Ein beliebiges Dreieck ist gegeben. Man halbiert die Seiten und zeichnet ein neues Dreieck, dessen Ecken auf den Mittelpunkten liegen. Dadurch entstehen vier gleich große Teildreiecke. Man entfernt das mittlere Dreieck und wiederholt die Schritte für die übrig gebliebenen Teildreiecke. Schreiben Sie ein Programm, das die Figur für eine gegebene Iteration darstellt. Beispiel:

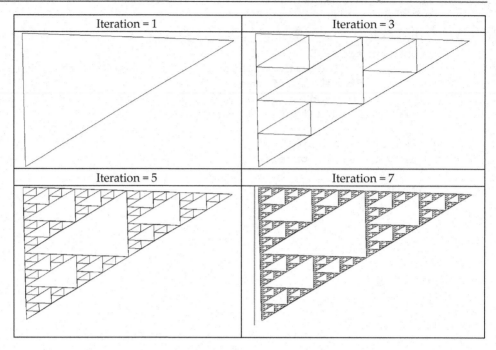

Berechnen Sie für eine gegebene Iteration n den Flächeninhalt des Sierpinski-Dreiecks. Als Ausgangsdreieck wählen Sie ein gleichseitiges Dreieck mit der Seitenlänge L. Bestimmen Sie auch den Flächeninhalt für den Fall, dass n gegen unendlich läuft.

3. **Raumfüllende Fraktale (engl. *space-filling curves*).** Es sei die Menge $P(0, 1) =$ $\{(x, y) \mid 0 < x, y < 1\}$ gegeben, d. h. die Menge aller Punkte im Inneren des Quadrats mit den Ecken $(0, 0)$, $(0, 1)$, $(1, 1)$ und $(1, 0)$. [Bar93] beschreibt und beweist eine Methode, wie eine Kurve in $P(0, 1)$ das Quadrat ausfüllen kann. Es seien die folgenden Arrays gegeben:

Index	a	b	c	d	e	f
1	0	0.5	0.5	0	0	0
2	0.5	0	0	0.5	0	0.5
3	0.5	0	0	0.5	0.5	0.5
4	0	-0.5	-0.5	0	1	0.5

Es sei K_0 eine Kurve in $P(0, 1)$. Für alle natürlichen Zahlen $i \geq 0$ wird die Kurve K_{i+1} aus der Kurve K_i gebaut, indem man jeden Punkt aus K_i durch die folgenden Punkte ersetzt:

$$w_n \begin{bmatrix} x \\ y \end{bmatrix} = \begin{bmatrix} a_n & b_n \\ c_n & d_n \end{bmatrix} \begin{bmatrix} x \\ y \end{bmatrix} + \begin{bmatrix} e_n \\ f_n \end{bmatrix} \text{ für alle } n=1, \ldots, 4.$$

Es gilt also:

$$\begin{cases} x_{n,i+1} = a_n \cdot x_i + b_n \cdot y_i + e_n \\ y_{n,i+1} = c_n \cdot x_i + d_n \cdot y_i + f_n \end{cases} \text{für alle } n=1, \dots, 4.$$

Man kann für alle i größer oder gleich 0 formal schreiben:

$$K_{i+1} = \bigcup_{n=1}^{4} \{(x_{n,i+1}, y_{n,i+1}) \,|\, (x_i, y_i) \in K_i\}.$$

Schreiben Sie ein Programm, das verschiedene Kurven K_0 erzeugt und die ersten 12 Iterationen in der abgebildeten Art und Weise zeichnet. Über ebene Kurven kann man in [Stu67] viele zusätzliche Informationen finden.

Beispiel. Die ursprüngliche Kurve K_0:

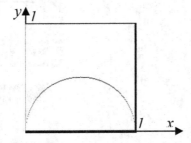

Die Kurven K_0, K_1, ..., K_{11}:

Walking Man an der Leopoldstraße in München

I don't know what my path is yet. I'm just walking on it.
Olivia Newton-John

Teile und Herrsche 6

Grundlagen

Es wird vermutet, dass der Satz **Teile und Herrsche** (lateinisch: *divide et impera*) von dem französischen König Ludwig XI. (1461-1483) stammt. Manche Historiker sprechen ihn auch Julius Cäsar (100 v. Chr.-44 v. Chr.) zu. Der Ausspruch soll deutlich machen, dass man seine Gegner durch das Säen von Zwist schwächen und gegeneinander ausspielen kann, um sie zu besiegen und über sie zu bestimmen.

Wir betrachten „Teile und Herrsche" aus einem wesentlich zivilisierteren Blickwinkel. Es soll uns helfen, große und komplexe Aufgaben bzw. Probleme zu bewältigen, indem wir sie in kleinere Einheiten zerlegen, die wir leichter bearbeiten und lösen können als das Gesamtproblem. Die Resultate der Teilprobleme vereinen wir schließlich zu einer Gesamtlösung. Apropos vereinen: Goethe machte sich auch Gedanken über das Herrschen: „Entzwei und gebiete! Tüchtig Wort. – Verein und leite! Bessrer Hort."

Ein Teilproblem kann wiederum in kleinere Probleme aufgespalten werden. Diese Vorgehensweise wiederholt man rekursiv, bis die Teilprobleme elementar sind und direkt gelöst werden können. Allerdings muss das Gesamtproblem auch mit der Eigenschaft ausgestattet sein, dass man es in unabhängige Teile separieren kann, die rekursiv gelöst werden können.

Die Schritte für das Lösen eines Problems mit „Teile und Herrsche":
- Teile: Zerlege das Problem rekursiv in Teilprobleme, bis die Teilprobleme so klein sind, dass sie einfach zu lösen sind;
- Herrsche: Löse die Teilprobleme;
- Herrsche: Setze die Teillösungen wieder zu einer Gesamtlösung zusammen.

Der allgemeine Algorithmus sieht so aus:

ALGORITHM_*DivideEtImpera(P, n, S)*
   If ($n \le n_0$) **Then**
      directSolve(*P, n, S*)
   End_If
   Else Execute
      Divide *(P, n)* in *(P_1, n_1), (P_2, n_2), …, (P_k, n_k)*
      DivideEtImpera(P_1, n_1, S_1)
      DivideEtImpera(P_2, n_2, S_2)
      …
      DivideEtImpera(P_k, n_k, S_k)
      Combine *S_1, S_2, …, S_k* to obtain *S*
   End_Else
END_ ALGORITHM_*DivideEtImpera(P, n, S)*

Bekannte Beispiele für die Anwendung der Methode: *Türme von Hanoi, QuickSort, MergeSort.*

Problem 1. Größter gemeinsamer Teiler mehrerer Zahlen

In der Datei *numbers.in* befinden sich mehrere natürliche Zahlen, die durch Leerzeichen getrennt sind. Schreiben Sie eine Methode, die den größten gemeinsamen Teiler (*ggT*) aller Zahlen der Eingabedatei liefert. Wenn *ggt.in* leer ist oder nicht existiert, dann geben Sie den Wert 0 aus.

ggt.in	Bildschirm
45 60 125 345 65 9875 4555	ggT = 5

Problemanalyse und Entwurf der Lösung

Wir verwenden eine Liste von Typ *ArrayList<Integer>*, um die Zahlen aufzunehmen. Es ist evident, dass wir den *ggT* für die erste und zweite Hälfte der Liste berechnen können um danach die Gesamtlösung als *ggT* für die beiden Teilresultate zu erhalten. Die Abbruchbedingung ist erreicht, wenn die Liste ein oder kein Element beinhaltet. Das folgende Programm bedarf keiner weiteren Erläuterung.

Programm

```java
import java.io.*;
import java.util.*;

public class P01GGT {
  private static final String FileInputName = "ggt.in";

  private static int gcd(int a, int b) {
    while (b != 0) {
      int r = a % b;
      a = b;
      b = r;
    }
    return a;
  }

  private static int
  divide_et_impera(List<Integer> a, int iMin, int iMax)
  {
    if (iMin < iMax) {
      int middle = (iMin + iMax) / 2;
      int d1 = divide_et_impera(a, iMin, middle);
      int d2 = divide_et_impera(a, middle + 1, iMax);
      return gcd(d1, d2);
    }
    return 0 <= iMin && iMin < a.size() ? a.get(iMin) : 0;
  }

  public static void main(String[] args) throws IOException {
    List<Integer> list = new ArrayList<Integer>();
    Scanner sc = new Scanner(new File(FileInputName));
    try {
      while (sc.hasNextInt()) {
        list.add(sc.nextInt());
      }
      int sz = list.size();
      if (sz > 0) {
        System.out.println(
                " ggT = " + divide_et_impera(list, 0, sz - 1));
      }
    } finally {
      sc.close();
    }
  }
}
```

Inset box:

ALGORITHM_Euklid(a, b)

1. $a_1 \leftarrow a, b_1 \leftarrow b, i \leftarrow 1$
2. **While** $(b_i \neq 0)$ **Do**
    2.1. $a_{i+1} \leftarrow b_i$
    2.2. $b_{i+1} \leftarrow r_i \ (= a_i \ mod \ b_i)$
    2.3. $i \ \leftarrow i+1$
    End_While
3. $ggT(a, b) = r_{i-1}$

Aufgaben

1. Schreiben Sie ein Programm, das dieselbe Vorgehensweise anwendet, um die kleinste und größte Zahl aus *numbers.in* zu finden.
2. Schreiben Sie ein Programm, das nach einer gegeben Zahl in *numbers.in* sucht, wiederum mit der obigen Art und Weise.

Problem 2. Die Türme von Hanoi

Vermutlich hat der Franzose Edouard Lucas im Jahre 1883 eines der wohl populärsten Spiele aller Zeiten erfunden: die Türme von Hanoi. Es ist das Standardbeispiel für *Teile und Herrsche* in der Programmierliteratur. Das Spiel besteht aus drei Stäben *A*, *B* und *C*, auf die mehrere verschieden große Scheiben mit einem Loch in der Mitte gelegt werden. Anfangs liegen alle Scheiben auf Stab *A*, der Größe nach geordnet, die größte Scheibe ist unten.

Ziel des Spiels ist es, den kompletten Scheiben-Stapel von *A* nach *C* zu versetzen, wobei die Scheiben auf *C* so angeordnet sein sollen wie auf *A*.

Die Regeln des Spieles:

*   es darf nur eine Scheibe pro Zug von einem Stab auf einen anderen bewegt werden
*   es darf keine größere Scheibe auf eine kleinere Scheibe gelegt werden

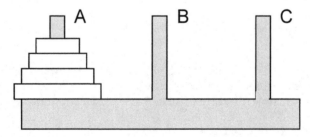

Schreiben Sie für eine natürliche Zahl *n*, die von der Tastatur gelesen wird, die kürzeste Sequenz von Zügen, die die Aufgabe löst, in die Datei *hanoi.out*, wie im Beispiel:

Tastatur	hanoi.out
3	(A,C) (A,B) (C,B) (A,C) (B,A) (B,C) (A,C)

Problemanalyse und Entwurf der Lösung

Die Lösung baut auf einer einfachen Bemerkung auf: Um *n* Scheiben von Stab *A* mit Hilfe des Stabs *B* auf den Stab *C* zu versetzen, muss man zuerst *n*-1 Scheiben von Stab *A* unter Verwendung des Stabs *C* auf den Stab *B* versetzen, dann den Zug *A*→*C* ausführen und danach n-1 Scheiben von Stab B mittels Stab A auf den Stab C bringen, d. h.:

$Hanoi\ (n, A, C, B) =$
$$\begin{cases} A \to C, & \text{wenn } n = 1 \\ Hanoi(n-1, A, B, C), A \to C, Hanoi(n-1, B, C, A), & \text{anderenfalls} \end{cases}$$

Programm

```java
import java.io.*;
import java.util.*;

public class P02Hanoi {

  private static final String FileOutputName = "hanoi.out";
  private PrintStream out;

  P02Hanoi(PrintStream out) {
    this.out = out;
  }

  private void write(char a, char b) {
    out.print('(');
    out.print(a);
    out.print(',');
    out.print(b);
    out.print(')');
  }

  public void hanoi(int n, char a, char c, char b) {
    if (1 == n)
      write(a, c);
    else {
      hanoi(n - 1, a, b, c);
      write(a, c);
      hanoi(n - 1, b, c, a);
    }
  }

  public static void main(String[] args) throws IOException {
    PrintStream out = new
                      PrintStream(new File(FileOutputName));
    try {
      System.out.print(" n = ");
      Scanner sc = new Scanner(System.in);
      int n = sc.nextInt();
      new P02Hanoi(out).hanoi(n, 'A', 'C', 'B');
    } finally {
      out.close();
```

```
        }
    }
}
```

Aufgaben

1. Beweisen Sie, dass die Anzahl der Züge $2^n - 1$ ist.
2. Schreiben Sie ein Programm, das eine schöne graphische Ausgabe der Lösung erzeugt.
3. Schreiben Sie einen nicht-rekursiven Algorithmus, der das Problem mit minimaler Anzahl der Züge löst: Bewegen Sie bei jedem Zug, der an einer ungeraden Stelle in der Zugsequenz steht, die kleinste Scheibe von ihrem aktuellen Stab auf den nächsten Stab in der zyklischen Sequenz *ABCABCABC...* Bei einem „geraden" Zug verschieben Sie die Scheibe, die nicht die kleinste ist (es kommt nur eine in Frage, die man auf eine größere Scheibe verschieben kann). Entwickeln Sie ein Programm für diesen Algorithmus.
4. Das obige Programm speichert $2^n - 1$ Züge in die Ausgabedatei. Entwerfen Sie ein Programm, das für zwei gegebene Zahlen n ($0 \le n \le 100$) und m ($0 \le m \le 2^n - 1$) den m-ten Zug ausgibt.

Problem 3. Integral mit Trapezregel

Unter einem **Integral** einer Funktion versteht man im zweidimensionalen Raum die

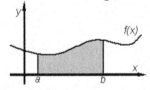

Fläche zwischen der x-Achse und dem Funktionsgraphen. Wenn es sich um eine Funktion mit zwei Variablen handelt, kennzeichnet das Integral ein Volumen. Die sogenannte **Trapezregel** ist ein bekanntes mathematisches Verfahren, um das Integral einer Funktion im Intervall [a,b] (also die graue Fläche im Bild) numerisch anzunähern. Man baut ein Trapez in den Bereich ein, der von der x-Achse und dem Graphen der Funktion in diesem Intervall aufgespannt wird, und bestimmt die Trapezfläche. Um eine bessere Annäherung zu erhalten, zerlegt man das Intervall in mehrere Teile und baut dafür separate Trapeze ein.

Berechnen Sie $\int_a^b \dfrac{1}{1+x^2}\,dx$ mit Benutzung der Trapezregel, wobei die Höhe jedes einzelnen Trapezes kleiner als *eps*=0.0001 sein soll. In der Datei *integral.in* befinden sich mehrere Paare reeller Zahlen (a, b), $-200 \le a, b \le 200$, $a \le b$, die Intervalle darstellen. Schreiben Sie in die Datei *integral.out* die berechneten Werte.

integral.in	integral.out
0 1	I(0, 1) = 0.785383
90.09 123.45	I(90.09, 123.45) = 0.00299929
-45.6 23	I(-45.6, 23) = 3.07615

Problemanalyse und Entwurf der Lösung

Die Fläche des Trapezes mit den Ecken $(a, 0)$, $(b, 0)$, $(a,$ $f(a))$ und $(b, f(b))$ ist: $(b-a)\left(\dfrac{f(a)+f(b)}{2}\right)$.

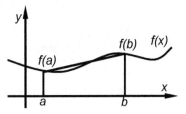

Wir betrachten *eps* als Fehlerabschätzung und erhalten eine Abbruchbedingung für das Problem, wenn die Länge des gegebenen Intervalls größer oder gleich *eps* ist. In diesem Fall wird das Integral durch die Fläche des entsprechenden Trapezes approximiert.

Programm

```java
import java.io.*;
import java.util.*;

public class P03Integral {
  private static final String FileInputName = "integral.in";
  private static final String FileOutputName = "integral.out";
  private static final double EPS= 0.0001;

  private static double f(double x) {
    return 1 / (1 + x * x);
  }

  private static double integral(double a, double b) {
    if (b - a > EPS) {
      double c = (a + b) / 2;
      return integral(a, c) + integral(c, b);
    } else {
      return (b - a) * (f(b) + f(a)) / 2;
    }
  }

  public static void main(String[] args) throws IOException {
    Scanner sc = null;
    PrintStream out = null;
    try {
      out = new PrintStream(new File(FileOutputName));
      sc = new Scanner(
              new File(FileInputName)).useLocale(Locale.ENGLISH);
      while (sc.hasNextDouble()) {
```

```
        double a = sc.nextDouble();
        double b = sc.nextDouble();
        out.print("I(");
        out.print(a);              Äquivalent zu:
        out.print(", ");           out.println("I("+a+", " + b +
        out.print(b);                          ") = "+ integral(a, b));
        out.print(") = ");
        out.println(integral(a, b));
      }
    } finally {
      if (sc != null) {
        sc.close();
      }
      if (out != null) {
        out.close();
      }
    }
  }
}
```

Aufgaben

1. Schreiben Sie eine iterative Variante für das Problem (summierte Sehnentrapezformel).

2. Benutzen Sie die Rechtecksregel und Teile-und-Herrsche, um die Integrale zu berechnen. Die Rechtecksregel besagt, dass in den Bereich zwischen der x-Achse und dem Funktionsgraphen Rechtecke eingebaut werden, um die Fläche anzunähern. Die Höhe eines Rechtecks für das Intervall $[a,b]$ ist $f((a+b)/2)$.

Problem 4. *QuickSort*

In der Datei *QSort.in* befinden sich mehrere natürliche Zahlen. Implementieren Sie die Methode *QuickSort* und geben Sie ihre Ergebnisse aufsteigend sortiert in die Datei *QSort.out* aus. Beispiel:

QSort.in	QSort.out
345 67 13 789 90 76 -45	-45 13 67 76 90 345 789

Problemanalyse und Entwurf der Lösung

QuickSort ist ein Algorithmus, den C.A.R. Hoare (geb. 1934) 1962 vorgestellt hat, um Daten zu sortieren. *QuickSort* arbeitet sehr schnell, wenn große Datenmengen sortiert werden sollen. Der Algorithmus nimmt irgendein Element aus den Daten heraus, das das Pivot-Element (den Umlenkpunkt) darstellt. Dann teilt er die Daten in zwei Bereiche auf. Die Daten im ersten Bereich sind größer oder gleich dem Pivot-Element, und die Elemente des zweiten Bereichs sind kleiner (innerhalb der Bereiche sind die Elemente noch nicht sortiert). Nun spaltet er die beiden Bereiche mit Hilfe neuer Pivot-Elemente weiter auf, und zwar so lange, bis ein Bereich aus genau einem Element besteht. Damit hat *QuickSort*, der im Durchschnitt als schnellster Sortieralgorithmus gilt, die Sortierung beendet.

In unserer Implementierung suchen wir als Pivot-Element das erste Element in der Folge *arr[inf]*, *arr[inf+1]*, ..., *arr[sup]*, und wir verwenden die Zählvariablen *i* und *j*, mit denen wir uns nach rechts bzw. nach links bewegen. Nachdem die Daten in zwei Teilbereiche gegliedert wurden (Elemente des einen Bereichs größer gleich Pivot-Element, Elemente des anderen Bereichs kleiner Pivot-Element) platzieren wir das Pivot-Element dazwischen und rufen rekursiv die Methode *quickSort* für die beiden Bereiche auf. Die Abbruchbedingung ist erreicht, wenn die Länge der Folge 1 ist (*inf=sup*).

Komplexität. Wenn die Aufteilung immer zwei Teilbereiche liefert, die etwa gleich lang sind, dann ist die Komplexität von *QuickSort* O(n log n). Der ungünstigste Fall ist dann gegeben, wenn die Zerlegung zwei Bereiche erzeugt, die sich in ihrer Länge immer deutlich unterscheiden. Für den schlimmsten Fall ist der Aufwand für *QuickSort* quadratisch. Aber wie schon erwähnt, ist *QuickSort* im Mittel der leistungsfähigste aller bekannten Sortieralgorithmen.

Programm

```java
import java.io.*;
import java.util.*;

public class P04QSort {
  private static final String FileInputName = "QSort.in";
  private static final String FileOutputName = "QSort.out";

  private static void quickSort(int[] arr, int inf, int sup) {
    if (inf < sup) {
      int pivot = arr[inf], aux;
      int i = inf + 1, j = sup;
      while (i <= j) {
        while (i <= sup && arr[i] <= pivot)
          i++;
        while (j >= inf && arr[j] > pivot)
          j--;
        if (i < j && i <= sup && j >= inf) {
          aux = arr[i];
          arr[i] = arr[j];
          arr[j] = aux;
          i++;
          j--;
        }
```

```
      }
      i--;
      arr[inf] = arr[i];
      arr[i] = pivot;
      quickSort(arr, inf, i - 1);
      quickSort(arr, i + 1, sup);
    }
  }

  public static void main(String[] args) throws IOException {
    Scanner sc = null;
    PrintStream out = null;

    try {
      out = new PrintStream(new File(FileOutputName));
      sc = new Scanner(new File(FileInputName));
      List<Integer> list = new ArrayList<Integer>();
      while (sc.hasNextInt()) {
        list.add(sc.nextInt());
      }
      int idx = list.size();
      int arr[] = new int[idx];
      for(int i=0; i<idx; i++)
        arr[i] = list.get(i);
      quickSort(arr, 0, idx - 1);
      for (int i = 0; i < idx; i++) {
        out.print(arr[i]);
        out.print(' ');
      }
    } finally {
      if (sc != null) {
        sc.close();
      }
      if (out != null) {
        out.close();
      }
    }

  }

}
```

Aufgaben

1. Notieren Sie auf dem Papier die Schritte für das gegebene Beispiel (*QSort.in*).
2. Modifizieren Sie das obige Programm so, dass das Pivot-Element zufällig aus dem Intervall genommen wird.

3. Es sei ein Array mit n Elementen gegeben. Schreiben Sie einen Algorithmus der das k-te Element ($0 \leq k < n$) des gedachten, sortierten Arrays ausgibt, ohne den Vektor zu sortieren.

Problem 5. *MergeSort* (Sortieren durch Verschmelzen)

In der Datei *MSort.in* befinden sich mehrere natürliche Zahlen. Implementieren Sie die Methode *MergeSort*, mit der Sie in die Datei *MSort.out* die Zahlen aufsteigend sortiert schreiben. Beispiel:

MSort.in	MSort.out
345 67 13 789 90 76 -45	-45 13 67 76 90 345 789

Problemanalyse und Entwurf der Lösung

MergeSort ist, genau wie *QuickSort*, ein effizientes Sortierungsverfahren. Das Vorgehen ist wie folgt: Der Array mit den Daten wird in zwei Teile aufgeteilt, und diese werden dann rekursiv sortiert. Anschließend werden sie zu dem sortierten Array verschmolzen, was mit linearer Komplexität erfolgt, weil die beiden Teile sortiert waren. Die Komplexität des Algorithmus ist stets $O(n \log n)$, die tatsächliche Laufzeit aber meist länger als bei Quicksort.

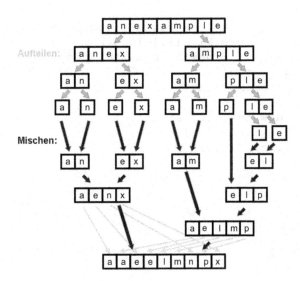

Programm

```java
import java.io.*;
import java.util.*;

public class P05MergeSort {
  private static final String FileInputName = "MSort.in";
  private static final String FileOutputName = "MSort.out";
```

```java
private static void mergeSort(int arr[]) {
  if (arr.length <= 1)
    return;
  int v1[] = new int[arr.length / 2];
  int v2[] = new int[arr.length - v1.length];
  System.arraycopy(arr, 0, v1, 0, arr.length/2);
  System.arraycopy(arr, arr.length/2, v2, 0,
                              arr.length-v1.length);
  mergeSort(v1);
  mergeSort(v2);
  int i1 = 0, i2 = 0;
  for (int k = 0; k < v1.length + v2.length;)
    if ((i2 >= v2.length) ||
        (i1 < v1.length && v1[i1] <= v2[i2])) {
      arr[k++] = v1[i1++];
    } else {
      arr[k++] = v2[i2++];
    }
}

public static void main(String[] args) throws IOException {
  Scanner sc = null;
  PrintStream out = null;
  try {
    out = new PrintStream(new File(FileOutputName));
    sc = new Scanner(new File(FileInputName));
    List<Integer> list = new ArrayList<Integer>();
    while (sc.hasNextInt()) {
        list.add( sc.nextInt() );
    }
    int arr[] = new int[list.size()];
    for(int i=0; i<list.size(); i++)
      arr[i] = list.get(i);
    mergeSort(arr);
    for (int i = 0; i < arr.length; i++) {
      out.print(arr[i]);
      out.print(' ');
    }
  } finally {
    if (sc != null) {
      sc.close();
    }
    if (out != null) {
      out.close();
    }
  }
}
}
```

Aufgabe

Modifizieren Sie das Programm so, dass die Methode *mergeSort* drei Parameter hat: *Array arr*, **int** *inf* und **int** *sup* mit der Bedeutung, dass *inf* und *sup* die Stellen sind, zwischen denen der Array sortiert wird:

```
    private static void mergeSort(int arr[], int i, int j)..
```

Problem 6. *Quad-Bäume*

Quad-Bäume sind Bäume, deren innere Knoten maximal vier Kinder haben dürfen. Sie werden u.a. zur Bilddarstellung eingesetzt. *Point region Quad-Bäume* sind spezielle Quad-Bäume, in denen jeder Knoten entweder genau vier oder gar keine Kinder hat. Wir betrachten nun einen Anwendungsfall für so einen Baum.

Der zugrunde liegende Gedanke ist der, dass man ein Bild in vier Bereiche (Quadranten) aufteilen kann. Jeder Quadrant kann wiederum in vier Teilquadranten zerlegt werden usw. In einem *point region* Quad-Baum wird ein Bild durch die Wurzel repräsentiert, und die vier Quadranten durch die vier Kindknoten (in einer gegebenen Reihenfolge). Ein einfarbiges Bild wird lediglich durch einen Knoten, der Wurzel, beschrieben. Ein Quadrant wird nur dann weiter in Subquadranten zerlegt, wenn er unterschiedliche Farben enthält. Wir sehen, dass dieser Spezialbaum nicht vollständig sein muss, d. h. die Blätter des Baumes müssen nicht alle auf derselben Tiefe liegen.

Ein Fotograf knippst Schwarzweißfotos mit je 32 Bildpunkten horizontal und vertikal. Er „addiert" zwei Bilder, um daraus ein neues zu erzeugen. Im Ergebnisbild wird ein Pixel schwarz, wenn mindestens eines der beiden Pixel in den Quellbildern schwarz war. Der Fotograf bildet sich ein, dass er ein Bild umso teurer verkaufen kann, je mehr schwarze Bildpunkte es hat. Deshalb wüsste er gerne schon, bevor er zwei Bilder vereint, wieviel Schwarzanteil das Ergebnisbild mitbringen wird.

Sie sollen ein Programm schreiben, das anhand gegebener Quad-Baum-Darstellungen zweier Bilder die Anzahl der schwarzen Pixel des resultierenden Bildes berechnet. In der Abbildung sehen Sie ein Beispiel, zuerst die Reihenfolge der Quadrantenzerlegung, dann die Bilder, die *point region* Quad-Bäume, die *pre-order*-Strings (wird unten erklärt) und schließlich die Anzahl der schwarzen Pixel.

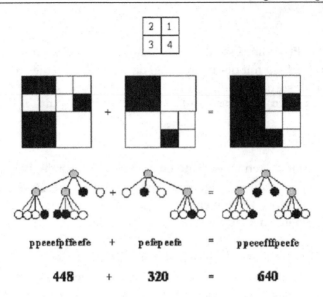

Eingabe: In der Datei *quad.in* befinden sich mehrere Paare von Quad-Bäumen, die in ihrer *pre-order*-Darstellung spezifiziert sind. Der Buchstabe *p* stellt einen Vaterknoten dar, *f* einen schwarz gefüllten und *e* einen weiß gefüllten Kindknoten. Jeder String steht also für ein gültigen *point region* Quad-Baum. *Ausgabe:* Schreiben Sie in die Datei *quad.out* für jedes Eingabepaar die drei Zeilen, wie im Beispiel:

quad.in	quad.out
ppeeefpffeefe pefe- peefe	ppeeefpffeefe + pefepeefe = ppeeefffpeefe 448 + 320 = 640 -------------------------------------
peeef peefe	peeef + peefe = peeff 256 + 256 = 512 -------------------------------------
peeef peepefefe	peeef + peepefefe = peepefeff 256 + 128 = 384 -------------------------------------
ppeeefffpeefe peepefeff	ppeeefffpeefe + peepefeff = ppeeeffff 640 + 384 = 832 -------------------------------------
e pfffe	e + pfffe = pfffe 0 + 768 = 768 -------------------------------------

(ACM, West-European Regional, 1994-1995, modifiziert)

Problemanalyse und Entwurf der Lösung

Die rekursive Methode *unifyTrees()* berechnet für zwei durch *pre-order*-Strings gekennzeichnete Quad-Bäume die „Summe" (Anzahl schwarzer Pixel) in der Variablen *s*. Wenn die beiden gegebenen Bäume nicht Blätter sind, also aus mehr als einem Knoten bestehen, dann werden die Teilbäume extrahiert und die Methode wird für den Teilbaum *i* des ersten Baums und den Teilbaum *i* des zweiten Baums (*i*=1, …,4) rekursiv aufgerufen. Um einen Teilbaum zu extrahieren, der an einer bestimmten Stelle beginnt, benutzen wir die Methode:

```
private static int
  subTree(StringBuilder ss, StringBuilder sr, int t) {…}
```

wobei die Zeichenkette *ss* den Eingabebaum, *sr* den zurückgelieferten Teilbaum und *t* die Position in *ss*, bei der der Teilbaum anfängt, repräsentiert. Die gegebene Zeichenkette wird von links nach rechts erfasst. In der Variablen *n* speichern wir die Anzahl der Knoten, die noch zu lesen sind. Ist *n* Null, wissen wir, dass der Teilbaum verarbeitet wurde. Wird ein *p* eingelesen, müssen wir seine 4 Kinder lesen, d. h. wir sollten 4 zu *n* addieren. Weil *p* kein Blatt sein kann, folgt, dass *n* um 1 vermindert werden sollte. Insgesamt zählen wir deswegen 3 zu *n* hinzu. Wenn die Buchstaben *f* oder *e* eingelesen werden, vermindern wir *n* um 1.

Programm

```java
import java.io.*;
import java.util.*;

public class P06QuadTree {
  private static final String FileInputName = "quad.in";
  private static final String FileOutputName = "quad.out";
  private StringBuilder unifiedTree;

  P06QuadTree() {
    this.unifiedTree = new StringBuilder();
  }

  private static boolean isLeaf(char c) {
    return 'e' == c || 'f' == c;
  }

  public void unifyTrees(StringBuilder t1, StringBuilder t2) {
    if ('p' == t1.charAt(0) && 'p' == t2.charAt(0)) {
      this.unifiedTree.append('p');
      int i1 = 1, i2 = 1;
      StringBuilder sr1 = new StringBuilder();
      StringBuilder sr2 = new StringBuilder();
      for (int i = 0; i < 4; i++) {
```

```
            i1 = subTree(t1, sr1, i1);
            i2 = subTree(t2, sr2, i2);
            this.unifyTrees(sr1, sr2);
        }
        ;
    } else if (t1.charAt(0) == 'f' || t2.charAt(0) == 'f')
        this.unifiedTree.append('f');
    else if ('e' == t2.charAt(0))
        this.unifiedTree.append(t1);
    else if ('e' == t1.charAt(0))
        this.unifiedTree.append(t2);
}

private static int
subTree(StringBuilder ss, StringBuilder sr, int t) {
    sr.setLength(0);
    if ('p' == ss.charAt(t)) {
        for (int n = 1; n != 0 && t < ss.length();) {
            if (isLeaf(ss.charAt(t)))
                n--;
            else
                n += 3;
            sr.append(ss.charAt(t++));
        }
    } else {
        sr.append(ss.charAt(t++));
    }
    return t;
}

private static int getValue(StringBuilder ss, int v) {
    if ('p' == ss.charAt(0)) {
        StringBuilder sr = new StringBuilder();
        int t = 1;
        int suma = 0;
        for (int i = 0; i < 4; i++) {
            t = subTree(ss, sr, t);
            suma += getValue(sr, v / 4);
        }
        return suma;
    } else
        return 'f' == ss.charAt(0) ? v : 0;
}

public static void main(String[] args) throws IOException {
    Scanner sc = null;
    PrintStream out = null;
    try {
        out = new PrintStream(new File(FileOutputName));
        sc = new Scanner(new File(FileInputName));
```

```
        while (sc.hasNext()) {
          StringBuilder t1 = new StringBuilder(sc.next());
          StringBuilder t2 = new StringBuilder(sc.next());
          P06QuadTree p6 = new P06QuadTree();
          p6.unifyTrees(t1, t2);
          out.printf("%s + %s = %s\n", t1, t2, p6.unifiedTree);
          out.printf("%d + %d = %d\n", getValue(t1, 1024),
                                       getValue(t2, 1024),
                            getValue(p6.unifiedTree, 1024));
          out.println("-------------------------------------");
        }
      } finally {
        if (sc != null) {
          sc.close();
        }
        if (out != null) {
          out.close();
        }
      }
    }
  }
}
```

Aufgabe

Die Kantenlänge eines (quadratischen) Fotos sei n. Berechnen Sie für einen gegebenen Quad-Baum den Flächeninhalt, den die schwarzen Pixel belegen.

Problem 7. Diskrete Fourier-Transformation (DFT)

Die Diskrete Fourier-Transformation ist das wichtigste Werkzeug der digitalen Signal-
verarbeitung und wird zur Kodierung und Dekodierung von Signalen auf Frequenz-
ebene verwendet. Der bekannte MP3-Kompressionsalgorithmus nutzt sie zum Beispiel. Ein weiteres Einsatzgebiet ist die Breitbanddatenübertragung mittels OFDM,
das Grundlage für ADSL, WLAN, DVB-T und DAB (Radio) ist. Schreiben Sie ein Programm, das die Diskrete Fourier-Transformation eines Koeffizientenvektors
$a = (a_0, a_1, ..., a_{n-1})$ berechnet.

Es seien die $\omega_n^0, \omega_n^1, \omega_n^2, ..., \omega_n^{n-1}$ die n Wurzeln von $X^n - 1 = 0$ (Einheitswurzeln).

Wir definieren das Polynom $P(x) = \sum_{j=0}^{n-1} a_j \cdot x^j$. Die Diskrete Fourier-Transformation

von a ist dann $y = (P(\omega_n^0), P(\omega_n^1), ..., P(\omega_n^{n-1}))$. Wir schreiben $y = DFT_n(a)$.

Eingabe: In der Datei *fourier.in* befindet sich der Koeffizientenvektor a, dessen Elemente als komplexe Zahlen (angegeben durch Real- und Imaginärteil in einer Zeile) gege-

ben sind. Die Anzahl der Elemente im Vektor a ist eine Potenz von 2. *Ausgabe:* Schreiben Sie in *fourier.out* die Diskrete Fourier- Transformation y für a.

fourier.in	fourier.out
3.45 2.1	17.47 130
0.8 7.6	52.6993 -87.8464
-5.4 3.1	-33.12 10.83
-7.4 2.1	-33.8606 -17.3687
7.6 43.21	11.35 52.82
6.54 32.1	18.8007 -22.6936
8.76 43	48.5 -12.41
3.12 -3.21	-54.2394 -36.5313

Problemanalyse und Entwurf der Lösung

Die naive Methode hat die Laufzeit $O(n^2)$. Ist n eine Zweierpotenz, lässt sich dies stark verbessern: mit lediglich $O(n \, log \, n)$ arbeitet die *schnelle Fourier-Transformation FFT* (engl. *Fast Fourier Transformation*).

Die FFT nutzt das *Teile und Herrsche*-Prinzip. Sie arbeitet mit zwei neuen Polynomen $A_0(x)$ und $A_1(x)$ mit Gradschranke $n/2$, die aus der separaten Verwendung der Koeffizienten von $P(x)$ mit geradzahligem und ungeradzahligem Index entstanden sind:

$$A_0(x) = a_0 + a_2 x + a_4 x^2 + ... + a_{n-2} x^{\frac{n}{2}-1} \, ,$$

$$A_1(x) = a_1 + a_3 x + a_5 x^2 + ... + a_{n-1} x^{\frac{n}{2}-1}$$

Hieraus folgt: $P(x) = A_0(x^2) + x A_1(x^2)$ (1)

$P(x)$ bestimmen wir an den Stellen $\omega_n^0, \omega_n^1, \omega_n^2, ..., \omega_n^{n-1}$ so:

1. wir berechnen $A_0(x)$ und $A_1(x)$ (Gradschranke $n/2$) an den Stellen $\left(\omega_n^0\right)^2, \left(\omega_n^1\right)^2, \left(\omega_n^2\right)^2, ..., \left(\omega_n^{n-1}\right)^2$.

2. und erhalten $P(x)$ durch (1).

Der Algorithmus sieht so aus:

```
ALGORITHM_FFT(Vector a)
```
$\quad$ 1. $\quad n \leftarrow size(a)$

$\quad$ 2. $\quad$ **If** $(n=1)$ **return** a

$\quad$ 3. $\quad \omega_n \leftarrow \cos\dfrac{2\pi}{n} + i\sin\dfrac{2\pi}{n}$

$\quad$ 4. $\quad \omega \leftarrow 1$

$\quad$ 5. $\quad A_0 \leftarrow (a_0, a_2, ..., a_{n-2})$

$\quad$ 6. $\quad A_1 \leftarrow (a_1, a_3, ..., a_{n-1})$

$\quad$ 7. $\quad Y_0 \leftarrow ALGORITHM\_FFT(A_0)$

$\quad$ 8. $\quad Y_1 \leftarrow ALGORITHM\_FFT(A_1)$

$\quad$ 9. $\quad$ **For** $(k \leftarrow 0; k \le n/2-1; step\ 1)$

$$y_k \leftarrow Y_0(k) + \omega \cdot Y_1(k)$$

$$y_{k+\frac{n}{2}} \leftarrow Y_0(k) - \omega \cdot Y_1(k)$$

$$\omega \leftarrow \omega \cdot \omega_n$$

$\quad\quad$ **End_For**

$\quad$ 10. **return** y

END_ALGORITHM _FFT(Vector a)

Um die komplexen Zahlen darzustellen, schreiben wir die Klasse *Complex*. Die Methode *fft()* liefert die Diskrete Fourier-Transformation auf Basis des obigen Algorithmus zurück.

Komplexe Zahlen – kurze Einführung

Imaginäre Einheit i. Die Zahl i wurde zuerst von dem berühmten Mathematiker *Leonhard Euler* (1707-1783) eingeführt. Sie diente dem Versuch, die quadratischen Gleichungen $ax^2 + bx + c = 0$ (mit $a,b \in \mathbb{R}$ und $a \neq 0$), die nicht in $\mathbb{R}$ lösbar sind, zu lösen. Die imaginäre Einheit i (oft j genannt) ist definiert als eine fest gewählte Lösung der Gleichung $x^2 = -1$, es gilt also $i^2 = -1$.

Die algebraische (kartesische) Form. Eine **komplexe Zahl** hat die Form $z = x + i \cdot y$, wobei x und y reelle Zahlen sind. Es gelten folgende Notationen:

$$x = \mathrm{Re}(z) \qquad \textit{(Realteil von z)}$$

$$y = \mathrm{Im}(z) \qquad \textit{(Imaginärteil von z)}$$

$$\overline{z} = x - iy \qquad \textit{(Konjugierte von z)}$$

$$|z| = \sqrt{x^2 + y^2} \qquad \textit{(Betrag von z)}$$

Leonhard Euler
(1707-1783)

$$z_1 + z_2 = (x_1 + x_2) + i(y_1 + y_2)$$

$$z_1 - z_2 = (x_1 - x_2) + i(y_1 - y_2)$$

$$z_1 \cdot z_2 = (x_1 x_2 - y_1 y_2) + i(x_1 y_2 + x_2 y_1)$$

$$\frac{z_1}{z_2} = \frac{(x_1 x_2 + y_1 y_2) + i(x_2 y_1 - x_1 y_2)}{x_2^2 + y_2^2}$$

$$\overline{\overline{z}} = z \ , \ z \cdot \overline{z} = |z|^2, \ \overline{z_1 \pm z_2} = \overline{z_1} \pm \overline{z_2}, \ \overline{z_1 \cdot z_2} = \overline{z_1} \cdot \overline{z_2}, \ \overline{\left(\frac{z_1}{z_2}\right)} = \frac{\overline{z_1}}{\overline{z_2}}$$

$$\left| |z_1| - |z_2| \right| \le |z_1 \pm z_2| \le |z_1| + |z_2|, \ |z_1 \cdot z_2| = |z_1| \cdot |z_2|, \ \left|\frac{z_1}{z_2}\right| = \frac{|z_1|}{|z_2|}$$

Gegeben seien zwei komplexe Zahlen $z_1 = x_1 + iy_1$, $z_2 = x_2 + iy_2$ mit $x_1, x_2, y_1, y_2 \in \mathbb{R}$. Mit Hilfe der oben dargestellten Notationen können Rechenregeln für komplexe Zahlen in dieser Form gebildet werden:

Während sich die Menge $\mathbb{R}$ der reellen Zahlen an einer Zahlengeraden darstellen lässt, kann man die Menge $\mathbb{C}$ der komplexen Zahlen als Ebene (komplexe Ebene, gaußsche Zahlenebene) veranschaulichen. Dies entspricht der "doppelten Natur" von $\mathbb{C}$ als zweidimensionalem reellem Vektorraum.

Programm

```
import java.io.*;
import java.util.*;
```

```java
public class P07Fourier {

  private static final String FileInputName = "fourier.in";
  private static final String FileOutputName = "fourier.out";

  private static List<Complex> fft(List<Complex> a) {
    int n = a.size();
    if (n <= 1)
      return a;
    Complex wn = new Complex(Math.cos(2 * Math.PI / n),
                             Math.sin(2 * Math.PI / n));
    Complex w = new Complex(1.0, 0.0);
    List<Complex> a0 = new ArrayList<Complex>();
    List<Complex> a1 = new ArrayList<Complex>();
    List<Complex>  y = new ArrayList<Complex>();
    for (int i = 0; i < n; i++) {
      Complex c = a.get(i);
      if (i % 2 == 0)
        a0.add(c);
      else
        a1.add(c);
      y.add(new Complex(0, 0));
    }
    List<Complex> y0 = fft(a0);
    List<Complex> y1 = fft(a1);
    for (int i = 0; i < n / 2; i++) {
      Complex aux = w.multiply(y1.get(i));
      y.set(i, y0.get(i).add(aux));
      y.set(i + n / 2, y0.get(i).substract(aux));
      w = w.multiply(wn);
    }
    return y;
  }
  public static void main(String[] args) throws IOException {
    Scanner sc = null;
    PrintStream out = null;
    try {
      out = new PrintStream(new File(FileOutputName));
      sc = new Scanner(new
                  File(FileInputName)).useLocale(Locale.ENGLISH);
      List<Complex> a = new ArrayList<Complex>();
      while (sc.hasNextDouble()) {
        double re = sc.nextDouble();
        double im = sc.nextDouble();
        a.add(new Complex(re, im));
      }
      List<Complex> y = fft(a);
      for (Complex c : y) {
        out.println(c);
      }
```

```java
    } finally {
      if (sc != null) {
        sc.close();
      }
      if (out != null) {
        out.close();
      }
    }
  }
}

class Complex {
  private double re, im;
  Complex() {
    this(0, 0);
  }

  Complex(double newRe, double newIm) {
    re = newRe;
    im = newIm;
  }

  public String toString() {
    return this.re + "   " + this.im;
  }

  public Complex add(Complex z) {
    return new Complex(re + z.re, im + z.im);
  }
  public Complex substract(Complex z) {
    return new Complex(re - z.re, im - z.im);
  }
  public Complex multiply(Complex z) {
    return new Complex(re * z.re - im * z.im,
                       re * z.im + im * z.re);
  }
}
```

Aufgabe

Berechnen Sie mit einer naiven Methode die Diskrete Fourier-Transformation für jede beliebige Gradschranke und verwenden Sie sie im Programm. Betrachten Sie die folgende Variante:

```java
List<Complex> y = new ArrayList<Complex>();
w.setRe(1); w.setIm(0);
for(int k=0; k<n; k++){
  Complex yk = new Complex(0, 0);
  E.setRe(Math.cos(2*PI*k/n));
```

```
    E.setIm(Math.sin(2*PI*k/n));
    w.setRe(1); w.setIm(0);
    for(int j=0; j<n; j++){
      yk = yk.add(a.get(j).multiply(w));
      w=w.multiply(E);
    }
    y.add(yk);
  }
}
```

Die Methoden *setRe*() und *setIm*() stellen dabei die *set*-ers für den reellen bzw. imaginären Teil dar.

Decke aus Holz und Gold in der Alhambra (Spanien)

Don Quijotes Windmühlen, Castilla la Mancha, Spanien

Pray look better, Sir... those things yonder are no giants, but windmills.
Miguel de Cervantes

Backtracking

Das *Backtracking*-Verfahren ist sehr bekannt, und man kann damit viele Probleme lösen. Eines dieser Probleme, das in fast jeder Lektüre über *Backtracking* erscheint, ist das *Problem der n Damen*. Jemand hat sogar einmal behauptet: *„Wenn man Backtracking sagt, dann sagt man n Damen, und wenn man n Damen sagt, dann sagt man Backtracking!"*. Wir werden deswegen mit diesem berühmten, einfach zu beschreibenden, aber nicht trivial zu lösenden Problem anfangen.

Problem 1. Das Problem der *n* Damen

Geschichte. Der bayerische Schachmeister Max Bezzel (1824-1871) hat das Problem der 8 Damen 1848 in der „Berliner Schachzeitung" erstmalig vorgestellt, indem er nach der Anzahl der möglichen Lösungen fragte. Die korrekte Antwort 92 wurde im Jahre 1850 von Dr. Franz Nauck in der "Leipziger Illustrierten Zeitung" bekannt gegeben. Weil sich auch Carl Friedrich Gauß mit dem Problem befasste, wird es oft fälschlich auf ihn zurückgeführt. Nauck war es, der wissen wollte, wie viele Möglichkeiten der Aufstellung es für *n* Damen auf einem $n \times n$-Schachbrett gab, und damit das Problem verallgemeinerte.

Erst 1991 konnte B. Bernhardsson eine Lösung des allgemeinen Damenproblems im *ACM* SIGART Bulletin, Vol. 2, No. 7 angeben. Und 1992 stellten Demirörs, Rafraf und Tanik eine Äquivalenz zwischen *magischen Quadraten* und dem Damenproblem vor.

Problem. Es sei ein quadratisches Schachbrett mit $n \times n$ Feldern gegeben. Bestimmen Sie alle Möglichkeiten, wie man *n* Damen auf diesem Schachbrett positionieren kann, so dass sie sich nicht gegenseitig schlagen. Zwei Damen schlagen sich gegenseitig, wenn sie sich auf der gleichen waagrechten Reihe, senkrechten Spalte oder Diagonalen befinden. Wir nehmen an, dass $4 \leq n \leq 20$.

Eingabe: über die Tastatur geben Sie die Spaltenanzahl *n* des Brettes ein. *Ausgabe:* in die Datei *nQueens.out* schreiben Sie die Spaltenposition jeder Dame wie im Beispiel. In der letzten Zeile geben Sie zuerst *n* und dann die Anzahl der Lösungen aus.

Tastatur	nQueens.out
n = 4	2 4 1 3 3 1 4 2 4 2
n = 8	1 5 8 6 3 7 2 4 1 6 8 3 7 4 2 5 ...

```
6  3  1  7  5  8  2  4
...
8  3  1  6  2  5  7  4
8  4  1  3  6  2  7  5
8  92
```

Problemanalyse und Entwurf der Lösung

Wir stellen uns vor, dass $n = 4$ ist. Wir wollen alle Möglichkeiten finden, wie man vier Damen auf einem Brett mit 4×4 Feldern aufstellen kann, so dass sie sich nicht gegenseitig schlagen.

Wie können wir vorgehen? Wir platzieren eine Dame im Feld (1, 1), danach versuchen wir die zweite Dame in der zweiten Reihe zu platzieren; wir bemerken, dass die erste mögliche Position in der zweiten Reihe von links beginnend das Feld (2, 3) ist (auf den beiden Feldern davor schlagen sich die Damen). Die zweite Dame befindet sich also im Feld (2, 3), siehe Abbildung 1.

Weiter stellen wir fest, dass es nicht möglich ist, eine Dame in der dritten Reihe aufzustellen: Feld 1 wird durch die erste Dame verhindert, und aufgrund der Dame in der zweiten Reihe sind auch die Felder 2, 3 und 4 ungültig (Abbildung 2). Mit dieser Positionierung der ersten beiden Damen macht es keinen Sinn, weiter nach einer Lösung zu suchen, denn es gibt keine.

Wir kehren zur zweiten Reihe zurück und rücken die zweite Dame ein Feld nach rechts (Abbildung 3). In der dritten Reihe ist das zweite Feld geeignet, um die dritte Dame zu beherbergen (Abbildung 4). Die letzte Dame kann nicht in der vierten Reihe platziert werden, ohne eine der bereits aufgestellten Damen zu attackieren (Abbildung 5).

Wir haben schon gelernt, dass wir nun zur Vorgängerreihe aufsteigen müssen, um das nächste rechts vom „alten" Feld 2 liegende geeignete Feld zu finden. Aber wir werden in der dritten Reihe nicht fündig, weil Feld 3 und 4 durch die zweite Dame blockiert sind. Also gehen wir zu Reihe 2, befinden uns dort aber bereits ganz rechts.

Es folgt, dass wir zur ersten Reihe zurückkehren müssen und Feld 2 als nächstes geeignetes Feld identifizieren (Abbildung 6). Für die zweite Dame kommt in der zweiten Reihe nur das letzte Feld in Frage (Abbildung 7). Die dritte Dame kann nur in das erste Feld der dritten Reihe gesetzt werden (Abbildung 8). Schließlich bleibt für die letzte Dame nur das dritte Feld in Reihe 4 (Abbildung 9). Nun sind die vier Damen platziert, und wir haben eine Lösung für das Problem.

Um eine mögliche weitere Lösung zu finden, werden wir, wie oben beschrieben, weiter machen. Nach ein paar Schritten gelangt man so zur Lösung, die in Abbildung 10 gezeigt ist. (Man sieht, dass diese Lösung eine Spiegelung der ersten Lösung ist).

Die Suche der nächsten Lösung mündet in Abbildung 11 und ein Aufsteigen in Reihe 0 ist nicht möglich. In diesem Moment endet der Algorithmus, und alle Lösungen für $n = 4$ wurden bestimmt.

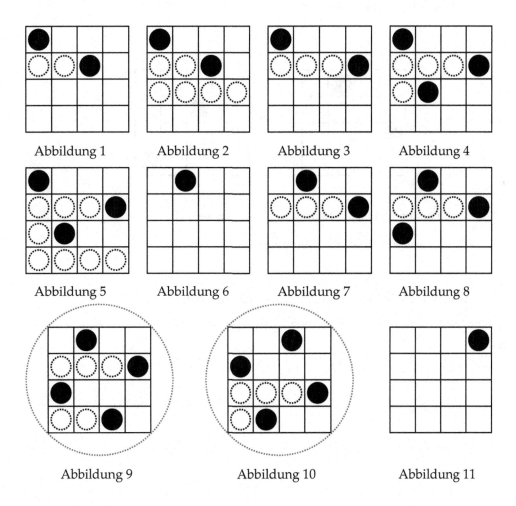

Abbildung 1   Abbildung 2   Abbildung 3   Abbildung 4

Abbildung 5   Abbildung 6   Abbildung 7   Abbildung 8

Abbildung 9   Abbildung 10   Abbildung 11

Wir stellen fest:

1. In jeder Reihe gibt es genau eine Dame.
2. In jeder Spalte gibt es genau eine Dame.
3. Wir können die Lösung als ein eindimensionales Array $x[]$ darstellen mit der Bedeutung: $x[i]$ ist die Spalte, in der wir die i-te Dame platzieren. Die erste

Lösung kann man also als $x[4] = \{2, 4, 1, 3\}$ darstellen, die zweite Lösung als $x[4] = \{3, 1, 4, 2\}$. Diese Darstellung gewährleistet, dass es auf jeder Reihe nur eine Dame gibt.

4. Eine nötige Bedingung, dass sich die Damen i und j nicht gegenseitig schlagen, ist: $x[i] \neq x[j]$ (die Spalten müssen unterschiedlich sein).

5. Für zwei Damen i und j, $i < j$, gilt eine weitere nötige Bedingung: sie dürfen sich nicht auf einer gemeinsamen Diagonalen befinden. Wir könnten eine dieser Möglichkeiten haben:

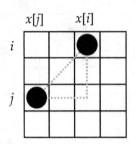 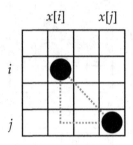

- im ersten Fall ist die Bedingung: $j - i = x[i] - x[j]$

- im zweiten Fall ist die Bedingung: $j - i = x[j] - x[i]$

Wenn wir die beiden Bedingungen vereinen, erhalten wir:

$$j - i = |x[i] - x[j]|.$$

Zusammengefasst kann der vorgestellte Algorithmus so geschrieben werden:

ALGORITHM_N_DAMEN

    line ← 1

    $x[1]$ ← 0

    While (*line* > 0) **Execute**

        pos ← erste nicht analysierte Spalte auf der Reihe *line*,

            auf der eine Dame sich nicht mit Damen von

            1,2, ..., *line*-1 schlägt

      If (*pos* existiert) **Then**

        $x[line]$ ← *pos*

        If (*line* = *n*) **Then**

           WriteSolution($x[1], x[2], ..., x[n]$)

        End_If

        Else

        If (*line* < *n*) **Then**

           line ← *line* + 1   *// Schritt nach vorne (forward)*

           $x[line]$ ← 0   *// wir setzen die Startspalte auf 0*

        End_If

        Else Execute

           line ← *line* – 1   *// Schritt zurück (backward)*

        End_Else

      End_If

    End_While

END_ALGORITHM_N_DAMEN

Das folgende Programm implementiert diesen Algorithmus. Die Zeilen sind nummeriert, damit wir uns bei den folgenden Problemen darauf referenzieren können. Das Programm nennen wir *BP*.

Programm *BP*

```
1:import java.io.*;
2:import java.util.*;

3:public class P01NQueens {
4:  private static final String FileOutputName =
5:                                  "nQueens.out";
6:  public static void main(String[] args)
7:          throws IOException{
8:    PrintStream out =
```

```
 9:                     new PrintStream(new File(FileOutputName));
10:     try {
11:        System.out.print(" n = ");
12:        Scanner sc = new Scanner(System.in);
13:        if (!sc.hasNextInt()) {
14:           return;
15:        }
16:        int n = sc.nextInt();
17:        int noSol = 0;
18:        int[] x = new int[n];
19:        int k = 0;
20:        x[k] = -1;
21:        while (k >= 0) {
22:        boolean flag = false;
23:        while (!flag && x[k] < n - 1) {
24:           x[k]++;
25:           flag = true;
26:           for (int i = 0; i < k; i++)
27:             if ( x[i] == x[k] ||
28:                  Math.abs(x[i] - x[k]) == k - i
29:                )
30:               flag = false;
31:        }
32:        if (flag) {
33:          if (k == n - 1) {
34:            for (int i : x) {
35:               out.print(i + 1);
36:               out.print(' ');
37:            }
38:            out.println();
39:            noSol++;
40:          } else
41:            x[++k] = -1;
42:        } else
43:          k--;
44:     }
45:     out.print(n);
46:     out.print(' ');
47:     out.println(noSol);
48:     } finally {
49:        out.close();
50:     }
51:   }
52:}
```

Bemerkungen: Die *while*-Schleife in Zeile 21 wird ausgeführt, solange wir uns auf einer gültigen Reihe (zwischen 0 und *n*-1) befinden. In Zeile 23 folgt eine *while*-Schleife , die die nächst mögliche Spalte *x*[*k*] sucht, so dass die Dame, die in der Reihe

k auf die Spalte $x[k]$ platziert werden soll, sich nicht mit den Damen der Vorgänger-reihen schlägt.

Wenn es eine „ungefährdete" Spalte $x[k]$ gibt (die *if*-Anweisung in Zeile 32 prüft das), dann befinden wir uns entweder in der letzten Reihe (Zeile 33) und haben eine kom-plette Lösung, oder wir sind auf einer inneren Reihe und gehen zur nächsten und Zei-le 41 setzt die Spalte auf 0. Wenn in Reihe k keine „ungefährdete" Spalte gefunden werden kann, dann gehen wir eine Reihe zurück (Zeile 43).

Bei der Ausführung des Programms bemerken wir, dass die Laufzeit sehr schnell mit n wächst, die Komplexität des Algorithmus ist exponentiell.

Allgemeine Bemerkungen zum *Backtracking*-Verfahren

Obwohl *Backtracking* die vollständige Suche verbessert (beispielsweise generieren wir nicht den Vektor (1 1...1) und prüfen danach die Bedingungen, sondern wir stellen frühzeitig fest, dass (1 1...) zu keiner Lösung führen kann!), ist die Laufzeit trotzdem exponentiell. *Backtracking* verwendet man erst, nachdem man verifiziert hat, dass es keine effizienteren Lösungsmöglichkeiten gibt (z.B. ein polynomieller Algorithmus). Für die Gruppe der durch *Backtracking* lösbaren Probleme gilt:

- Meistens sind für einen Eingabefall alle möglichen Lösungen gefragt.
- Eine Lösung könnte anhand eines Vektors repräsentiert werden, der nicht zwangsläufig aus einer festen Anzahl von Elementen besteht.
- Eine Lösung kann schrittweise aufgebaut werden: $x[1]$, $x[2]$, ...$x[k]$.
- Im Moment k können wir testen, ob der zum k-ten Element zugehörige Wert $x[k]$ zu einer Problemlösung führt, wenn die Werte $x[1]$, $x[2]$, ...$x[k-1]$ bereits bestimmt wurden.
- Wir können erkennen, ob wir eine Lösung des Problems gefunden haben.

Abhängig vom Lösungstyp kann ein *Backtracking*-Problem in mehrere Kategorien ein-geordnet werden: *lineares Backtracking mit fester Länge* (n-Damen-Problem), *Back-tracking mit einer beliebig langen Lösung* (die Partitionen einer natürlichen Zahl), *Backtracking in der Ebene* (alle Züge des Springers auf dem Schachbrett, Labyrinth-problem, Fotoproblem, das Ballproblem).

Wir betrachten nun einen weiteren allgemeinen Algorithmus für *Backtracking*. Wir nehmen an, dass die Elemente des Vektors $x[]$ Werte aus den Mengen A_1, A_2, ..., A_n annehmen können.

Der Algorithmus kann zusammengefasst werden:

```
ALGORITHM_Backtracking_Iterativ
k ← 1
While (k≥1) Do
    If ( ∃(noch nicht getesteter Kandidat für x[k]) ) Then
        x[k] ← noch nicht getesteter Kandidat aus Aₖ
            für das k-te Element
        If (x[1], x[2], ..., x[k] ist Lösung) Then
            process(x[1], x[2], ..., x[k])
        Else  k ← k+1                        // Schritt vorwärts
    Else k ← k-1                             // Schritt rückwärts
End_While
END_ALGORITHM_Backtracking_Iterativ
```

Das *Backtracking*-Verfahren könnte auch rekursiv implementiert werden, z. B. mit einer Methode:

```
ALGORITHM_Backtracking_Rekursiv(k)
    For (alle mögliche Werte von x[k]) Execute
        If (x[1], x[2], ..., x[k] zu einer Lösung führen kann) Execute
        If (x[1], x[2], ..., x[k] eine Lösung ist) Then
            doProcess(x[1], x[2], ..., x[k])
        Else ALGORITHM_Backtracking_Rekursiv(k+1)
    End_For
END_ALGORITHM_Backtracking_Rekursiv(k)
```

Wenn wir ein Problem mit rekursivem *Backtracking* lösen, dann führen wir *ALGORITHM_Backtracking_Rekursiv*(1) aus.

Aufgaben

1. Nennen Sie die Lösungstypen, in die man die durch *Backtracking* lösbaren Probleme einordnen kann.
2. Ändern Sie das Programm so ab, dass die Klasse *java.util.Stack* mit den stackspezifischen Operationen *peek*, *pop* und *push* anstatt des Arrays *int*[] verwendet wird. Was passt in dieser Vorgabe nicht?
3. Schreiben Sie ein Programm, das das Problem rekursiv löst. Beispiel für eine rekursive Methode:

```
void back(List<Integer> x, int n, PrintStream out){
  int i, xk, k=x.size();
  boolean flag;
  for(xk=0; xk<n; xk++){
    flag = true;
    if(x.size()==k+1) x.remove(x.size()-1);
    for(i=0; flag && i<k; i++)
      if(x.get(i)==xk || Math.abs(xk-x.get(i))==k-i)
        flag=false;
        if(flag){
          x.add(xk);
          if(k==n-1) writeSolution(x, out);
          else back(x, n, out);
        }
  }
}
```

Um die Methode besser zu verstehen, notieren Sie sich die Schritte und Werte auf Papier. Warum benutzt man die Anweisung:

`if(x.size()==k+1) x.remove(x.size()-1);` ?

4. *Magische Quadrate.* Ein magisches Quadrat ist eine quadratische Matrix mit der Zeilen- und Spaltenanzahl n, die die natürlichen Zahlen 1, 2, …, n^2 beinhaltet und in der die Summen der Elemente jeder Zeile, Spalte und der Haupt- und Nebendiagonalen konstant sind. Zum Beispiel sehen Sie hier ein magisches Quadrat der Dimension 4:

$$A = \begin{pmatrix} 16 & 3 & 2 & 13 \\ 5 & 10 & 11 & 8 \\ 9 & 6 & 7 & 12 \\ 4 & 15 & 14 & 1 \end{pmatrix}$$

Zeigen Sie, dass für ein gegebenes n die Summe der Elemente jeder Zeile, Spalte und Diagonalen $\dfrac{n(n^2+1)}{2}$ ist. Schreiben Sie ein Programm, das alle magischen Quadrate der Dimension 4 in die Datei *magQuadrate.out* ausgibt. Erstellen Sie auch eine Methode, die prüft, ob eine gegebene $n \times n$-Matrix mit $4 \leq n \leq 50$ ein magisches Quadrat darstellt.

Problem 2. Das Problem der n Türme

Es sei ein quadratisches Schachbrett mit den Dimensionen $n \times n$ gegeben. Bestimmen Sie alle Möglichkeiten, wie man n Türme so aufstellen kann, dass sie sich nicht gegenseitig schlagen (2 Türme schlagen sich gegenseitig, wenn sie auf der gleichen waagrechten Reihe oder senkrechten Spalte stehen). Wir stellen uns vor, dass $4 \leq n \leq 20$ ist. *Eingabe:* Über die Tastatur gibt man die Dimension n des Brettes ein. *Ausgabe:* In die Datei *nTowers.out* geben Sie die Spaltenposition jedes Turms wie im Beispiel aus, gefolgt von n und der Anzahl der Lösungen, beide Werte stehen in der letzten Zeile. Beispiel:

Tastatur	nTowers.out
n = 5	1 2 3 4 5
	1 2 3 5 4
	...
	5 4 3 1 2
	5 4 3 2 1
	5 120

Problemanalyse und Entwurf der Lösung

Das Problem ist dem n-Damen-Problem sehr ähnlich. Die Bedingung, dass zwei Türme sich nicht gegeneinander schlagen, ist die, dass sie nicht in derselben Reihe oder Spalte stehen dürfen. Daraus folgt, dass eine Lösung für das n-Damen-Problem auch eine Lösung für dieses Problem darstellt. Wir repräsentieren die Lösungen für dieses Problem mit demselben Array $x[]$, mit denselben Bedeutungen. Weil eine Bedingung wegfällt (eine gemeinsame Diagonale ist erlaubt) wächst die Anzahl der Lösungen. Die einzige Änderung erfolgt in der Bedingung für den Lösungskandidat $x[k]$, wenn $x[0]$, $x[1]$, ..., $x[k-1]$ fest sind: Wir brauchen nicht mehr auf eine gemeinsame Diagonale zu prüfen. Im Programm *BP* tragen wir in den Zeilen 4-5 einen anderen Namen für die Ausgabedatei ein und ersetzen außerdem die Zeilen 27-31 durch:

```
27-31:          if(x[i]==x[k]) flag=false;
```

(wenn der Turm i auf derselben Spalte wie der Turm k steht, folgt, dass der partielle Vektor $x[1]$, $x[2]$, ..., $x[k]$ kein Kandidat für eine Lösung ist!).

Bemerkung: Das ist in der Tat das Problem der Generierung aller Permutationen, also ist die Anzahl der Lösungen $n!$.

Aufgaben

1. Schreiben Sie eine rekursive Implementierung.
2. Die Permutationen sind lexikographisch gelistet. Ändern Sie das Programm so, dass sie antilexikographisch generiert werden.

Problem 3. Das Problem der Türme auf den ersten m Reihen

Finden Sie alle Möglichkeiten, eine maximale Anzahl von Türmen auf einem n dimensionalen quadratischen Schachbrett auf den ersten m Reihen zu platzieren, so dass sie sich nicht gegenseitig schlagen ($4 \leq n \leq 20$, $1 \leq m \leq n$). *Eingabe:* Die Werte n und m liest man per Tastatur ein. *Ausgabe:* Alle Lösungen werden in die Datei *nmTowers.out* geschrieben und in die letzte Zeile *n*, *m* und die Anzahl der Lösungen, wie im Beispiel:

Tastatur	nmTowers.out
n = 6 m = 4	1 2 3 4 1 2 3 5 ... 6 5 4 2 6 5 4 3 6 4 360

Problemanalyse und Entwurf der Lösung

Die maximale Anzahl der Türme unter den gegebenen Bedingungen ist *m*. Die Änderung gegenüber dem Programm aus Problem 2 besteht darin, dass man nur die ersten *m* Elemente für den Vektor generiert. In Programm *BP* liest und schreibt man den neuen Parameter *m*, spezifiziert eine andere Ausgabedatei und ersetzt bzw. ändert die folgenden Zeilen so:

```
27-31:        if(x[i]==x[k]) flag=false;
```
                                                                    (ohne Diagonalen-Prüfung testen)
```
33:           if(k==m-1){
```
                                        (Lösung gefunden, wenn *m* Elemente generiert sind).

Bemerkung: Das ist das Problem der Erzeugung aller Variationen *n* über *m*. Die Anzahl der Lösungen ist also $\dfrac{n!}{(n-m)!} = n(n-1)(n-2)...(n-m+1)$.

Aufgaben

1. Entwickeln Sie ein rekursives Programm.
2. Die Variationen werden lexikographisch ausgegeben. Ändern Sie das Programm so, dass sie antilexikographisch generiert werden.

Problem 4. Das Problem der aufsteigenden Türme auf den ersten *m* Reihen

Suchen Sie alle Möglichkeiten, eine maximale Anzahl von aufsteigenden Türmen auf einem *n*×*n*-Schachbrett auf den ersten *m* Reihen so zu platzieren, dass sie sich nicht gegenseitig schlagen ($4 \leq n \leq 20$, $1 \leq m \leq n$). *Eingabe:* Die Werte *n* und *m* kommen über Tastatur. *Ausgabe:* Alle Lösungen werden in die Datei *nmATowers.out* geschrieben, und in der letzten Zeile geben Sie *n*, *m* und die Anzahl der Lösungen aus, siehe Beispiel:

Tastatur	nmATowers.out
n = 6	1 2 3 4
m = 4	1 2 3 5
	...
	2 4 5 6
	3 4 5 6
	6 4 15

Definition. Wir sagen dass die Sequenz der Türme $x[1]$, $x[2]$... $x[k]$ aufsteigend ist, wenn für alle $i, j \in \{1, 2, ..., k\}$, mit $i < j$, gilt: $x[i] < x[j]$. Beispiel: für $n=8$ und $m=5$ sind zwei Lösungen:

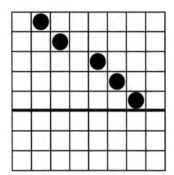 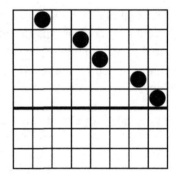

Problemanalyse und Entwurf der Lösung

Der Unterschied zum vorherigen Problem ist, dass die m Elemente aufsteigend generiert werden sollen. Es gibt zwei Möglichkeiten, wie man das erreichen kann. Bei der ersten initialisiert man $x[++k]$ im Programm BP in Zeile 41 mit $x[k-1]$. Bei der zweiten Möglichkeit testet man für $k > 1$ ob $x[k-1] < x[k]$. Die beiden Änderungen im Programm BP bleiben als Übung.

Bemerkung: Das ist das Problem der Generierung aller Kombinationen n über m. Die Anzahl der Lösungen ist also $\dfrac{n!}{m!(n-m)!} = \dfrac{n(n-1)(n-2)...(n-m+1)}{m!}$.

Aufgaben

1. Schreiben Sie eine rekursive Implementierung.
2. Ändern Sie lexikographische Erzeugung der Kombinationen um in eine anti-lexikographische.

Problem 5. Die Freundschafts-Jugendherberge

In der Freundschafts-Jugendherberge organisiert man jeden Abend ein Lagerfeuer. Am ersten Abend setzen sich alle Jugendlichen rund ums Feuer. Am zweiten Abend nehmen sie so Platz, dass die, die am ersten Abend Nachbarn waren, diesmal nicht mehr Nachbarn sind. Bestimmen Sie alle Möglichkeiten, wie sie sich am zweiten Abend setzen können. Wir nehmen an, dass sie am ersten Abend mit *1, 2, ..., n* nummeriert werden. *Eingabe: n* gibt man über die Tastatur an. *Ausgabe:* Alle Sitzmöglichkeiten werden in *friends.out* geschrieben, eine pro Zeile. Die letzte Zeile nimmt *n* und die Anzahl der Möglichkeiten auf. Beispiel:

Tastatur	friends.out
n=5	1 3 5 2 4
	...
	3 5 2 4 1
	...
	5 3 1 4 2
	5 10

Problemanalyse und Entwurf der Lösung

Außer der Bedingung, dass alle Zahlen im Vektor *x*[] unterschiedlich sein müssen, hat man auch zu prüfen, dass die Differenz zweier benachbarter Elemente nicht 1 im Betrag ist. Auch darf die Differenz im Betrag nicht *n*-1 sein (1 und *n* waren ja auch Nachbarn). Im Programm *BP* wird man die Zeilen 26-30 ersetzen durch:

```
if(k==n-1&&(abs(x[k]-x[0])==1||Math.abs(x[k]-x[0])==n-1))
                                          flag=false;
if(k>0&&(abs(x[k]-x[k-1])==1||Math.abs(x[k]-x[k-1])==n-1))
                                          flag=false;
for(i=0; i<k; i++) if(x[i]==x[k]) flag=false;
```

Aufgaben

1. Lösen Sie das Problem auch rekursiv.
2. Finden Sie eine von *n* abhängige Formel für die Anzahl der Lösungen.

Problem 6. Partitionen einer natürlichen Zahl

Jede natürliche Zahl lässt sich als Summe natürlicher Zahlen schreiben. Für alle Zahlen größer 1 gibt es dabei mehrere Möglichkeiten. Schreiben Sie ein Programm, das alle Partitionen einer gegebenen natürlichen Zahl ausgibt ($1 \leq n \leq 75$), gefolgt von der Anzahl der Lösungen. Beispiel:

Tastatur	nPart.out
5	1 + 1 + 1 + 1 + 1 1 + 1 + 1 + 2 1 + 1 + 3 1 + 2 + 2 1 + 4 2 + 3 5 Anzahl der Loesungen = 7
50	... 24 + 26 25 + 25 50 Anzahl der Loesungen = 204226
75	... 36 + 39 37 + 38 75 Anzahl der Loesungen = 8118264

Problemanalyse und Entwurf der Lösung

Wir stellen uns vor, dass eine Lösung des Problems als Array $x[1]$, $x[2]$,..., $x[k]$ mit den Eigenschaften geschrieben werden kann:

- Die Elemente sind in aufsteigender Reihenfolge.
- Die Summe ist n.

Die Sequenz $x[1]$, $x[2]$, ..., $x[k]$ ist ein Kandidat für eine Lösung (könnte zu einer Lösung führen), wenn die Elemente aufsteigend sind und ihre Summe kleiner gleich n ist. Um $x[k]$ zu berechnen, initialisieren wir $x[k]$ mittels $x[k-1]-1$ und verwenden einen Vektor $s[i]$, der die Summe der ersten i Elemente des Arrays $x[]$ beinhaltet. Wenn $s[i]=n$ ist, haben wir eine Lösung.

Programm

```java
import java.io.*;
import java.util.*;

public class P06NPart {
  private static final String FileOutputName = "nPart.out";

  public static void main(String[] args) throws IOException {
    Scanner sc = null;
    PrintStream out = null;
    try {
      out = new PrintStream(new File(FileOutputName));
      sc = new Scanner(System.in);
      int n = sc.nextInt();
      int noSol = 0;
```

```
      int x[] = new int[n + 1];
      int s[] = new int[n + 1];
      boolean isSuccessor, isCandidate = false;
      int k = 1;
      while (k > 0) {
        do {
          if (x[k] < n) {
            isSuccessor = true;
            x[k]++;
            s[k] = s[k - 1] + x[k];
            isCandidate = s[k] <= n;
          } else
            isSuccessor = false;
        } while (isSuccessor && !isCandidate);
        if (isSuccessor)
          if (s[k] == n) {
            out.print(x[1]);
            for (int i = 2; i <= k; i++) {
              out.print(" + ");
              out.print(x[i]);
            }
            out.println();
            noSol++;
          } else {
            ++k;
            x[k] = x[k - 1] - 1;
          }
        else
          k--;
      }
      out.print(" Anzahl der Loesungen = ");
      out.print(noSol);

    } finally {
      if (sc != null) {
        sc.close();
      }
      if (out != null) {
        out.close();
      }
    }
  }
}
```

Aufgaben

1. Modifizieren Sie das Programm so, dass die Partitionen in antilexikographischer Reihenfolge ausgegeben werden.

n.in	nPart.out
5	5
	2 + 3
	1 + 4
	1 + 2 + 2
	1 + 1 + 3
	1 + 1 + 1 + 2
	1 + 1 + 1 + 1 + 1
	Anzahl der Loesungen = 7

2. Gestalten Sie das Programm so um, dass die Suche nach einem Kandidaten für $x[k]$ mit dem iterativen Algorithmus des n-Damen-Problems (Problem 1) erfolgt (anstatt der beiden Variablen *isSuccessor* und *isCandidate* verwenden Sie nur die Variable *flag* und anstatt der **do{...}while** Anweisung eine **while{}** Anweisung etc.).

3. Schreiben Sie ein rekursives Programm.

4. Die Anzahl der Einsen aller Partitionen ist gleich der Summe der Anzahl der unterschiedlichen Zahlen in jeder Partition. Verifizieren Sie diese Aussage durch ein Programm. Beispiel für $n=5$:

Partitionen	Anzahl unterschiedlicher Zahlen
1 + 1 + 1 + 1 + 1	1
1 + 1 + 1 + 2	2
1 + 1 + 3	2
1 + 2 + 2	2
1 + 4	2
2 + 3	2
5	1

Gesamt: 12

Die Anzahl der Einsen in allen Partitionen ist auch 12. Schreiben Sie ein Programm, das den Satz für $1 \leq n \leq 40$ testet. Das Programm soll die Datei *parti.out* erzeugen in der Form:

parti.out
2   2   2 OK
...
5   12   12 OK
...
27   11732   11732 OK
28   14742   14742 OK
...
40   177970   177970 OK

Problem 7. Erdkunde-Referate

Die Erdkunde-Lehrerin möchte, dass ihre Schüler Referate halten, und verteilt die Themen. Sie hat für die n Schüler m Themen vorbereitet, $(m \leq n)$ von denen jedes mindestens einmal bearbeitet werden soll. Entwickeln Sie ein Programm, das die Referate nach den Vorstellungen der Lehrerin an die Schüler verteilt, wenn n und m gegeben sind. *Eingabe*: Über die Tastatur gibt man die Werte n und m ein. *Ausgabe*: Schreiben Sie in die Datei *referat.out* alle Verteilungsmöglichkeiten und am Ende die Anzahl der Lösungen. Beispiel:

Tastatur	referat.out
n=3	1 1 2
m=2	1 2 1
	1 2 2
	2 1 1
	2 1 2
	2 2 1
	Anzahl der Loesungen = 6

Problemanalyse und Entwurf der Lösung

Def. Eine Abbildung $f: A{\to}B$ heißt surjektiv, wenn jedes Element von B mindestens einmal als Wert $f(x)$ für ein $x \in A$ auftritt ($\forall y \in B \; \exists x \in A: f(x)=y$).

Um diese Aufgabe zu lösen, sollten wir alle surjektiven Abbildungen von der Definitionsmenge $A=\{1, 2, …, n\}$ auf die Zielmenge $B=\{1, 2, …, m\}$ herstellen. Dieser Aufgabentyp verlangt erneut nach *Backtracking mit fester Länge*. Wir benutzen den Vektor $x[]$, um eine Lösung aufzubauen, und für $x[k]$ generieren wir alle möglichen Werte und prüfen danach, ob $x[0]$, $x[1]$, …, $x[k]$ eine potentielle Lösung darstellt. Außerdem setzen wir den Vektor *mark*[] ein, wobei *mark*[i] signalisiert, dass das Element i aus B schon in $x[0]$, …, $x[k]$ verwendet wurde. In der **while**-Schleife, die einen noch nicht getesteten Wert für $x[k]$ sucht, werden wir:

- wenn noch ein anderer Wert für $x[k]$ getestet wurde (**if** (x[k]>=0)...) die Anzahl der Werte $x[k]$ im Array *vMark*[] dekrementieren (vMark[x[k]]--);
- in der nächsten *if*-Anweisung die Anzahl *noMarked* unterschiedlicher Zahlen zählen, die sich in $x[0]$, $x[1]$, …, $x[k]$ befinden;
- wenn diese Anzahl *noMarked* plus die Anzahl der noch übrigen Positionen (n-1-k) kleiner als m ist die Variable *flag* auf *false* setzen, denn wir können keine Lösung mit $x[0]$, $x[1]$, …, $x[k]$ als erstem Elemente bauen.

Bemerkung: Die Anzahl der surjektiven Abbildungen mit der Definitionsmenge $A=\{1, 2, …, n\}$ und der Zielmenge $B=\{1, 2, …, m\}$ ist durch die folgende Formel gegeben:

$$S_j(n,m) = \sum_{i=0}^{m-1}(-1)^i \binom{m}{i}(m-i)^n = m^n - \binom{m}{1} \cdot (m-1)^n + … + (-1)^{m-1} \cdot m \qquad (1)$$

Wenn nur die Anzahl der möglichen Verteilungen der Referate gefragt wäre, dann könnte man diese Formel oder eine rekursive Formel verwenden.

Programm

```java
import java.io.*;
import java.util.*;

public class P07Referat {
  private static final String FileOutputName = "referat.out";

  public static void main(String[] args) throws IOException {
    PrintStream out = new PrintStream(
                               new File(FileOutputName));
    try {
      Scanner sc = new Scanner(System.in);
      System.out.print(" n = ");
      int n = sc.nextInt();
      System.out.print(" m = ");
      int m = sc.nextInt();
      int x[] = new int[n];
      int xIdx = 0;
      int vMark[] = new int[n];
      x[0] = -1;
      int noSol = 0;
      while (xIdx >= 0) {
        int k = xIdx;
        boolean flag = false;
        while (!flag && x[k] < m - 1) {
          if (x[k] >= 0)
            vMark[x[k]]--;
          vMark[++x[k]]++;
          flag = true;
          int noMarked = 0;
          for (int i = 0; i <= k; i++)
            if (vMark[i] != 0)
              noMarked++;
          if (noMarked + n - 1 - k < m)
            flag = false;
        }
        if (flag) {
          if (k == n - 1) {
            for (int i : x) {
              out.print(i + 1);
              out.print(' ');
            }
            out.println();
            noSol++;
          } else
            x[++xIdx] = -1;
        } else {
          if (x[k] >= 0)
            vMark[x[k]]--;
```

> Die oft genannte „foreach-Schleife", die erst in Java 5 eingeführt wurde, besteht im Programmcode lediglich aus einem „for":
> ```java
>   for (int i : x)
> ```
> Allgemeine Form:
> ```java
>   for(type iterVar:iterableObj)
>                    Anweisung;
> ```

```
            xIdx--;
        }

    }
    out.print("Anzahl der Loesungen =   ");
    out.print(noSol);
    } finally {
        out.close();
    }
  }
 }
}
```

Aufgaben

1. Ändern Sie das Programm so ab, dass die Lösungen in antilexikographischer Reihenfolge generiert werden.

2. Sehen Sie sich an, wie im Programm für das Problem 6 ein Kandidat für $x[k]$ gesucht wird (mit den boolschen Variablen *isCandidate* und *isSuccessor*), und verwenden Sie diese Suche im aktuellen Programm.

3. Implementieren Sie eine rekursive Variante des Programms.

4. „foreach-Schleifen", die wir auch ab und zu im Buch verwenden, dienen zum einfachen Durchlaufen einer kompletten Datensammlung ohne explizite Eingabe eines Iteratorobjekts oder eines Zählers. Lesen Sie in Java-API-Dokumentation über die Verwendung der „foreach-Schleife" nach und schreiben Sie ein Beispielprogramm, in dem sie die Schleife für verschiedene Datentypen nutzen.

5. Beweisen Sie die Formel (1), eventuell durch vollständige Induktion. Finden Sie eine rekursive Formel für die Berechnung der Anzahl der surjektiven Abbildungen zwischen der Definitionsmenge $A=\{1, 2, ..., n\}$ und der Zielmenge $B=\{1, 2, ..., m\}$. Schreiben Sie ein Programm, das diese Anzahl bestimmt. Beispiel:

nm.in	noSurj.out
3 2	6
7 4	8400

Problem 8. Alle Wege des Springers

Bestimmen Sie alle Wege eines Springers, der auf einem 5×5-Schachbrett, an einer Startposition beginnend, mit einer Zugfolge alle Felder genau einmal betreten soll. Die Startreihe und -spalte werden über die Tastatur eingegeben. Jede Lösung (jede Zugfolge) wird als Matrix, die das Schachbrett symbolisiert, in die Datei *springer.out* geschrieben. Die Startposition kennzeichnen wir mit

1 und die Züge des Springers werden von 2 bis 25 hochgezählt, siehe Beispiel. Schreiben Sie *„keine Loesung!"*, wenn es keine Lösung gibt.

Tastatur	springer.out
4 2	Loesung: 1
	19 14 3 8 25
	2 9 18 13 4
	15 20 5 24 7
	10 1 22 17 12
	21 16 11 6 23
	...
	Loesung: 56
	23 12 7 4 21
	6 17 22 13 8
	11 24 5 20 3
	16 1 18 9 14
	25 10 15 2 19

Problemanalyse und Entwurf der Lösung

Das Problem ist ein klassisches Beispiel für *Backtracking in der Ebene*. Von einem gegebenen Feld des Bretts aus können wir höchstens auf acht Felder springen.

Wenn (x, y) die Koordinaten eines Feldes sind, dann könnten das die Nachfolgerpositionen sein: $(x\text{-}2, y\text{-}1)$, $(x\text{-}2, y\text{+}1)$, $(x\text{-}1, y\text{-}2)$, $(x\text{-}1, y\text{+}2)$, $(x\text{+}1, y\text{-}2)$, $(x\text{+}1, y\text{+}2)$, $(x\text{+}2, y\text{-}1)$, $(x\text{+}2, y\text{+}1)$. Alle Felder des Schachbretts werden automatisch mit 0 initialisiert, und wir setzen das Startfeld auf 1. Wir schreiben wir eine rekursive *Backtracking*-Methode *back()*,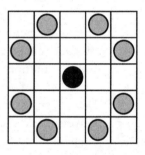
deren drei Parameter die Koordinaten des Startfeldes und die Anzahl der schon betretenen Felder speichern. Nun stellen wir fest, ob ein Feld *(xnew, ynew)* Kandidat für eine Lösung ist, indem wir prüfen, ob sich diese Position auf dem Brett befindet und ob der Wert dort 0 ist (dieses Feld wurde noch nicht betreten). Wenn ein Feld als Kandidat identifiziert wurde, rufen wir *back(lnew, cnew, step+1)* auf.

Programm

```java
import java.io.*;
import java.util.*;

public class P08Springer {

  private static final String FileOutputName = "springer.out";
  private int nSol;
  private int[][] table;
  private PrintStream out;
```

```java
  private int n;

  public P08Springer(int n, PrintStream out) {
    this.n = n;
    this.table = new int[n][n];
    this.out = out;

  }

  private void writeSolution() {
    out.print(" Loesung: ");
    out.println(++nSol);
    for (int i = 0; i < n; i++) {
      for (int j = 0; j < n; j++)
        out.printf("%3d ", table[i][j]);
      out.println();
    }
  }

  void run(int l, int c) {
    this.nSol = 0;
    this.table[l - 1][c - 1] = 1;
    this.back(l - 1, c - 1, 1);
  }

  private void back(int l, int c, int step) {
    if (n * n == step) {
      writeSolution();
      return;
    }
    int dx, dy, lnew, cnew;
    for (dx = -2; dx < 3; dx++)
      for (dy = -2; dy < 3; dy++)
        if (Math.abs(dx * dy) == 2) {
          lnew = l + dx;
          cnew = c + dy;
          if (0 <= lnew && lnew < n && 0 <= cnew && cnew < n
              && table[lnew][cnew] == 0) {
            table[lnew][cnew] = step + 1;
            back(l + dx, c + dy, step + 1);
            table[lnew][cnew] = 0;
          }
        }
  }

  public static void main(String[] args) throws IOException {
    PrintStream out = new PrintStream(
                        new File(FileOutputName));
    try {
      Scanner sc = new Scanner(System.in);
```

```
      int l = sc.nextInt();
      int c = sc.nextInt();
      new P08Springer(5, out).run(l, c);
    } finally {
      out.close();
    }
  }
}
```

Aufgaben

1. Modifizieren Sie das Programm so, dass es ohne Instanzvariablen arbeitet.
2. Schreiben Sie ein nicht rekursives Programm für das Problem.
3. Wir stellen uns vor, dass manche Felder des Bretts für den Springer gesperrt sind. Finden Sie alle Wege des Springers, so dass er alle nicht gesperrten Felder betritt, wobei die verbotenen Felder gegeben sind.

Problem 9. Das Fotoproblem

Ein Schwarzweißfoto liegt in Form einer Matrix mit Nullen und Einsen vor. Es repräsentiert mehrere Objekte. Die Zonen die zu einem Objekt gehören, sind mit Einsen gefüllt, der Hintergrund mit Nullen. Die Anzahl *noOb* der Objekte ist gesucht, ebenso eine neue Repräsentation für das Foto, so dass die verschiedenen Objekte auch verschiedene Farben haben: 2, 3, ..., *noOb*+1. Zwei Einsen in der Matrix gehören dann zum selben Objekt, wenn sie nebeneinander in einer Zeile oder Spalte liegen. *Eingabe:* In der Datei *foto.in* stehen in der ersten Zeile die Anzahlen der Zeilen und Spalten der Matrix (maximal 100) und danach das Foto als binäre Matrix. *Ausgabe:* Schreiben Sie in die Datei *foto.out* zuerst die Anzahl der Objekte *noOb*, die sich im Foto befinden, gefolgt vom eingefärbten Foto, das die Objekte mit den Farben 2, 3, ..., *noOb*+1 versieht, wie im Beispiel:

foto.in	foto.out
4 5	3
1 1 0 1 1	2 2 0 3 3
0 0 0 1 0	0 0 0 3 0
1 1 0 1 1	4 4 0 3 3
1 0 1 1 0	4 0 3 3 0

Problemanalyse und Entwurf der Lösung

Wir werden die rekursive Methode *color()* schreiben, die prüft, ob der als Parameter angegebene Punkt Eins ist und ob er sich innerhab des Fotos befindet. In diesem Fall färben wir alle Nachbarn mit der aktuellen Farbe ein und rufen für jeden Nachbarn die Methode erneut auf.

Programm

```java
import java.io.*;
import java.util.*;

public class P09PhotoProblem {
  private static final String FileInputName = "foto.in";
  private static final String FileOutputName = "foto.out";
  private int m, n;
  private int[][] a;

  P09PhotoProblem(int[][] a, int m, int n) {
    this.a = a;
    this.m = m;
    this.n = n;
  }

  private void color(int i, int j, int col) {
    if (0 <= i && i < m && 0 <= j && j < n && 1 == a[i][j]) {
      a[i][j] = col;
      color(i, j - 1, col);
      color(i, j + 1, col);
      color(i - 1, j, col);
      color(i + 1, j, col);
    }
  }

  void run(PrintStream out) {
    int col = 1;
    for (int i = 0; i < m; i++)
      for (int j = 0; j < n; j++)
        if (1 == a[i][j])
          color(i, j, ++col);
    out.println(col);
    for (int i = 0; i < m; i++) {
      for (int j = 0; j < n; j++) {
        out.print(a[i][j]);
        out.print(' ');
      }
      out.println();
    }
  }

  public static void main(String[] args) throws IOException {
    Scanner sc = null;
    PrintStream out = null;
    try {
      out = new PrintStream(new File(FileOutputName));
      sc = new Scanner(new File(FileInputName));
      int m = sc.nextInt();
```

```
    int n = sc.nextInt();
    int[][] a = new int[m][n];

    for (int i = 0; i < m; i++) {
      for (int j = 0; j < n; j++) {
        a[i][j] = sc.nextInt();
      }
    }
    new P09PhotoProblem(a, m, n).run(out);
  } finally {
    if (sc != null) {
      sc.close();
    }
    if (out != null) {
      out.close();
    }
  }
}
}
```

Aufgaben

1. Modifizieren Sie das Programm so, dass keine Instanzvariablen verwendet werden.
2. Wir nehmen nun an, dass auch zwei Punkte zum selben Objekt gehören, wenn sie auf der Diagonalen benachbart sind (ein Punkt kann damit maximal acht Nachbarn haben). Berücksichtigen Sie diese Annahme im Programm.

Problem 10. Der ausbrechende Ball

Wir betrachten eine $m \times n$-Matrix mit den Dimensionen m und n, deren Elemente Höhenangaben (in Metern) darstellen sollen. Irgendwo platzieren wir einen Ball, der nur dann auf ein benachbartes Element rollen kann, wenn dieses einen geringeren Höhenwert hat, also „niedriger" als das aktuelle Element ist. Ein Nachbar findet sich in den vier Richtungen Nord, Ost, Süd oder West. Finden Sie alle möglichen Wege, auf denen der Ball durch sein „Herunterrollen" eine äußere Zeile oder Spalte der Matrix erreicht, dort endet sein Weg. Wir nehmen dabei an, dass die Höhenwerte der Matrix so gewählt sind, dass es immer mindestens eine Lösung gibt. *Eingabe:* In der Datei *ball.in* befinden sich in der ersten Zeile die Werte m und n (4 $\leq m$, $n \leq 20$), auf den nächsten m Zeilen die Matrix mit den Höhenangaben und in der letzten Zeile die Koordinaten des Startfeldes. *Ausgabe:* Jede Zeile enthält einen möglichen Weg des Balls zur „Grenze" der Matrix. Beispiel:

ball.in	ball.out
4 4	(3, 2) (2, 2) (1, 2)
1 1 0 1	(3, 2) (2, 2) (2, 3) (1, 3)
3 2 1 3	(3, 2) (3, 1)
4 5 2 3	(3, 2) (3, 3) (2, 3) (1, 3)
3 6 1 0	(3, 2) (3, 3) (4, 3)
3 2	

Problemanalyse und Entwurf der Lösung

Unsere Lösung verwendet *Backtracking in der Ebene*. Wir werden eine Position durch eine ganze Zahl abbilden: Für die Zelle *(i, j)* mit $0 \leq i < m$, $0 \leq j < n$ der Matrix assoziieren wir den Wert $k \leftarrow i*n+j$. Für einen solchen Wert k bestimmt man die zugrunde liegende Zeile und Spalte: $i \leftarrow k \ div \ n$, $j \leftarrow k \ mod \ n$. Anstatt mit Paaren beschreiben wir die Elemente der Matrix mit ganzen Zahlen. Wir implementieren die Hilfsmethoden *onTheBorder()* (sie testet, ob ein Feld der Matrix in einer äußeren Zeile und / oder Spalte liegt), und *onTheTable()* (sie testet, ob sich ein Feld auf der Matrix befindet). Hiermit können wir die rekursive Methode *back()* erstellen, die alle Wege findet. Die Abbruchbedingung für diese Methode ist erreicht, wenn sich das letzte Element des Vektors *x*[] im Außenbereich befindet. Wenn wir nicht auf der Grenze positioniert sind, dann wird *back()* für alle Nachbarn mit kleinerer Höhe rekursiv aufgerufen.

Programm

```java
import java.io.*;
import java.util.*;

public class P10Ball {
  private static final String FileInputName = "ball.in";
  private static final String FileOutputName = "ball.out";

  private static boolean onTheBorder(int k, int m, int n) {
    int l = k / n;
    int c = k % n;
    boolean flag = false;
    if (0 == l || m - 1 == l)
      flag = true;
    if (0 == c || n - 1 == c)
      flag = true;
    return flag;
  }

  private static boolean onTheTable(int line, int col,
                                    int m, int n) {
    return (0 <= line && line < m) && (0 <= col && col < n);
  }
```

```java
private static void writeSolution(List<Integer> x,
                                  int T[][], int n,
        PrintStream out) {
  for (int i = 0; i < x.size(); i++) {
    out.print('(');
    out.print(x.get(i) / n + 1);
    out.print(", ");
    out.print(x.get(i) % n + 1);
    out.print(") ");
  }
  out.println();
}

private static void back(List<Integer> x,
                         int T[][], int m, int n,
                         PrintStream out)
{
  int k = x.size() - 1;
  int xk = x.get(k);
  if (onTheBorder(xk, m, n)) {
    writeSolution(x, T, n, out);
    return;
  }
  int l = xk / n;
  int c = xk % n;
  int lnew, cnew, dx, dy;
  for (dx = -1; dx < 2; dx++)
    for (dy = -1; dy < 2; dy++)
      if (1 == Math.abs(dx + dy)) {
        lnew = l + dx;
        cnew = c + dy;
        if ( onTheTable(lnew, cnew, m, n) &&
             T[lnew][cnew]< T[l][c]) {
          x.add(lnew * n + cnew);
          back(x, T, m, n, out);
          x.remove(x.size() - 1);
        }
      }
}

public static void main(String[] args) throws IOException {
  Scanner sc = null;
  PrintStream out = null;
  try {
    out = new PrintStream(new File(FileOutputName));
    sc = new Scanner(new File(FileInputName));
    int m = sc.nextInt();
    int n = sc.nextInt();
    int[][] t = new int[m][n];
```

```java
      for (int i = 0; i < m; i++) {
        for (int j = 0; j < n; j++) {
          t[i][j] = sc.nextInt();
        }
      }
      int l0 = sc.nextInt() - 1;
      int c0 = sc.nextInt() - 1;
      List<Integer> x = new ArrayList<Integer>();
      x.add(l0 * n + c0);
      back(x, t, m, n, out);
    } finally {
      if (sc != null) {
        sc.close();
      }
      if (out != null) {
        out.close();
      }
    }
  }
}
```

Aufgaben

1. Erweitern Sie das Programm so, dass auch die Anzahl der Lösungen in die Ausgabedatei geschrieben wird und der Ball auch diagonal rollen darf.
2. Schreiben Sie ein iteratives Programm für das Problem.

Problem 11. Orangensport

Das Spiel *Orangensport* sieht zunächst einfach aus, aber dabei wird es nicht bleiben. Zuerst nummeriert man 100 Orangen mit einer ungiftigen Tinte von 1 bis 100. Dann legt man sie alle auf einen großen Teller, und zwei Spieler müssen sie essen und sich gleichzeitig das Produkt aller von ihnen gegessenen Orangen merken, das aus den darauf stehenden Zahlen berechnet wird. Orange 1 darf nicht zusammen mit anderen Orangen verzehrt werden, d. h. ein Spieler darf sie zwar am Anfang nehmen, muss dann aber mit dem Essen aufhören. Wenn ein Spieler das Resultat 1 gemeldet hat, dann hat er also nur die Orange mit der Zahl 1 gegessen; wenn das Ergebnis größer als 1 ist, dann hat er sie sicher nicht gegessen! Nach 23 Minuten hören die Spieler auf und müssen ihre Ergebnisse (Auswertungen) nennen, also das Produkt ihrer gegessenen Orangen. Wir fordern, dass die Resultate nicht gleich sein dürfen. Der vorläufige Gewinner ist der, der die größte Zahl meldet. Vorläufig deswegen, weil jeder gelogen oder sich verrechnet haben könnte. Man kann sich vorstellen, dass es zu Kontroversen kommt, die erst aus der Welt geschafft werden müssen. Unter bestimmten Bedingungen könnte nämlich doch der Spieler mit der kleineren Auswertung gewinnen. Wir nehmen an, dass der Spieler mit der kleineren Auswertung immer dann die Wahrheit sagt, wenn sein Produkt (also sein Ergebnis) aus Faktoren aus {1, 2, ..., 100} aufgebaut werden kann. Wenn dieser Spieler die Wahrheit sagt, kann er trotz des kleineren Resultats gewinnen, wenn wir beweisen können, dass der andere Spieler gelogen hat. Dessen Lüge kann man erkennen, wenn er ein Produkt nennt, das ausschließlich aus solchen Orangen gebildet werden kann, die teilweise von dem anderen Spieler hätten gegessen werden können. Der Spieler mit dem größeren Resultat gewinnt also dann, wenn man ihn nicht der Lüge bezichtigen kann und sich sein Ergebnis auch in Faktoren aus {1, 2, ..., 100} zerlegen lässt. Anders betrachtet bedeutet das, dass der Spieler mit der kleineren Auswertung nur dann gewinnt, wenn der andere Spieler der Lüge überführt werden kann und er selbst per Definition die Wahrheit sagt. Wenn man beide Resultate nicht aus Faktoren aus {1, 2, ..., 100} aufbauen kann, dann endet das Spiel unentschieden.

Beispiel 1: Wenn der erste Spieler 343 sagt und der zweite 49, dann lügt der erste sicher: Die einzige Möglichkeit, 343 zu haben, ist die, die Orangen 7 und 49 gegessen zu haben. Die einzige Möglichkeit, auf 49 zu kommen, erfordert den Verzehr von Orange 49. Wir leiten also ab, dass der erste Spieler lügt (der zweite sagt per Definition die Wahrheit!).

Beispiel 2: Wenn der erste Spieler 194 sagt und der zweite 178, dann besteht für den ersten Spieler nur die Möglichkeit, dass er die Orangen 2 und 97 gegessen hat. Der zweite Spieler hat nur die Möglichkeit 2 und 89. Weil wir wissen, dass der zweite die Wahrheit sagt, folgt, dass der erste lügt, also gewinnt der zweite Spieler.

Beispiel 3: Gemeldete Auswertungen: 138 und 258. Um 138 zu erhalten, haben wir die Möglichkeiten (6, 23), (3, 46), (2, 69), (2, 3, 23). Wir können annehmen, dass der erste die Orangen 6 und 23 gegessen hat und der zweite die Orangen 3 und 86. Dann hat der zweite die Wahrheit gesagt und gewinnt das Spiel.

Beispiel 4: Gemeldete Auswertungen: 1236 und 100. Es gibt keine Möglichkeit, auf 1236 zu kommen, also lügt der erste Spieler. Um ein Produkt von 100 zu erzielen, hat man die Möglichkeiten (100), (5, 20), (4, 25), (2, 50) und (2, 5, 10), also sagt der zweite die Wahrheit und gewinnt.

Bedauerlicherweise haben alle, die an dieser Aktion teilgenommen haben, so viele Orangen gegessen, dass sie keine anspruchsvollen Berechnungen mehr anstellen können. Deswegen sollen Sie ein Program schreiben, das das Problem automatisch löst. *Eingabe:* In der Datei *Orangen.in* befinden sich Paare von gemeldeten Auswertungen, ein Paar auf jeder Zeile. *Ausgabe:* Für jedes Paar aus der Eingabedatei schreiben Sie die zutreffende Zeile aus der folgenden Liste in die Ausgabedatei *Orangen.out*:

```
Der erste Spieler gewinnt!
Der zweite Spieler gewinnt!
Der erste luegt! Der Zweite gewinnt!
Der zweite luegt! Der Erste gewinnt!
Beide luegen! Unentschieden!
```

Die ersten beiden Schlussfolgerungen entstehen, wenn beide Resultate in Faktoren verschiedener Zahlen von 1 bis 100 zerlegt werden können, wobei der Spieler mit der größeren Auswertung gewinnt, wenn er nicht gelogen hat. Die dritte Zeile benutzen Sie, wenn die erste Auswertung nicht als gültiges Produkt dargestellt werden kann, die zweite aber schon. Bei „Der Zweite hat sich verrechnet! Der Erste gewinnt!" verhält es sich umgekehrt. Und schließlich endet es unentschieden, wenn keine Auswertung als gültiges Produkt geschrieben werden kann. Beispiel:

orangen.in	orangen.out
110 119	Der zweite Spieler gewinnt!
294 202	Der Zweite luegt! Der Erste gewinnt!
343 49	Der zweite Spieler gewinnt!
610 3599	Der erste Spieler gewinnt!
138 258	Der zweite Spieler gewinnt!
941 2234	Beide luegen! Unentschieden!
1236 100	Der Erste luegt! Der Zweite gewinnt!
6231 1500	Der erste Spieler gewinnt!
151 127	Beide luegen! Unentschieden!
1 101	Der Zweite luegt! Der Erste gewinnt!

(inspiriert aus ACM South Central USA Collegiate Programming Contest, 1998, Gizilch)

Problemanalyse und Entwurf der Lösung

Das Problem reduzieren wir darauf, für ein gegebenes Resultat n alle Möglichkeiten zu finden, wie man es als Produkt von verschiedenen Zahlen aus {1, 2, ..., 100} aufbauen kann. Wenn alle Zerlegungen für die beiden Spieler identifiziert sind, vergleichen wir jede Zerlegung des Spielers mit dem größeren Resultat mit allen Zerlegungen des anderen Spielers und prüfen, ob es disjunkte Zerlegungen gibt (die Schnittmenge von je zwei verglichenen Zerlegungen ist leer).

Wir schreiben die Klasse *SetsList* und eine Instanz der Klasse beinhaltet alle Zerlegungen einer natürlichen Zahl. Eine Zerlegung ist eine Menge (jedes Element kommt nur einmal vor) von natürlichen Zahlen. Wir werden alle Zerlegungen im privaten Member *value* vom Typ *List<Set<Integer>>* speichern. Der Konstruktor *SetsList(**int** n)* baut die Liste aller Zerlegungen des Wertes n auf. Diese Liste wird von der rekursiven *Backtracking*-Methode *back()* verwendet, die sie mit Hilfe der Methode *addSet()* füllt. Die Liste *a* beinhaltet alle Teiler von n und das *BitSet b* ist der charakteristische Vektor der Menge von Teilern ($x.get(k)==$**true**, wenn das Element $a.get(k\text{-}1)$ im Produkt, das wir konstruieren wollen, aufgenommen wird und $x.get(k)==$**false**, wenn es nicht aufgenommen werden soll). Die Methode *back()* funktioniert wie folgt:

- Das Produkt des aktuellen Kandidaten wird in p gespeichert.
- Wenn $p = n$, dann haben wir eine Zerlegung für n, die der Liste *value* mit Zerlegungen hinzugefügt wird.
- Wenn $p \neq n$, setzen wir $x[k]$ zuerst auf **false** und dann auf **true**.
- $x[k]$ wird **false**, d. h. der Teiler k wird nicht aufgenommen, und wir rufen die Methode *back()* mit $k+1$ auf.
- Anschließend setzen wir $x[k]$ auf **true**. Der Teiler k ($a[k-1]$ im Programm) könnte nur dann im aktuellen Kandidaten aufgenommen werden, wenn ($p \cdot a[k-1]$) ein Teiler von n ist (das könnte zu einer validen Zerlegung führen). Eine andere Bedingung ist, dass entweder $\dfrac{n}{p \cdot a[k-1]} = 1$ (dann wird $a[k-1]$ der letzte Teiler in dieser Zerlegung) oder $\dfrac{n}{p \cdot a[k-1]} > a[k-1]$ (die Elemente der Zerlegung werden aufsteigend erzeugt):

```java
if (0==(n/p)%a.get(k-1)) {                    //n teilbar durch p·a[k-1]
  x.set(k);
  if (1==(n/p)/a.get(k-1)||(n/p)/a.get(k-1)> a.get(k-1))
    {...}...
```

Wenn eine valide Zerlegung gefunden wird, dann wird sie der Liste *value* hinzugefügt: *addSet(k, b)*.

Die Methode *makeDecision()* entscheidet anhand der ersten beiden Parametern $n1$ und $n2$, welcher bzw. ob ein Spieler gewonnen hat. Wir verwenden den Konstruktor der Klasse *SetsList* mit einem **int**-Parameter. Er erzeugt alle Zerlegungen, die von der Methode *getValue()* als Liste von *Integer*-Mengen ausgegeben werden. Die Methode *isACommonElement()* gibt **true** zurück, wenn die Schnittmenge aus den gegebenen Mengen nicht leer ist. Die Methode *isADisjointCombination()* findet heraus, ob es eine Zerlegung in der ersten Menge gibt, die zu einer Zerlegung aus der zweiten Menge disjunkt ist (es gibt zwei Mengen, deren Schnittmenge die leere Menge ist).

Programm 1

```java
import java.io.*;
import java.util.*;

public class P11Orangensport {

  private static final String FileInputName = "orangen.in";
  private static final String FileOutputName = "orangen.out";

  static void makeDecision(int n1, int n2, PrintStream out) {
    List<Set<Integer>> b = new SetsList(n1).getValue();
```

```
    List<Set<Integer>> c = new SetsList(n2).getValue();

  if (b.isEmpty() && c.isEmpty())
    out.println("Beide luegen! Unentschieden!");
  else if (b.isEmpty())
    out.println("Der Erste luegt! Der Zweite gewinnt!");
  else if (c.isEmpty())
    out.println("Der Zweite luegt! Der Erste gewinnt!");
  else if (n1 < n2)
    if (isADisjointCombination(b, c))
      out.println("Der zweite Spieler gewinnt!");
    else
      out.println("Der erste Spieler gewinnt!");
  else if (isADisjointCombination(b, c))
    out.println("Der erste Spieler gewinnt!");
  else
    out.println("Der zweite Spieler gewinnt!");
}

private static boolean isACommonElement(Set<Integer> setA,
                                        Set<Integer> setB) {
  for (Integer el : setA) {
    if (setB.contains(el)) {
      return true;
    }
  }
  return false;
}

private static boolean isADisjointCombination
        (List<Set<Integer>> b, List<Set<Integer>> c) {
  boolean flag = false;
  short bSiz = (short) b.size(), cSiz = (short) c.size();
  for (short i = 0; !flag && i < bSiz; i++)
    for (short j = 0; !flag && j < cSiz; j++)
      if (!isACommonElement(b.get(i), c.get(j)))
        flag = true;
  return flag;
}

public static void main(String[] args) throws IOException {
  Scanner sc = null;
  PrintStream out = null;
  try {
    out = new PrintStream(new File(FileOutputName));
    sc = new Scanner(new File(FileInputName));
    while (sc.hasNextInt()) {
      int n1 = sc.nextInt();
      int n2 = sc.nextInt();
      makeDecision(n1, n2, out);
```

```java
      }
    } finally {
      if (sc != null) {
        sc.close();
      }
      if (out != null) {
        out.close();
      }
    }
  }
}

class SetsList {
  private BitSet x;
  private List<Integer> a;
  private List<Set<Integer>> value;

  SetsList(int n) {
    this.value = new ArrayList<Set<Integer>>();
    this.a = new ArrayList<Integer>();
    this.x = new BitSet();
    for (int i = 2; i <= 100; i++)
      if (0 == n % i)
        a.add(i);
    back(n, 1, this.value);
  }

  List<Set<Integer>> getValue() {
    return value;
  }

  private void addSet(int k, List<Set<Integer>> b) {
    Set<Integer> auxSet = new HashSet<Integer>();
    for (int i = 1; i < k; i++)
      if (x.get(i))
        auxSet.add(a.get(i - 1));
    b.add(auxSet);
  }

  private void back(int n, int k, List<Set<Integer>> b) {
    int p = 1;
    int aSiz = (int) a.size();
    for (int j = 1; j < k; j++)
      if (x.get(j))
        p *= a.get(j - 1);
    if (p == n) {
      addSet(k, b);
    } else if (k <= aSiz)
      for (int i = 0; i < 2; i++) {
        x.set(k, 0 != i);
```

```
        if (i == 0)
           back(n, k + 1, b);
        else if (0 == (n / p) % a.get(k - 1)) {
           x.set(k);
           if (1 == (n / p) / a.get(k - 1)
               || (n / p) / a.get(k - 1) > a.get(k - 1))
              back(n, k + 1, b);
        }
     }
  }
}
```

Wir präsentieren nun eine elegante Variante des Programms, die Herr *Dr. Eric Müller* vorgeschlagen hat. Dafür bedanke ich mich nochmals ganz herzlich bei ihm.

Die Zerlegung einer Zahl in unterschiedliche Faktoren kann gut mit Hilfe der Klasse *java.util.BitSet* dargestellt werden: Bit t ist gesetzt, wenn t als Faktor vorkommt. Alle gefundenen Zerlegungen werden zu einer Liste *List<BitSet>* hinzugefügt. Die Faktorisierungen der Zahl 1 lassen sich sofort angeben, andere Zahlen werden von der rekursiven *Backtracking*-Methode *back()* verarbeitet. Diese Methode erhält als Parameter die noch zu faktorisierende Zahl n (bereits durch die gefundenen Faktoren dividiert), die untere Schranke k für weitere Faktoren, eine Menge (*BitSet*) *found* mit den bereits gefundenen Faktoren und die Liste der bereits gefundenen Zerlegungen. Die Methode funktioniert wie folgt:

- Zunächst werden Faktoren gesucht, die echte Teiler von n sind. Für jeden solchen Faktor f muss es also noch einen weiteren Faktor geben, der größer als f ist, somit muss $f*f$ echt kleiner als n sein. Jeder auf diese Weise gefundene Faktor (für den also $n\%f$ Null ist) wird zum *BitSet found* hinzugefügt. Dann erfolgt der rekursive Aufruf der Methode *back()*. Schließlich wird der Faktor wieder aus dem *BitSet found* entfernt.
- Dann wird untersucht, ob n bereits kleiner gleich der oberen Schranke 100 ist, also bereits selbst ein Faktor ist. In diesem Fall wird das *BitSet found* der gefundenen Faktoren dupliziert (*clone*), der Faktor n in die Kopie eingefügt und diese an die Liste der Zerlegungen angehängt.

Die Methode *makeDecision()* entscheidet anhand der ersten beiden Parameter $n1$ und $n2$, welcher bzw. ob ein Spieler gewonnen hat. Hierzu werden zunächst die möglichen Faktorisierungen von $n1$ und $n2$ mittels der Methode *factorizations()* bestimmt. Die Methode *isADisjointCombination()* findet heraus, ob es eine Zerlegung in der ersten Menge gibt, die zu einer Zerlegung aus der zweiten Menge disjunkt ist (es gibt zwei Mengen, deren Schnittmenge die leere Menge ist). Die *BitSet*-Methode *intersects(BitSet b)* prüft, ob das *BitSet* mit dem als Parameter übergebenen *BitSet* gemeinsame Elemente hat. Die Mengen sind also disjunkt, wenn diese Methode *false* liefert.

Programm 2 (*Dr. Eric Müller*)

```java
import java.io.*;
import java.util.*;

public class P11Orangensport02 {

  private static final String FileInputName = "orangen.in";
  private static final String FileOutputName = "orangen.out";
  private static final int BOUND = 100;

  static private List<BitSet> factorizations(int n)
  {
    List<BitSet> list = new ArrayList<BitSet>();
    if (n == 1) {
      BitSet one = new BitSet(2);
      one.set(1);
      list.add(one);
    }
    else
      back(n, 2, new BitSet(BOUND+1), list);
    return list;
  }

  static void back(int n, int k, BitSet found, List<BitSet> l) {
    for (int f = k; f < BOUND && f*f < n; f++) {
      if (n%f == 0) {
        found.set(f);
        back(n/f, f+1, found, l);
        found.clear(f);
      }
    }
    if (n <= BOUND) {
      BitSet copy = (BitSet) found.clone();
      copy.set(n);
      l.add(copy);
    }
  }

  static void makeDecision(int n1, int n2, PrintStream out) {
    List<BitSet> b = factorizations(n1);
    List<BitSet> c = factorizations(n2);

    if (b.isEmpty() && c.isEmpty())
      out.println("Beide luegen! Unentschieden!");
    else if (b.isEmpty())
```

```
        out.println("Der Erste luegt! Der Zweite gewinnt!");
    else if (c.isEmpty())
        out.println("Der Zweite luegt! Der Erste gewinnt!");
    else if (n1 < n2)
        if (isADisjointCombination(b, c))
            out.println("Der zweite Spieler gewinnt!");
        else
            out.println("Der erste Spieler gewinnt!");
    else if (isADisjointCombination(b, c))
        out.println("Der erste Spieler gewinnt!");
    else
        out.println("Der zweite Spieler gewinnt!");
}

private static boolean isADisjointCombination
        (List<BitSet> list1, List<BitSet> list2) {
    for (BitSet b: list1)
        for (BitSet c: list2)
            if (!b.intersects(c))
                return true;
    return false;
}

public static void main(String[] args) throws IOException {
    Scanner sc = null;
    PrintStream out = null;
    try {
        out = new PrintStream(new File(FileOutputName));
        sc = new Scanner(new File(FileInputName));
        while (sc.hasNextInt()) {
            int n1 = sc.nextInt();
            int n2 = sc.nextInt();
            makeDecision(n1, n2, out);
        }
    } finally {
        if (sc != null) sc.close();
        if (out != null) out.close();
    }
}
}
```

Aufgaben

1. Beachten Sie, wie die *foreach*-Schleife in den Programmen verwendet wird. Schreiben Sie die allgemeine Form für diese Schleife nieder und geben Sie mehrere Beispiele an.

2. Ersetzen Sie die Methode *isACommonElement*() im ersten Programm durch die Methode *retainAll*() aus dem Interface *java.util.Set*. Lesen Sie die

Dokumentation zu diesem Interface durch und implementieren Sie ein Testprogramm mit allen Mengenoperationen.

3. Für die Darstellung des charakteristischen Vektors im ersten Programm haben wir in der Klasse *SetsList* das *java.util.BitSet* verwendet. Schauen Sie sich in der Dokumentation die Konstruktoren und Methoden an, die das Programm einsetzt.

4. Warum muss man in Programm 2 das *BitSet* im zweiten Teil von *back*() duplizieren? Lesen Sie sich die Dokumentation zur *clone*()-Methode durch und die Beschreibung zum Interface *Cloneable*.

5. Implementieren Sie im zweiten Programm den Algorithmus mit *java.util.Set<Integer>* statt *java.util.BitSet*. Schauen Sie sich in der Dokumentation die Konstruktoren und Methoden an, die das Programm einsetzt. Welche natürliche Darstellung liefert jeweils die *toString*()-Methode von *java.util.BitSet*, *java.util.Set<Integer>* und *java.util.ArrayList*? Geben Sie damit die gefundenen Faktorisierungen aus.

6. Wenn ein Spieler gewinnt, soll auch eine gültige Möglichkeit für das Orangen-Essen ausgegeben werden (wenn möglich eine für jeden Spieler; wenn das für einen Spieler nicht möglich ist, dann schreiben Sie dafür „verrechnet" oder „luegt"). Erweitern Sie das Programm.

7. Schreiben Sie eine iterative *Backtracking*-Methode anstatt der rekursiven.

8. Schreiben Sie eine Methode, die für eine gegebene Zahl M die Anzahl aller Zerlegungen in verschiedene Faktoren aus $\{1, 2, …, 100\}$ liefert.

Problem 12. Testmusterkompaktierung

Eine Testmustermenge T ist gegeben, und man muss sie zu einer Testmustermenge T' minimaler Mächtigkeit reduzieren, so dass es für jeden Test aus T einen kompatiblen Test in T' gibt. Ein Test ist eine Zeichenkette, die Zeichen aus der Menge $S = \{'0', '1', 'U', 'Z', 'X'\}$ enthält. Wir nennen sie *Kompaktierungsmenge*. Beispiele: *X01XUZZX01*, *100011ZUX1ZXXX*.

Definition 1. Kompatible Zeichen. Wir sagen, dass zwei Zeichen **kompatibel** sind, wenn die beiden gleich sind oder mindestens eines der Zeichen ein 'X' (*don't care*) ist. Wir bezeichnen diese Relation mit '≅' und die Inkompatibilität mit '≇'. Wenn die beiden kompatiblen Zeichen gleich sind, dann verschmelzen (*merge*) sie zu einem, wenn sie nicht gleich sind, dann werden sie zu dem Zeichen vereinigt (*merge*), das nicht 'X' ist. Die Kompatibilitäts- und die *Merge*-Relation sind in folgender Tabelle dargestellt ('*' bedeutet nicht kompatibel).

Kompatibilitäts-Merge-Tabelle

$\equiv$	0	1	U	Z	X
0	0	*	*	*	0
1	*	1	*	*	1
U	*	*	U	*	U
Z	*	*	*	Z	Z
X	0	1	U	Z	X

Definition 2. Kompatible Tests. Zwei Tests sind kompatibel, wenn für alle Zeichen gilt, dass je ein Zeichen des ersten Strings mit dem Zeichen, das an der gleichen Position im zweiten String steht, kompatibel ist. Aus zwei kompatiblen Tests erzeugt man den *merged* Test, indem man je zwei korrespondierende Zeichen durch ihr *merged* Zeichen ersetzt. *Beispiel:* Die Tests $t_1 = 10ZX0XU$ und $t_2 = X0Z10UU$ sind kompatibel, weil $t_1(i) \equiv t_2(i)$, für alle $i \in \{1, 2, ..., 7\}$. $Merge(t_1, t_2) = 10Z10UU$.

Wir wollen nun für gegebene Tests eine minimale Testmustermenge finden. *Eingabe:* In der Datei *tests.in* befinden sich mehrere Tests gleicher Länge, einer pro Zeile (höchstens 40 Tests, die maximale Länge beträgt 1000 Zeichen). *Ausgabe:* Schreiben Sie in die Datei *tests.out* in die erste Zeile die Dimensionen der eingegebenen Daten (Anzahl und Länge der Tests), in die zweite Zeile die Anzahl der resultierenden Tests der Ausgabedatei und den Prozentgrad der Reduzierung, in die dritte Zeile eine Leerzeile und ab der vierten Zeile die resultierenden Tests, einen pro Zeile. Wir fordern, dass die Anzahl der resultierenden Tests minimal ist. Beispiel:

tests.in	tests.out
UUOXXZZU	15 8
XUUOXX11	5 33.3333%
XXUXZXXX	
UUUOZZ11	UUOX1ZZU
OXX111XX	011111ZZ
XUUOXX11	UOUXZUOU
UOXXXUXU	OUUZZ11U
XXXX1XXX	UUUOZZ11
UXXXXZZU	
011111ZZ	
OXX1XXXX	
XXUXZXXX	
UOUXZUOU	
XUUXZX1X	
OUXZX11U	

(Rolf Drechsler, Görschwin Fey, Daniel Große)

Problemanalyse und Entwurf der Lösung

Aus den Definitionen folgern wir die nächsten drei Sätze, die uns helfen, die Lösung zu vereinfachen.

Satz 1. Wenn $t_0 \neq t_1$ (nicht kompatibel), $t_0 \equiv t_2$ (kompatibel) und $Merge(t_0, t_2) = t_3$, dann $t_3 \neq t_1$.

Beweis. Weil t_0 und t_1 nicht kompatibel sind, folgt, dass mindestens eine Stelle k existiert, so dass $t_0[k] \neq t_1[k]$. Nach der $Merge$-Transformation $Merge(t_0, t_2) = t_3$ gilt, dass $t_3[k] = t_0[k]$, und $t_3[k] \neq t_1[k]$, weil keines von beiden 'X' ist. Es folgt, dass t_1 und t_3 nicht kompatibel sind. ❑

Satz 2. Wenn $t_0 \equiv t_1$ und $Merge(t_0, t_1) = t_2$, $t_2 \equiv t_3$ und $Merge(t_2, t_3) = t_4$, dann folgt, dass $t_0 \equiv t_4$ und $t_1 \equiv t_4$.

Beweis. Wenn ein Zeichen in t_0 'X' ist, dann ist es sowieso mit dem entprechenden Zeichen in t_4 kompatibel. Wenn es nicht 'X' ist, dann haben die $Merge$-Operationen dasselbe Zeichen in t_4 erzeugt. ❑

Satz 3. Wenn $t_0 \equiv t_1$ und $t_1 \equiv t_2$, dann folgt nicht, dass $t_0 \equiv t_2$.
Beweis. Gegenbeispiel: $t_0 = 1XU$, $t_1 = XZU$, $t_2 = 0ZX$ (siehe erste Stelle!). ❑

Um die Aufgabe zu lösen, werden wir einen rekursiven *Backtracking*-Algorithmus verwenden. Ein gegebener Vektor V wird für alle kompatiblen Paare so modifiziert werden, dass zwei kompatible Tests durch ihren verschmolzenen Test ersetzt werden. Der Algorithmus wird danach für den modifizerten Vektor erneut angewendet. Eine boolsche Variable *compact* prüft, ob es kompatible Paare gibt. Wenn ja, wird *compact* der Wert *false* zugewiesen (der Vektor ist noch nicht *kompakt*!). Wenn es keine kompatiblen Paare gibt, dann bleibt *compact* auf *true*, und V ist jetzt eine mögliche Lösung. In diesem Fall müssen wir noch prüfen, ob der Vektor V kürzer als der aktuelle Lösungskandidat *VOut* ist, der bislang die kleinste reduzierte Testmustermenge speichert. Wenn V kürzer ist, dann wird *VOut* durch V ersetzt.
Der Pseudocode-Algorithmus:

```
ALGORITHM_OPTIM_COMPACT_REC( vector V, vector& VOut )
        bool compact
        compact ← true
        For (i=1,size(V)-1; step 1) Execute
                For( j=i+1, size(V); step 1 ) Execute
                If(tᵢ compatible tⱼ) Then
                        compact ← false
                        t ← merge(tᵢ, tⱼ)
                        V.delete(tᵢ)
                        V.delete(tⱼ)
                        V.add(t)
                        ALGORITHM_OPTIM_COMPACT_REC(V, VOut )
                End_If
                End_For
        End_For
        If (compact) Execute
                If( size(VOut) > size(V) ) Then
                        VOut ← copy_of( V )
                End_If
           return;
        End_If
END_ALGORITHM _OPTIM_COMPACT_REC
```

Genauigkeit des Algorithmus. Der Algorithmus ist genau, weil der Vektor V so manipuliert wird (das Ersetzen der zwei kompatiblen Tests durch den verschmolzenen), dass die Eigenschaften der Kompatibilitätsbedingung gewahrt bleiben.

Komplexität des Algorithmus. Der rekursive Baum hat maximal die Höhe n (Anzahl der Input-Tests). Die Gesamtanzahl der Vergleiche auf Kompatibilität ist dann:

$$\frac{n(n-1)}{2} \cdot \frac{(n-1)(n-2)}{2} \cdot \frac{(n-2)(n-3)}{2} \cdot \ldots \cdot \frac{2 \cdot 1}{2} = \prod_{k=2}^{n} \frac{k(k-1)}{2} = \frac{n! \cdot (n-1)!}{2^{n-1}}.$$

Die Komplexität ist also $O(\frac{n! \cdot (n-1)!}{2^n})$. ❑

Wir werden die Methoden *compatibleChars()* (prüft, ob zwei Zeichen kompatibel sind), *compatibleLines()* (prüft, ob zwei Tests kompatibel sind), *mergeChars()* (führt die *Merge*-Operation auf zwei Zeichen aus) und *mergeLines()* (führt die *Merge*-Operation auf zwei Tests aus) implementieren.

Programm

```java
import java.io.*;
import java.util.*;

public class P12Compactation {
    private static final String FileInputName = "tests.in";
    private static final String FileOutputName = "tests.out";

    private static boolean compatibleChars(char c1, char c2){
        return c1 == c2   || c1 == 'X' ||   c2 == 'X';
    }

    private static boolean compatibleLines(String str1,
                                           String str2) {
        int len = str1.length();
        if (len != str2.length()) return false;
        for(int i = 0; i<len; i++)
            if(!compatibleChars(str1.charAt(i),
                                str2.charAt(i)))
                return false;
        return true;
    }

    private static char mergeChars(char c1, char c2) {
        return
          compatibleChars(c1, c2)?('X' == c1 ? c2 : c1) : '*';
    }

    private static String mergeLines(String str1, String str2)
    {
        int len = str1.length();
        if (len != str2.length())  return null;
        char chars[] = new char[len];
        for (int i = 0; i < len; i++) {
            chars[i] = mergeChars(str1.charAt(i),
                                  str2.charAt(i));
        }
        return new String(chars);
    }

    private static void recExactCompact(List<String> v,
                                        List<String> vRet) {
        List<String> vCopy  = new ArrayList<String>(v);
        boolean compact = true;
        for (int i = 0; i < vCopy.size() - 1; i++)
            for (int j = i + 1; j < vCopy.size(); j++)
                if (compatibleLines(vCopy.get(i),
                                    vCopy.get(j))) {
                    compact = false;
```

```
                        String str = mergeLines (vCopy.get (i),
                                                 vCopy.get (j));
                        vCopy.remove (i);
                        vCopy.remove (j - 1);
                        vCopy.add (str);
                        recExactCompact (vCopy, vRet);
                }

        if (compact) {
            if (vRet.size () > vCopy.size ()) {
                vRet.clear ();
                for (int i = 0; i < vCopy.size (); i++)
                    vRet.add (vCopy.get (i));
            }
            return;
        }
}

private static double doRecExactCompact
    (List<String> v, List<String> vRet, PrintStream out) {
    recExactCompact (v, vRet);
    out.print (v.size ()); out.print (' ');
    out.println (v.get (0).length ());
    out.print (vRet.size ()); out.print (' ');
    out.print (vRet.size ()*100.0/v.size ());
    out.println ('%');
    out.println ();
    for (String s : vRet) {
        out.println (s);
    }
    return vRet.size ()*100.0/v.size ();
}

public static void main (String[] args) throws IOException {
    Scanner sc = null;
    PrintStream out = null;
    try {
        out = new PrintStream (new File (FileOutputName));
        sc = new Scanner (new File (FileInputName));
        List<String> v = new ArrayList<String>();
        while (sc.hasNext ()) {
            v.add (sc.next ());
        }
        List<String> vRet = new ArrayList<String>(v);
        doRecExactCompact (v, vRet,out);
    }
    finally {
        if (sc != null) {
            sc.close ();
        }
```

```
            if (out != null) {
                out.close();
            }
        }
    }
}
```

Aufgaben

1. Ersetzen Sie die Klasse *String* durch den Typ *char*[].
2. Schreiben Sie folgende Methoden:
   a) Geben Sie die Anzahl der kompatiblen Paare in eine gegebene Datei aus. *Beispiel:* Für *test.in* aus der Problemstellung ist die Anzahl 41.
   b) Stellen Sie die Eigenschaften einer gegebenen Datei fest: Anzahl der Tests, ihre Länge und die Aufteilung der Zeichen auf jeder Spalte.
   c) Generieren Sie eine Eingabedatei, wobei die Dimensionen und der *compaction_factor* (der Grad der Kompaktierung zwischen Ein- und Ausgabe wird angenähert) vorgegeben sind. Beispiele für Eingabedateien mit *compaction_factor* 8:

5 Zeilen (Tests), 5 Spalten (Länge)	15 Zeilen (Tests), 9 Spalten (Länge)
1XUU1	XXXXZXXXX
UX1U0	X1X1ZXXXX
Z10XX	X1X1ZXX1X
000X0	X1X1Z111Z
0XZ0U	XXXXZX1XX
	XXXXZXXXX
	11X1Z111Z
	X1X1ZXX1X
	XXX1ZXX1X
	1000U0UU0
	XXXXZXXXX
	X00ZU0ZZU
	XXXXZ11XX
	XXXXZXXXX
	X1X1ZXXXX

3. Wegen seiner exponentiellen Komplexität ist der rekursive *Backtracking*-Algorithmus sehr zeitaufwändig. Deswegen kann er nur auf Dateien mit kleinen Dimensionen angewendet werden. Um eine gegebene Datei zu kompaktieren, könnte man einen *Greedy*-Algorithmus verwenden, der aber nicht immer die kleinste Kompaktierung liefern würde. Der Pseudocode für den *Greedy*-Algorithmus:

```
ALGORITHM_GREEDY_COMPACT
        vector V[1..n]
        bool compact
        compact ← false
        While (NOT compact) Execute
            If( ∃tᵢ, tⱼ: tᵢ compatible tⱼ ) Then
                (consider first (i, j) lexicographical)
                        compact ← false
                        t ← merge(tᵢ, tⱼ)
                        V.delete(tᵢ)
                        V.delete(tⱼ)
                        V.add(t)
            End_If
            Else Execute
                        compact ← true
            End_Else
        End_While
END_ALGORITHM_ GREEDY_COMPACT
```

Dieser Algorithmus verarbeitet auch viel größere Eingabedateien.

a) Schreiben Sie eine Methode, die diesen Algorithmus implementiert.

b) Ergänzen Sie das obige Programm um die Methoden von Aufgabe 1 und den *Greedy*-Algorithmus.

c) Testen Sie alle diese Methoden, indem Sie zufällige Eingabedateien erzeugen und sie mit *Greedy-Compact* reduzieren. Messen Sie auch die Laufzeit der *Greedy*-Methode. Zum Beispiel können Sie automatisch Eingabedateien mit diesen Bedingungen erzeugen

- *compaction_factor* 25,

- Testanzahl von 100 bis 1000 in Schritten von 100 (*f100_xxx.txt* bis *f1000_xxx.txt*),

- Verändern Sie auch die Anzahl der Spalten (Länge der Tests) von 115 bis 915 in Schritten von 200 (*fxxx_115.txt* bis *fxxx_915.txt*).

Die Ausgabedatei *report.out* könnte so aussehen:

report.out					
file_name	#lines	#cols	#comps	comp_rate	time(sec)
f100_115.txt	100	115	549	36.00%	1
f100_315.txt	100	315	850	24.00%	1
f100_515.txt	100	515	1503	20.00%	1
f100_715.txt	100	715	647	28.00%	1
f100_915.txt	100	915	973	26.00%	2
...					

f600_115.txt	600	115	35915	33.83%	82
f600_315.txt	600	315	29436	30.33%	123
f600_515.txt	600	515	17916	29.83%	163
f600_715.txt	600	715	37335	30.17%	190
f600_915.txt	600	915	8452	26.83%	186
...					
f1000_115.txt	1000	115	16218	32.80%	213
f1000_315.txt	1000	315	89951	33.90%	394
f1000_515.txt	1000	515	28579	29.70%	813
f1000_715.txt	1000	715	258987	17.90%	227
f1000_915.txt	1000	915	86154	16.30%	495

(*#comps* ist die Anzahl der ursprünglichen kompatiblen Paare!)

4. Vergleichen Sie den rekursiven *Backtracking*- mit dem *Greedy*-Algorithmus, indem Sie Eingabedateien mit verschiedenen Dimensionen generieren und kompaktieren. Automatisieren Sie den Prozess, so dass mehrere Eingabedateien gemäß bestimmter Vorgaben erzeugt, kompaktiert und die Ergebnisse in die Datei *report.out* geschrieben werden. Diese Vorgaben sind z. B.: *compaction_factor* 50; Testanzahl 5 - 35 und Spaltenanzahl 5 - 9 (beides in Einerschritten) und die Ergebnisse sehen Sie unten. Markieren Sie mit „**" die Fälle, für die der *Optim_Algorithmus* eine bessere Lösung als der *Greedy_Algorithmus* liefert. Variieren Sie den *compaction_factor*, die Anzahl der Tests und deren Länge. Wann erzielt der rekursive Algorithmus erkennbar bessere Kompaktierungsgrade als der *Greedy*-Algorithmus? Wundern Sie sich, wie ich, über die Ergebnisse!

report.out							
				GREEDY COMPACT		BACK COMPACT	
file_name	#lin	#col	#cps	c_rate	t(s)	c_rate	t(s)
f_5_5.txt	5	5	3	60.00%	0	60.00%	0
f_5_6.txt	5	6	1	80.00%	0	80.00%	0
f_5_7.txt	5	7	4	60.00%	0	60.00%	0
...							
f_11_7.txt	11	7	12	54.55%	0	45.45%	0 **
f_11_8.txt	11	8	13	45.45%	0	45.45%	0
f_11_9.txt	11	9	4	63.64%	0	63.64%	0
f_12_5.txt	12	5	58	16.67%	0	16.67%	0
...							
f_20_6.txt	20	6	48	55.00%	0	55.00%	0
f_20_7.txt	20	7	31	35.00%	0	35.00%	3
f_20_8.txt	20	8	61	50.00%	0	50.00%	1
...							
f_35_5.txt	35	5	90	54.29%	0	45.71%	395 **
f_35_6.txt	35	6	201	40.00%	0	37.14%	3689 **
f_35_7.txt	35	7	150	40.00%	0	40.00%	2677
f_35_8.txt	35	8	71	57.14%	0	57.14%	82
f_35_9.txt	35	9	116	51.43%	0	51.43%	254

5. Die Tests sind vom Typ *String*, obwohl die *Kompaktierungsmenge* {0, 1, U, X, Z} nur 5 Elemente hat (d. h. man braucht nicht 8 Bits für ein Zeichen, sondern nur 3). Verbessern Sie das Programm, indem Sie Bit-Operationen einbauen.

6. Erweitern Sie das Programm so, dass nicht immer der ganze Vektor durchlaufen wird, um die kompatiblen Tests zu finden. Sie sollen nun in einer Liste gespeichert und verarbeitet werden.

Problem 13. Sudoku

Wer hat nicht schon vom Logikspiel Sudoku gehört und Sudoku-Rätsel in Zeitschriften oder Büchern gesehen? Ein Sudoku besteht aus einem Gitter mit 9 Zeilen und 9 Spalten und, so ist es heutzutage üblich, aus 9 Teilblöcken der Dimension 3×3 (siehe Abbildung). Einige Felder sind bereits mit einer Ziffer von 1 bis 9 vorbelegt. Der Rätselfreund soll nun alle leeren Felder so ausfüllen, dass in jeder Zeile, jeder Spalte und in jedem Teilblock jede Ziffer nur einmal vorkommt (diese Bedingung nennen wir im Folgenden „Sudoku-Bedingung"). Je weniger Felder anfangs vorgegeben sind (normalerweise zwischen 22 und 36), desto schwieriger ist es, ein Sudoku zu lösen. Weil man mit den Ziffern keine Berechnungen anstellen muss, könnte man genau so gut Buchstaben oder Symbole verwenden.

Zurückführen lassen sich Sudokus übrigens auf die lateinischen Quadrate, die der Mathematiker Leonhard Euler (1707-1783) präsentierte. Die Quadrate, Euler nannte sie *carré latin*, waren aber nicht an die Größe 9 gebunden, konnten also größer oder kleiner sein und bestanden außerdem nicht aus Teilblöcken.

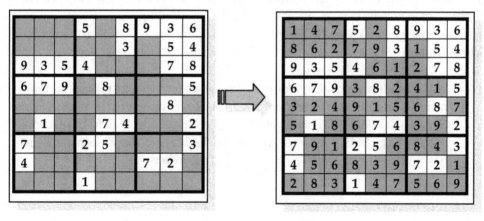

Beispiel für ein Sudoku-Rätsel

Sie sollen nun das Sudoku lösen, das durch die Datei *sudoku.in* angegeben ist. Das Zeichen ‚*' steht für ein leeres Feld. Schreiben Sie alle möglichen Lösungen in die Datei *sudoku.out* wie im Beispiel (jedes korrekt gestellte Sudoku lässt sich eindeutig lösen, es soll aber hier auch geprüft werden, ob das Sudoku wirklich richtig gestellt ist, wir hören also nicht nach der ersten gefundenen Lösung auf). Wenn es mehrere Lösungen für ein (falsch gestelltes) Sudoku gibt, dann trennen Sie sie durch eine Leerzeile. Wenn es keine Lösung gibt, bleibt die Ausgabedatei leer.

sudoku.in	sudoku.out
***5*8936	1 4 7 5 2 8 9 3 6
*****3*54	8 6 2 7 9 3 1 5 4
9354***78	9 3 5 4 6 1 2 7 8
679*8***5	6 7 9 3 8 2 4 1 5
*******8*	3 2 4 9 1 5 6 8 7
*1**74**2	5 1 8 6 7 4 3 9 2
7**25***3	7 9 1 2 5 6 8 4 3
4*****72*	4 5 6 8 3 9 7 2 1
1**	2 8 3 1 4 7 5 6 9
*1***94**	8 1 5 7 3 9 4 2 6
*74***39*	6 7 4 2 8 5 3 9 1
3*****5**	3 9 2 4 1 6 5 8 7
2***5*673	2 8 1 9 5 4 6 7 3
7***63*4*	7 5 9 8 6 3 1 4 2
628**	4 3 6 1 7 2 8 5 9
*********	9 2 3 5 4 1 7 6 8
7*235	1 4 7 6 2 8 9 3 5
568*9**1*	5 6 8 3 9 7 2 1 4

Problemanalyse und Entwurf der Lösung

Wir stellen zunächst einen naiven Ansatz vor, bei dem der Reihe nach alle leeren Felder mit Werten belegt werden, die jeweils der Sudoku-Bedingung genügen (ein klügerer Ansatz mit geschickterer Reihenfolge der Belegung findet sich in Aufgabe 2). Zunächst erläutern wir die vorkommenden Variablen:

- $v[][]$: zweidimensionales Array mit den Einträgen (erster Index: Zeilennummer, zweiter Index: Spaltennummer, von 0 bis 8 nummeriert). Wert 0 bedeutet, dass das Feld noch nicht gefüllt ist, Wert größer als Null ist der Eintrag.
- $sl[]$ und $sc[]$: eindimensionale Arrays, die die Mengen der Ziffern der Zeilen ($sl = set\ lines$) und Spalten ($sc = set\ column$) darstellen.

Zeile 1:   *sl*[0] = {3, 5, 6, 8, 9}
Zeile 2:   *sl*[1] = {3, 4, 5}
Zeile 3:   *sl*[2] = {3, 4, 5, 7, 8, 9}
Zeile 4:   *sl*[3] = {5, 6, 7, 8, 9}
Zeile 5:   *sl*[4] = {8}
Zeile 6:   *sl*[5] = {1, 2, 4, 7}
Zeile 7:   *sl*[6] = {2, 3, 5, 7}
Zeile 8:   *sl*[7] = {2, 4, 7}
Zeile 9:   *sl*[8] = {1}

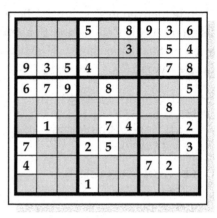

Spalte 1: *sc*[0] = {4, 6, 7, 9}
Spalte 2: *sc*[1] = {1, 3, 7}
Spalte 3: *sc*[3] = {5, 9}
Spalte 4: *sc*[3] = {1, 2, 4, 5}
Spalte 5: *sc*[4] = {5, 7, 8}
Spalte 6: *sc*[5] = {3, 4, 8}
Spalte 7: *sc*[6] = {7, 9}
Spalte 8: *sc*[7] = {2, 3, 5, 7, 8}
Spalte 9: sc[8] = {2, 3, 4, 5, 6, 8}

Im Programmverlauf werden die Mengen der Arrays komplett befüllt.
- *sb*[][]: zweidimensionales Array, das die Mengen der Ziffern jedes Blocks enthält (*sb* = *set blocks*).

(0, 0): *sb*[0][0] = {3, 5, 9}   ; *(0, 0) = Linker Teilblock im oberen Drittel*
(0, 1): *sb*[0][1] = {3, 4, 5, 8}   ; *(0, 1) = Mittlerer Teilblock im oberen Drittel*
(0, 2): *sb*[0][2] = {3, 4, 5, 6, 7, 8, 9} ; *(0, 2) = Rechter Teilblock im oberen Drittel*
(1, 0): *sb*[1][0] = {1, 6, 7, 9}   ; *(1, 0) = Linker Teilblock im mittleren Drittel usw.*
(1, 1): *sb*[1][1] = {4, 7, 8}
(1, 2): *sb*[1][2] = {2, 5, 8}
(2, 0): *sb*[2][0] = {4, 7}
(2, 1): *sb*[2][1] = {1, 2, 5}
(2, 2): *sb*[2][2] = {2, 3, 7}

Auch die Mengen dieses Arrays werden während der Verarbeitung komplettiert.

- *ch*: in *ch* lesen wir sukzessive die Zeichen der Eingabedatei ein.

Wenn in *ch* eine Ziffer steht, nehmen wir diese in die zugehörigen Mengen *sl*, *sc* und *sb* und das Array *v* auf (dies erledigt die Methode *set*(), die gleichzeitig prüft, ob nicht schon die vorhandenen Eingaben die Sudoku-Bedingung verletzen, also die entspre-

chende Mengen in *sl*, *sc* oder *sb* bereits den Wert enthält). Nach jedem Einlesen aktualisieren wir die Zeilen- und Spaltenposition (beide werden mit 0 initialisiert). Wenn
wir zur Spaltenposition 9 (*DIM*) gelangen, schreiten wir auf der nächsten Zeile in
Spalte 0 voran (l++; c=0;).

```java
if (Character.isDigit(ch) || ch == V) {
  if (ch != V) {
    if (!set(Character.digit(ch, 10)))
      return;
  }
  if (DIM == ++c) {
    l++;
    c = 0;
  }
}
```

Wir implementieren die Methode *back*(), die mit rekursivem Backtracking arbeitet:
Zunächst suchen wir das nächste noch nicht gefüllte Feld (Zeile *l* und Spalte *c*, für die
v[l][c] Null ist). Ist alles gefüllt, geben wir die Lösung aus. Wenn nicht, versuchen wir,
v[l][c] auf die Werte von 1 bis 9 mit der Methode *set*() zu setzen. Ist die Sudoku-
Bedingung nicht verletzt, findet der rekursive Aufruf statt.

Grundsätzlich lässt sich die Aufgabe auch für ein Quadrat mit N^2 Zeilen, Spalten und
Blöcken (mit je *N* Zeilen und Spalten) stellen, in die jeweils N^2 verschiedene Zeichen
einzufügen sind (beim normalen Sudoku ist *N*=3). Ändert man den Wert von *N* im
Programm (und passt ggfs. die Eingabe- und Ausgabefunktion an), lassen sich auch
Sudokus anderer Größen behandeln.

Programm

```java
import java.io.*;
import java.util.*;

public class P13Sudoku {

  private static final String FileInputName = "sudoku.in";
  private static final String FileOutputName = "sudoku.out";

  private static final char V = '*';
  private static final int N = 3;
  private static final int DIM = N*N;
  private BitSet sl[];
  private BitSet sc[];
  private BitSet[][] sb;
  private int[][] v;
  private static int anzahl = 0;
```

```
P13Sudoku() {
  this.sl = new BitSet[DIM];
  this.sc = new BitSet[DIM];
  for (int i = 0; i < DIM; i++) {
    this.sl[i] = new BitSet();
    this.sc[i] = new BitSet();
  }
  this.sb = new BitSet[N][N];
  for (int i = 0; i < N; i++)
    for (int j = 0; j < N; j++)
      sb[i][j] = new BitSet();
  this.v = new int[DIM][DIM];
}

boolean set(int l, int c, int value)
{
  if (!sl[l].get(value) &&
    !sc[c].get(value) &&
    !sb[l / N][c / N].get(value))
  {
    sl[l].set(value);
    sc[c].set(value);
    sb[l / N][c / N].set(value);
    v[l][c] = value;
    return true;
  }
  else
    return false;
}

void unset(int l, int c, int value)
{
  sl[l].clear(value);
  sc[c].clear(value);
  sb[l/N][c/N].clear(value);
  v[l][c] = 0;
}

void run(Scanner scanner, PrintStream out) {
  int l = 0, c = 0;
  while (scanner.hasNext() && l < DIM) {
    String s = scanner.next();
    for (int i = 0; i < s.length(); i++) {
      char ch = s.charAt(i);
      if (Character.isDigit(ch) || ch == V) {
        if (ch != V) {
          if (!set(l, c, Character.digit(ch, 10)))
            return;
        }
        if (DIM == ++c) {
```

```java
          l++;
          c = 0;
        }
      }
    }
  }
  back(0, -1, out);
}

private void writeSolution(PrintStream out)
{
  for (int l=0; l < DIM; l++)
  {
    out.print(v[l][0]);
    for (int c=1; c < DIM; c++)
    {
      out.print(' ');
      out.print(v[l][c]);
    }
    out.println();
  }
  out.println();
}

private void back(int l, int c, PrintStream out) {
  do {
    c++;
    if (c == DIM) {
      c = 0;
      l++;
      if (l == DIM) {
        writeSolution(out);
        return;
      }
    }
  }
  while (v[l][c] != 0);
  for (int value = 1; value <= DIM; ++value) {
    if (set(l, c, value)) {
      back(l, c, out);
      unset(l, c, value);
    }
  }
}

public static void main(String[] args) throws IOException {
  Scanner scanner = null;
  PrintStream out = null;
  try {
    out = new PrintStream(new File(FileOutputName));
```

```
      scanner = new Scanner(new File(FileInputName));
      new P13Sudoku().run(scanner, out);
    } finally {
    if (scanner != null) {
      scanner.close();
    }
    if (out != null) {
        System.out.print(anzahl);
        out.close();
    }
    }
  }
}
```

Aufgaben

1. Definieren Sie eine globale *int*-Variable, die anfangs Wert Null hat und für jeden erfolglosen Aufruf von *back*() (d. h. bei dem die *for*-Schleife in *back*() keinen passenden Wert für $v[l][c]$ finden kann, also einem Fehlversuch) um 1 erhöht wird, und geben ihren Wert bei Programmende zusätzlich in *sudoku.out* aus.

2. Die in Aufgabe 1 bestimmte Anzahl an Fehlversuchen lässt sich stark verkleinern, indem man nicht der Reihe nach die leeren Felder belegt, sondern jeweils ein Feld bestimmt, für das es die kleinstmögliche Anzahl Belegungen gibt, die nicht die Sudoku-Eigenschaft verletzen (bei vielen leichten Sudokus lassen sich der Reihe nach alle Felder eindeutig belegen, weil es immer eines gibt, für das es jeweils nur noch eine Belegungsmöglichkeit gibt). Ersetzen Sie dazu die *do-while*-Schleife in *back*() durch eine Schleife, die für jedes freie Feld die Vereinigung der Mengen aus *sl*, *sc* und *sb* bestimmt und Zeilen- und Spaltennummer ausgibt, für die die Vereinigungsmenge die größte Anzahl von Elementen hat. Vergleichen Sie Anzahlen der Fehlversuche (vgl. Aufgabe 1) für den ursprünglichen und den verbesserten Algorithmus. *Bemerkung*: Durch geschicktere Überlegungen lässt sich die Anzahl der Versuche noch weiter stark einschränken. Eine Übersicht von Vorgehensweisen, um sehr viele Sudokus ohne jegliche Fehlversuche vollständig „logisch" lösen zu können, findet sich in http://www.sudokusolver.co.uk.

3. Implementieren Sie ein iteratives *Backtracking* für das Problem.

4. Viele Webseiten, z. B. http://www.sachsentext.de/en/index.htm und http://www.maa.org/editorial/mathgames/mathgames_09_05_05.html präsentieren Varianten von Sudoku (z. B. *Shidoku, Rokudoku, Maxi Sudoku, Irregular Sudoku*, usw.). Schreiben Sie Programme, um diese Varianten zu lösen. Versuchen Sie dabei, wenn möglich, einen allgemeinen Algorithmus zu finden, der mehrere Varianten lösen kann.

Problem 14. Das Haus des Nikolaus

Seit Generationen zeichnen die Kinder (und auch manche Erwachsene) das Haus des Nikolaus. Ohne mit dem Stift abzusetzen und ohne eine Linie zweimal zu durchlaufen, muss das Haus gemalt werden. Nur wenn man in einer unteren Ecke des Hauses beginnt, gelingt es.

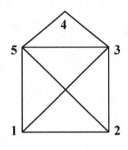

Sie sollen das Haus mit einem Programm bauen, das alle Möglichkeiten ausgibt, wenn man in der unteren linken Ecke anfängt. Die Ecken werden wie in der nebenstehenden Figur nummeriert. Eine mögliche Ausgabe wie „153125432" bedeutet, dass man in der Ecke 1 beginnt, einen Strich zu Ecke 5 zieht, dann zu Ecke 3 ...

Die *Ausgabe* der lexikographisch sortierten und nummerierten Lösungen erfolgt in die Datei *nikolaus.out*. Beispiel:

nikolaus.out
Loesung 1: 1 2 3 1 5 3 4 5 2
. . . .
Loesung 26: 1 3 5 2 3 4 5 1 2
. . . .
Loesung 44: 1 5 4 3 5 2 3 1 2

Problemanalyse und Entwurf der Lösung

Das Haus des Nikolaus bilden wir auf einen ungerichteten Graphen ab, in dem wir alle Eulertouren finden müssen. Dafür setzen wir einen rekursiven *Backtracking* Algorithmus ein. Die Adjazenzmatrix A des Graphen speichern wir im zweidimensionalen Array $a[][]$:

$$a_{ij} = \begin{cases} 1, \text{wenn eine Kante von } i \text{ nach } j \text{ existiert} \\ 0, \text{wenn es keine Kante zwischen } i \text{ und } j \text{ gibt} \end{cases}$$

Wir bauen die Lösung sukzessive im Array $b[]$ auf, und wenn ein Wert für $b[k]$ bestimmt wurde, entfernen wir die soeben „gezeichnete" Kante $(b[k-1], b[k])$. Nach dem rekursiven Aufruf fügen wir diese Kante wieder hinzu.

Programm

```java
import java.io.*;

public class P14SantaClaus {

  private static final String FileOutputName = "nikolaus.out";

  private int a[][] = { new int[] { 0, 1, 1, 0, 1 },
                        new int[] { 1, 0, 1, 0, 1 },
                        new int[] { 1, 1, 0, 1, 1 },
                        new int[] { 0, 0, 1, 0, 1 },
                        new int[] { 1, 1, 1, 1, 0 }
                      };

  private int b[] = new int[9];
  private int sol = 0;
  private PrintStream out;


  P14SantaClaus(PrintStream out) {
    this.out = out;
  }

  void run() {
    back(1);
  }

  private void writeSol() {
    out.print("Loesung ");
    out.print(++sol);
    out.print(": ");
    for (int i = 0; i < 9; i++) {
      out.print(b[i] + 1);
      out.print(' ');
    }
    out.println();
  }

  void back(int k) {
    int i;
    if (9 == k) writeSol();
    else
      for (i = 0; i < 5; i++)
        if (a[i][b[k - 1]] == 1 && i != b[k - 1]) {
          b[k] = i;
          a[i][b[k - 1]] = 0;
          a[b[k - 1]][i] = 0;
          back(k + 1);
          a[i][b[k - 1]] = 1;
```

```
            a[b[k - 1]][i] = 1;
        }

    }

    public static void main(String[] args) throws IOException {

        PrintStream out = new PrintStream(
                                new File(FileOutputName));

        try {
            new P14SantaClaus(out).run();
        } finally {
            out.close();
        }
    }

}
```

Aufgaben

1. Schreiben Sie ein iteratives Programm für das Problem.
2. Entwerfen Sie auch für die folgenden Figuren Programme, um sie wie beim Nikolaus-Problem in einem Zug zu konstruieren. Bei der zweiten Figur beginnt man bei Knoten 4 und bei der dritten bei Knoten 1.

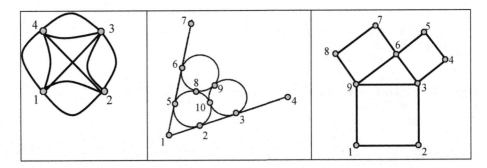

Noch 10 Probleme

1. *Korrekte Klammerung von n Klammern-Paaren.* Das Generieren aller korrekten Klammerungen mit n öffnenden und n schließenden Klammern ist ein bekanntes *Backtracking*-Problem. Die Klammerungen ()() und (()) sind korrekt und))(und)(() sind inkorrekt. Die Anzahl der Folgen n öffnender und n schließender Klammern, die korrekt geklammert sind, ist die n-te Catalan-Zahl $C_n = \dfrac{1}{n+1}\dbinom{2n}{n}$:

()(), (())	2 Paare → 2 Möglichkeiten
()()(), ()(()), (())(), (()()), ((()))	3 Paare → 5 Möglichkeiten
()()()(), ()()(()), ()(())(), ()(()()), ()((())), (())()(), (())(()), (())()(),((()))(), (()()(), (()(())), ((())()), (((())()), ((()())), (((())))	4 Paare → 14 Möglichkeiten

Schreiben Sie ein Programm, das alle korrekten Klammerungen von n Klammern-Paaren ausgibt. Beispiel:

Tastatur	klammern.out
n=3	() () () , () (()) , (()) () , (() ()) , (((())

2. **Kartenfärbung.** Eine Anzahl von Ländern n ($2 \leq n \leq 20$) und die dazugehörige Landkarte als Matrix $a[][]$ sind gegeben, in der $a[i][j] = 1$ ist, wenn die Länder i und j Nachbarn sind, wenn nicht, ist $a[i][j] = 0$. Finden Sie eine Möglichkeit, die Karte mit einer minimalen Anzahl von Farben einzufärben, wobei zwei Länder, die aneinander grenzen, unterschiedliche Farben haben müssen. In die Ausgabedatei geben Sie in die erste Zeile die minimale Anzahl der Farben aus. In die zweite Zeile schreiben Sie die zugewiesene Farbnummer für Land 1 bis n in dieser Reihenfolge.

karte.in	farben.out
7	4
0 1 1 1 0 0 1	1 2 3 4 1 3 2
1 0 1 1 0 0 0	
1 1 0 1 1 0 1	
1 1 1 0 1 0 1	
0 0 1 1 0 1 1	
0 0 0 0 1 0 1	
1 0 1 1 1 1 0	

Erzeugen Sie alle Möglichkeiten, die Karte mit minimaler Anzahl an Farben zu färben.

3. **Kartesisches Produkt.** Das kartesische Produkt von n Mengen A_1, A_2, ..., A_n besteht aus allen n-Tupeln (a_1, a_2, ..., a_n) mit $a_i \in A_i$. Man notiert es mit $A_1 \times A_2 \times ... \times A_n$:

$$\prod_{i=1}^{n} A_i = A_1 \times A_2 \times ... \times A_n = \{(a_1, a_2, ..., a_n) | a_i \in A_i \; \forall i = 1,2,...,n\}$$

Die Anzahl aller Tupel ist also $|A_1| \cdot |A_2| \cdot ... \cdot |A_n|$.

Bei diesem Problem wollen wir das kartesische Produkt $\{1, 2, .., n_1\} \times \{1, 2, ..., n_2\} \times ... \times \{1, 2, ...,n_k\}$ bestimmen. In der Datei *kart.in* befinden sich die Dimensionen der Mengen. Alle k-Tupel werden in die Datei *kart.out* geschrieben, eines pro Zeile. Beispiel:

kart.in	kart.out
2 3 1 4	1 1 1 1
	1 1 1 2
	...
	2 3 1 4

4. **Gleichung mit drei Unbekannten.** Schreiben Sie in die Datei *equation.out* alle Tripel der Menge $\{x, y, z \in \mathbb{N} \mid 2xy+xyz+4z=152\}$. Verallgemeinern Sie die Aufgabenstellung.

5. **Die Flaggen.** Wir stellen uns vor, dass sieben Farben gegeben sind: weiß, gelb, orange, rot, blau, grün und schwarz. Finden Sie alle dreifarbigen Flaggen mit drei horizontalen Bereichen, wobei der mittlere Streifen weiß, gelb oder orange sein muss. Schreiben Sie alle möglichen Flaggen in *flag.out*, eine pro Zeile:

flag.out
Gelb   Weiss Orange
...
Blau Gelb Rot
...
Weiss Orange Gelb

Ohne Programm, nur auf dem Papier: Wie viele Flaggen gibt es?

6. **Was macht ein Bauer mit einem Wolf?** Ein Bauer ist mit einem Wolf, einer

Ziege und mit einem Kohlkopf unterwegs und will mit ihnen auf die andere Seite eines Flusses. Er findet einen Kahn, doch der ist so klein, dass nur zwei hineinpassen. Er muss berücksichtigen, dass er den Wolf nicht mit der Ziege und die Ziege nicht mit dem Kohlkopf auf einer Seite des Flusses lassen kann. Denn dann würde der Wolf die Ziege oder die Ziege den Kohlkopf fressen. Finden Sie eine geeignete Repräsentation für das Problem. Lösen Sie es mit Hilfe einer *Backtracking*-Methode.

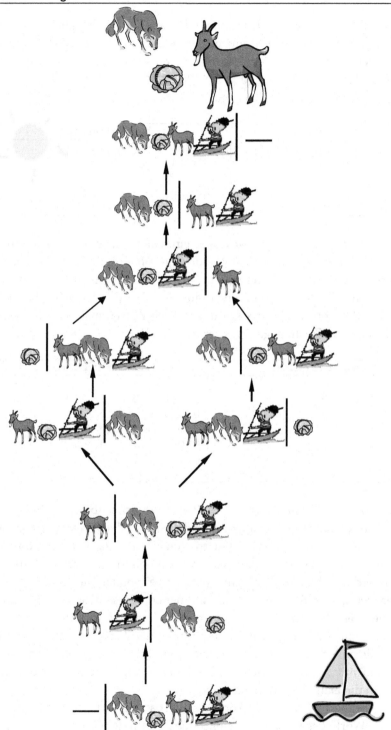

Bauer, Wolf, Ziege und Kohlkopf

7. **Wie kannst Du mir den Rest bezahlen?** Finden Sie alle Möglichkeiten, eine Summe S mit verschiedenen Münzen m_1, m_2, ..., m_n zu zahlen. In der Datei *pay.in* finden sich die Summe S in der ersten Zeile und die Werte für die Münzen in der nächsten Zeile ($0 \leq S \leq 1200$, $1 \leq m_i \leq 50$). Alle Möglichkeiten geben Sie in *bezahlen.out* aus. Beispiel:

bezahlen.in	bezahlen.out

136
12 1 5 25
	Loesung 1:
	  136x1
	
	. . .
	Loesung 431:
	  1x1 + 2x5 + 5x25

8. **Das Labyrinth.** Ein Labyrinth ist durch eine $m \times n$ Matrix L beschrieben, die Nullen und Einsen beinhaltet. Die Wände sind mit 0 und die freien Plätze mit 1 kodiert. Eine Person befindet sich im Labyrinth auf einem freien Element. Finden Sie alle Wege, wie die Person aus dem Labyrinth ausbrechen kann, wobei eine Position der Matrix auf einem Weg nur einmal betreten werden darf. Diagonal darf nicht gegangen werden. Beispiel:

labyrinth.in	labyrinth.out
4 7 0 0 1 1 0 0 0 0 0 0 1 0 1 0 0 0 X 1 1 1 0 0 1 1 1 0 0 0	. . . Loesung 3: 0 0 1 **4** 0 0 0 0 0 0 **3** 0 1 0 0 0 1 **2** 1 1 0 0 1 1 1 0 0 0 . . .

9. **Bauern auf dem Schachbrett.** Auf einem 8×8-Schachbrett befinden sich Bauern. Die Nachbarn eines Bauern befinden sich in den direkt angrenzenden Feldern. Wir sagen, dass alle Bauern gemeinsam dann einen korrekten Verband bilden, wenn das Innere lückenlos mit Bauern gefüllt ist, und nennen sie dann Verbandsbauern. Wir definieren, dass ein Bauer auf der Grenze liegt, wenn er weniger als 8 Nachbarn hat, und nennen diese Bauern Grenzbauern. Bestimmen Sie die Anzahl der Grenz- und Verbandsbauern. *Eingabe:* Die Datei *bauern.in* beinhaltet die Konfiguration des Schachbretts: 8 Zeichenketten, jede mit 8 Zeichen, in 8 aufeinander folgenden Zeilen. Die leeren Felder sind mit „.' gekennzeichnet. Die Bauern werden mit ‚B' bezeichnet. *Ausgabe:* In die Datei *bauern.out* schreiben Sie:

    a.   wenn es exakt einen korrekten Verband gibt, in die erste Zeile das Wort „Grenzbauern=", danach die Anzahl der Grenzbauern und auf die nächste Zeile das Wort „Verbandsbauern=" gefolgt von der Anzahl der Verbandsbauern;

b.   wenn es keinen korrekten Verband gibt, „*Kein Verband!*".

Beispiele:

bauern.in	bauern.out

`. . . . . . .`
`. . . .BB. . .`
`. . .B. . . .`
`.BBBBB. .`
`BBBBB. . .`
`BBBBB. . .`
`. .B.B. . .`
`. . . . .B. .`
	Grenzbauern=19
	Verbandsbauern=21

`. . . .B. . .`
`. . .B.B. .`
`. .B. . .B.`
`. . .B. . .B`
`. . . .B.B.`
`. . . . .B. .`
`. . . . . . . .`
`. . . . . . . .`
	Kein Verband!

(Landkreisrunde der Informatik-Olympiade, Iaşi, Rumänien, 2000)

10. **Versteckte Basen.** Es seien n natürliche Zahlen a_1, a_2, ..., a_n ($1 \leq n \leq 30$) gegeben, die maximal 9 Stellen lang sind. Wir wissen nicht, in welchen Zahlensystemen die n Zahlen gegeben sind, aber wir fordern, dass sie in Systemen mit Basen zwischen 2 und 10 beheimatet sein sollen. Bestimmen Sie für jede Zahl x_i ein Zahlensystem mit Basis b_i, so dass Sie ein Intervall minimaler Länge erhalten, in dem sich alle dezimal umgewandelten Werte befinden. *Eingabe:* Die Eingabezahlen a_1, a_2, ..., a_n stehen durch Leerzeichen getrennt in der Datei *base.in*. *Ausgabe:* In *base.out* sollen auf jede Zeile die Paare (a_i, b_i) und die Dezimaldarstellung von n geschrieben werden, wie im Beispiel. In die letzte Zeile geben Sie ein minimales Intervall aus. Beispiel:

basis.in	basis.out		

`12102   34215   2314   28756`
`1231  1010101  23413  28457`
`343421`
	n
	12102
	34215
	2314
	28756
	1231
	1010101
	23413
	28457
	343421
	Intervall:
		Basis(n)
		6
		6
		9
		9
		10
		4
		5
		9
		5
			n Dezimal
			1766
			4835
			1714
			19572
			1231
			4369
			1733
			19330
			12361
			[1231,19572]

(Nationalrunde der Informatik-Olympiade, Timişoara, Rumänien, 1997, modifiziert)

Hinweis: Wir können eine rekursive *Backtracking*-Methode benutzen, z. B.:

```java
void back(int k){
  if(k==n)
    processThisCombina-
tion();
    else
      for(int i=base[k];
          i<=10; i++)
      {
        x[k]=i;
        back(k+1);
      }
}
```

Wenn

- eine Basen-Konfiguration gefunden wurde ($k=n$), dann prüfen wir, ob das zugehörige Intervall kleiner als das bisher gefundene ist.
- noch keine Basen-Konfiguration gefunden wurde ($k<n$), dann setze $x[k]$ auf alle möglichen Basen für die k-te Zahl (die minimale ist *base[k]*) und rufe für jeden Fall die Methode für $k+1$ auf.

Holzskulptur an einem Stuhl in der Kathedrale von Toledo, Spanien

Dynamische Programmierung

8

Grundlagen, Eigenschaften des Verfahrens

Richard Bellman
®IEEE History Center,
1979 IEEE Awards Reception Brochure
http://www.ieee.org/organizations/
history_center/legacies/bellman.html

1. Ursprung des Konzeptes. Die Dynamische Programmierung ist ein algorithmisches Verfahren, um Optimierungsprobleme zu lösen. Der Begriff wurde im Jahr 1940 vom amerikanischen Mathematiker Richard Bellman (1920–1984) vorgestellt. Er wurde in der Kontrolltheorie verwendet, und in diesem Umfeld spricht man oft von **Bellmanns Prinzip der dynamischen Programmierung**.

2. Optimalitätsprinzip.
Die Dynamische Programmierung basiert auf dem **Optimalitätsprinzip**. Das heißt, dass das Problem in Teilprobleme zerlegt wird und manche der optimalen Lösungen der Teilprobleme verwendet werden können, um die optimale Lösung des Problems zu bestimmen. Das Optimalitätsprinzip gilt auch für die Teilprobleme.

Wir stellen uns vor, dass wir den minimalen Pfad zwischen den Knoten i und j eines Graphen bestimmen wollen. Um das zu erreichen, berechnen wir die Pfade mit minimaler Länge zwischen i und allen an j anstoßenden Kanten. Danach berechnen wir, auf Basis dieser Werte und den Längen der inzidenten Kanten in j, den minimalen Pfad zwischen i und j. Die Bestimmung des minimalen Pfades zwischen i und einem der Nachbarknoten von j ist also ein Teilproblem.

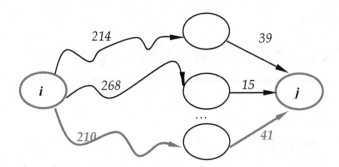

Berechnung der minimalen Pfade zwischen zwei Knoten eines Graphen

Normalerweise besteht die Lösung eines Problems mit Optimalitätsprinzip aus folgenden Schritten:

1. *Aufteilung des Problems in kleinere Probleme*
2. *Optimales Lösen der Teilprobleme auf Basis dieses 3-Schritte-Modells*
3. *Kombination der optimalen Lösungen der Teilprobleme, um die optimale Lösung des Ausgangsproblems zu berechnen*

3. Überlappung der Probleme, Speicherung der optimalen Teilproblemlösungen (*Memoization*). Zwei andere spezifische Merkmale des Verfahrens sind die **Überlappung** des Problems und das **Speichern der optimalen Teilproblemlösungen**. **Überlappung** bedeutet, dass die optimale Lösung eines Teilproblems zur Berechnung der Lösung mehrerer, umfangreicherer Teilprobleme gebraucht werden kann. *Memoization* bedeutet, dass die Lösungen der Teilprobleme für einen nachträglichen Zugriff gespeichert werden, um die Laufzeit zu verbessern.

4. Einführendes Beispiel – die Fibonacci-Folge. Wir betrachten das Problem, die Glieder der Fibonacci-Folge zu ermitteln. Sie ist wie folgt definiert:

- $F(0) = 0, F(1) = 1$
- $F(n) = F(n-1) + F(n-2)$ für alle $n \geq 2$ (1)

Um $F(5)$ aus der Fibonacci-Folge zu berechnen, brauchen wir die Zahlen $F(4)$ und $F(3)$. Allgemein: Um an das Ergebnis von $F(n)$ zu kommen, braucht man $F(n-1)$ und $F(n-2)$. Wenn die Zahlen unabhängig voneinander berechnet wären, z. B. mit einem rekursiven Algorithmus, müssten sie mehrere Male bestimmt werden. Nehmen wir $F(5)$:

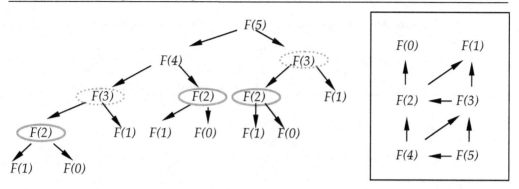

Berechnung von $F(5)$: rekursiver Baum und gerichteter azyklischer Graph (engl. *Directed acyclic graph, DAG*)

Im rekursiven Fall wäre $F(2)$ dreimal berechnet und $F(3)$ zweimal. Eine andere Methode ist die iterative Bestimmung der Werte $F(2)$, $F(3)$, $F(4)$, ..., $F(n)$, indem die Ergebnisse der schon gelösten Probleme gespeichert werden. Formal können diese beiden Varianten zusammengefasst werden:

Rekursive und iterative Algorithmen zur Berechnung der Fibonacci-Zahlen

Rekursive Bestimmung der n-ten Fibonacci-Zahl	Iterative Bestimmung der n-ten Fibonacci-Zahl (Dynamische Programmierung)
ALGORITHM_FibRec(n)	**ALGORITHM_FibIt(n)**
If (n==0 **or** n==1) **Then**	$F[0] \leftarrow 0$
return n	$F[1] \leftarrow 1$
End_If	**For** (i=2; $i{\le}n$; step 1) **Execute**
Else Execute	$F[n] \leftarrow F[n-1] + F[n-2]$
return Fib(n-1)+Fib(n-2)	**End_For**
End_Else	**return** $F[n]$
END_ ALGORITHM_FibRec (n)	**END_ ALGORITHM_FibIt(n)**

Um die beiden Algorithmen zu vergleichen, verwenden wir ein Programm, das die Laufzeiten in Sekunden auflistet:

Vergleich der Laufzeiten für den rekursiven und iterativen Fibonacci

N	F(n)	Laufzeit rekursiver Fibonacci	Laufzeit iterativer Fibonacci
34	9227465	3	<1
35	14930352	5	<1
36	24157817	7	<1
37	39088169	11	<1
38	63245986	18	<1
39	102334155	30	<1
40	165580141	46	<1
41	267914296	76	<1
42	433494437	122	<1
43	701408733	198	<1
44	1134903170	320	<1
45	1836311903	522	<1
46	2971215073	845	<1
47	4807526976	1361	<1
48	7778742049	2211	<1
49	12586269025	3710	<1
50	20365011074	5904	<1

In dieser Tabelle sieht man, dass die Laufzeit für die rekursive Variante sehr schnell wächst, weil nämlich jede Zahl unabhängig berechnet wird. Die Komplexität dieses Algorithmus ist exponentiell: $O\left(\left(\frac{\sqrt{5}+1}{2}\right)^n\right)$. Die zweite Variante verwendet das Optimalitätsprinzip. Jede Zahl wird nur einmal berechnet und ihr Wert in einem Vektor gespeichert, um ihn nachträglich wieder auslesen zu können. Die Komplexität dafür ist linear: $O(n)$. Wir kommen in Problem 1 auf die Fibonacci-Zahlen zurück.

5. Bottom-up versus top-down. Normalerweise verfolgt man bei der Dynamischen Programmierung einen der beiden folgenden Ansätze:

Bottom-up-Ansatz: Alle Problemteile, die gebraucht werden können, werden im Voraus gelöst. Danach werden diese Lösungen benutzt, um optimale Lösungen für größere Teilprobleme zu berechnen. Eine Tabelle wird mit Teillösungen aufgefüllt, und am Ende kann im Idealfall die Lösung direkt aus der Tabelle gelesen werden. Vorteile: (Eine) kontrollierte effiziente Tabellenverwaltung, die Zeit spart.

Top-down-Ansatz: Das Problem wird in kleinere Teilprobleme zerlegt, diese Probleme werden gelöst und die Lösungen für den Fall gespeichert, dass sie wieder gebraucht werden. Ein Teilproblem wird nur beim ersten Auftreten gelöst.

6. Vergleich mit anderen Verfahren. Anders als beim Teile-und-Herrsche-Verfahren, bei dem die Teilprobleme unabhängig voneinander sein müssen, kann es in der Dynamischen Programmierung den Fall geben, dass ein Teilproblem in der

Zerlegung von mehr als einem umfangreicheren Problem enthalten ist. Ein Teilproblem sollte nur einmal gelöst und die Lösung gespeichert werden, um zu einem späteren Zeitpunkt darauf zurückgreifen zu können, anstatt sie neu berechnen zu müssen (*Memoization*).

Das Verfahren der Dynamischen Programmierung ist keine standardisierte Technik, wie z. B. *Backtracking*. Der Entwurf des Algorithmus sollte nur ein paar allgemeinen Prinzipien unterliegen. Darum ist die Anwendung der Dynamischen Programmierung keine leichte Übung, und sie setzt oft solide mathematische Kenntnisse voraus.

Weil hierbei die Lösung errechnet wird, ohne alle möglichen Fälle zu berücksichtigen, besteht Verwandtschaft mit der *Greedy*-Technik. Der Unterschied ist aber, dass die *Greedy*-Methode das lokale Optimum zu einem bestimmten Zeitpunkt wählt und die Dynamische Programmierung das Optimalitätsprinzip nutzt.

Aufgaben

1. Definieren Sie die Begriffe Optimalitätsprinzip, Überlappung der Probleme, *Memoization*.
2. Wie ist die Vorgehensweise beim Dynamischen Programmieren?
3. Ein weiteres typisches Beispiel für die Anwendung der Dynamischen Programmierung ist das Berechnen der Binomialkoeffizienten:

$$\binom{n}{k} = 1, \text{ wenn } k = 0 \text{ oder } n = k$$

$$\binom{n}{k} = \binom{n-1}{k-1} + \binom{n-1}{k}, \, n > k, \, k \neq 0 \tag{2}$$

Zeichnen Sie den rekursiven Baum und den iterativen, gerichteten, azyklischen Graphen für die Bestimmung von $\binom{4}{2}$, siehe Abbildung mit Berechnung von $F(5)$.

Problem 1. Das Zählen der Kaninchen

Ca. 1180 wurde Leonardo Pisano, der als Fibonacci bekannt ist, in Pisa geboren. Weil sein Vater Handel mit nordafrikanischen Ländern betrieb, erlernte Fibonacci die hindu-arabischen Ziffern und die Rechenmethoden der arabischen Mathematiker. Fibonacci schrieb das Buch "*Liber Abaci*" (Buch vom Abakus), in dem er die Anwendung der hindu-arabischen Ziffern befürwortet und eindrucksvolle mathematische Probleme vorstellt, die später immer wieder von anderen Autoren aufgegriffen wurden, so z. B.:

Jemand setzt ein Kaninchenpaar in einen Garten, der von einer Mauer umgeben ist. Wie viele Kaninchenpaare werden jedes Jahr geboren, wenn man annimmt, dass jeden Monat jedes Paar ein weiteres Paar zeugt, und dass Kaninchen ab dem Alter von zwei Monaten geschlechtsreif sind?

Die Zahlenreihe, die aus diesem Problem abgeleitet werden kann, ist als Fibonacci-Folge bekannt, und wir haben sie schon im ersten Abschnitt vorgestellt: $F_0=0$, $F_1=1$ und weiter $F_{n+1}=F_n+F_{n-1}$. Die ersten Fibonacci-Zahlen sind also: 0, 1, 1, 2, 3, 5, 8, 13, 21, 34, 55, 89, 144, 233, 377,...

Schreiben Sie ein Programm, das mit Hilfe eines rekursiven und eines iterativen Algorithmus die ersten 50 Fibonacci-Zahlen ausgibt, und geben Sie die Laufzeiten für die Algorithmen in Sekunden an:

N	FibRec(N)	Zeit(FibRec(N))		FibIt(N)	Zeit(FibIt(N))	
. . . .						
33	3524578	t1=	2	3524578	t2=	0
34	5702887	t1=	3	5702887	t2=	0
35	9227465	t1=	4	9227465	t2=	0
36	14930352	t1=	7	14930352	t2=	0
37	24157817	t1=	11	24157817	t2=	0
. . . .						

Problemanalyse und Entwurf der Lösung

Wir werden die Methoden *fibo1*() und *fibo2*() schreiben, die beide Algorithmen implementieren. Die erste Methode berechnet unabhängig voneinander jede Fibonacci-Zahl. Die zweite baut den Array v iterativ auf, und für jeden neuen Wert $v[i]$ werden die schon gespeicherten $v[i-1]$ und $v[i-2]$ herangezogen. Die Zeit messen wir mit der Methode *System.currentTimeMillis()* aus dem Paket *java.lang*. Diese Methode ermittelt, wieviel Millisekunden seit dem 1.1.1970, 00:00 Uhr, bis zur aktuellen Zeit vergangen sind, und gibt das Resultat in einer Variablen vom Typ *long* zurück:

```
public static long   currentTimeMillis ()
```

Programm

```
import java.io.*;

public class P01Fibo {
  private static final String
                        FileOutputName = "FiboReport.txt";

  private static final int N = 50;

  private static long fibo1(int n) {
    if (n <= 1)
      return n;
    return fibo1(n - 1) + fibo1(n - 2);
  }

  private static long fibo2(int n) {
    if (n < 2) {
      return n;
    }
    long prevprev = 0;
    long prev = 1;

    for (int i = 2; i < n; i++) {
      long temp = prev;
      prev += prevprev;
      prevprev = temp;
    }
    return prev + prevprev;
  }

  public static void main(String[] args) throws IOException {
    PrintStream out = new PrintStream(
                        new File(FileOutputName));
    try {
      for (int i = 0; i < N; i++) {
        long tm = System.currentTimeMillis();
        long f = fibo1(i);
        tm = System.currentTimeMillis() - tm;
        out.printf("%4d %15d    t1=%6d", i, f,
                    Math.round(tm / 1000));
        tm = System.currentTimeMillis();
        f = fibo2(i);
        tm = System.currentTimeMillis() - tm;
```

```
        out.printf(" %15d      t2=%6d%n", f,
                  Math.round(tm / 1000));
        out.flush();
      }
    } finally {
      out.close();
    }
  }
}
```

Aufgaben

1. Die durch $L_0=2$, $L_1=1$ und $L_n=L_{n-1}+L_{n-2}$ definierten Zahlen heißen **Lucas-Zahlen**. Oft kann man Summen von Fibonacci-Zahlen elegant durch Lucas-Zahlen ausdrücken. Ändern Sie das Programm, um statt der Fibonacci-Zahlen die Lucas-Zahlen mit den beiden Methoden zu berechnen.

2. Zwischen den Fibonacci- und den Lucas-Zahlen gibt es viele Zusammenhänge wie z. B. $L_{2n}+2\cdot(-1)^{n-1} = 5F_n^2$. Schreiben Sie ein Programm, das diese Gleichung für $n = 0, 1, 2, ..., 25$ prüft und die Ergebnisse auflistet, z. B. im Format:

```
   n    L(2n)+2(-1)^(n-1)        5F(n)^2

   0                 0               0  OK!
   1                 5               5  OK!
   2                 5               5  OK!
 . . . . . . . . . .
  22        1568397605      1568397605  OK!
  23        4106118245      4106118245  OK!
  24       10749957120     10749957120  OK!
  25       28143753125     28143753125  OK!
```

3. Die durch $G_0=0$, $G_1=1$, $G_2=2$ (und $G_3=4$) und $G_n=G_{n-1}+G_{n-2}+G_{n-3}(+G_{n-4})$ definierte Folge heißt **Tribonacci-Folge (Quadranacci-Folge)**. Allgemein gilt für die Anfangswerte $G_i=2^{i-1}$ für $i > 0$ und $G_0 = 0$. Denken Sie sich einen Algorithmus aus, der die **k-Bonacci-Folge** bis zu einem gegebenen n berechnet:

$$G_0=0, G_1=1, ..., G_{k-1}=2^{k-1}$$
$$G_n = G_{n-1} + G_{n-2}+...+G_{n-k} \text{ für } n \geq k$$

Erzeugen Sie ein Programm, das für natürliche k und n den Wert G_n berechnet, den Sie als *long* deklarieren. Benutzen Sie dafür die Methode der Dynamischen Programmierung. Beispiel:

kBonacci.in	kBonacci.out	
3 50	n	kBonacci(3, n)
	0	0
	1	1
	2	2
	3	3
	4	6
	. . .	
	47	1424681173049
	48	2620397211992
	49	4819661885417
	50	8864740270458
5 57	n	kBonacci(5, n)
	0	0
	1	1
	2	2
	3	4
	4	8
	5	15
	. . .	
	55	7280158119874827
	56	14312414018268228
	57	28137465101354548

Schreiben Sie nun auch eine rekursive Methode und vergleichen Sie die Laufzeiten. Ändern Sie das Programm so ab, dass es mit großen Zahlen arbeitet (Klasse *java.math.BigInteger*).

4. Ein anderer Klassiker der Dynamischen Programmierung ist die Berechnung der Binomialkoeffizienten $\binom{n}{k}$, die auch oben in der Formel (2) definiert sind.

Erneut wird der iterative Algorithmus wesentlich effizienter als der rekursive sein. Um das zu prüfen, implementieren Sie beide Algorithmen und lassen Sie sich die Laufzeiten für verschiedene Werte anzeigen. Erzeugen Sie auch die Datei *pascal.out*, in die die Pascalschen Dreiecke für alle Werte bis zu einem gegebenen n in einer schönen Form ausgegeben werden. Beispiel für $n = 3$:

```
0                       1
1                   1       1
2               1       2       1
3           1       3       3       1
```

Problem 2. Längste aufsteigende Teilfolge

In *Das BUCH der Beweise* [Aig02], Seite 154, steht folgende Behauptung von Erdős und Szekeres:

Satz (Erdős, Szekeres). In einer Folge a_1, a_2, ..., a_{mn+1} von $mn+1$ verschiedenen reellen Zahlen gibt es immer eine **aufsteigende Teilfolge**

$$a_{i_1} < a_{i_2} < ... < a_{i_{m+1}} \quad (i_1 < i_2 < ... < i_{m+1})$$

der Länge $m+1$ oder eine **absteigende Teilfolge**

$$a_{j_1} > a_{j_2} > ... > a_{j_{n+1}} \quad (j_1 < j_2 < ... < j_{n+1})$$

der Länge $n+1$ oder beides. Der **Beweis** nutzt die Widerspruchmethode und das Schubfachprinzip und ist im [Aig02] zu finden. ❑

Im nun folgenden Problem soll eine längste aufsteigende Teilfolge in einer gegebenen Folge gefunden werden. *Eingabe:* In der Datei *aufsteigend.in* findet sich eine Folge natürlicher Zahlen. Die Anzahl der Zahlen beträgt höchstens 2000, jede ist kleiner als 20.000. *Ausgabe:* Die Datei *aufsteigend.out* listet nochmal alle Zahlen der Eingabe und eine längste aufsteigende Teilfolge auf. Beispiel:

aufsteigend.in	aufsteigend.out
3 5 76 1 45 2 31 89 90 0 4 15 23 47 95 21 67 8 13 11 5 145 132 77	--- Eingabe: Laenge: 24 Die Elemente: 3 5 76 1 45 2 31 89 90 0 4 15 23 47 95 21 67 8 13 11 5 145 132 77 --- Ausgabe: Laengste aufsteigende Teilfolge: 1 2 4 15 23 47 95 145 Laenge: 8

Problemanalyse und Entwurf der Lösung

Wir bauen den Vektor $a[]$ aus der Eingabefolge und daraus die Vektoren $vPred[]$ und $v[]$ auf:

$$v[0] \leftarrow 1,$$
$$v[i] \leftarrow 1 + \max\{v[j] \mid j<i \ \text{ und } \ a[j] < a[i]\}, \ i = 1, ..., n-1$$

$vPred[0] \leftarrow -1$ (das erste Element hat keinen Vorgänger)
Wenn es *jmax* mit $v[jmax] = max\{v[j] \mid j<i \text{ und } a[j] < a[i]\}$ gibt,
     dann setze $vPred[i] = jmax$;
Ansonsten $vPred[i] = -1$ (es gibt keinen Vorgänger).

v[*i*] speichert die Länge der maximalen Teilfolge, in der *a*[*i*] das letzte Element ist. Teilproblem: Sei die Folge $a_1, a_2, ..., a_i$ gegeben. Finde die längste aufsteigende Teilfolge dieser Folge, so dass a_i das letzte Element in dieser Teilfolge ist.

vPred[*i*] ist der Index des Vorgängers des Elements a_i in dieser längsten Teilfolge mit a_i als letztem Element. Dieser Vektor hilft, die längste Teilfolge rekursiv mit der Funktion *recoverSubstring()* aufzubauen.

Zur Abwechslung verwenden wir im Programm die Klasse *IntBuffer* aus dem Paket *java.nio*, die Implementierung mit Arrays bleibt als Übung. Das Paket *java.nio* (neue I/O-Funktionalität) ist erst in Version 1.4. des *JDK* dazugekommen. Es beinhaltet Klassen wie: *Buffer, ByteBuffer, IntBuffer, FloatBuffer, DoubleBuffer, Channels, FileChannel, SocketChannel*. Ein *Buffer* ist ein Container, der eine Sequenz von Werten eines elementaren Datentyps enthält. Die Werte eines Buffers werden mit den Methoden *get*() und *put*() aus dem *Buffer* gelesen bzw. in diesen geschrieben. Ein Channel repräsentiert eine geöffnete Kommunikationsverbindung zwischen einem Java-Programm und einer I/O-fähigen Einheit wie einer Datei oder einem Netzwerk-Socket. Die I/O-Operationen werden durch *read*() and *write*() auf der verbundenen Einheit aufgeführt.

Der Konstruktor *P02Ascending(List<Integer>)* initialisiert die Liste *a* mit dem Parameter und deklariert die beiden *IntBuffer*-Attribute *v* und *vPred* mit maximaler Länge *list.size*().

Programm

```java
import java.io.*;
import java.nio.*;
import java.util.*;

public class P02Ascending {

  private static final String FileInputName = "aufsteigend.in";
  private static final String FileOutputName =
                                     "aufsteigend.out";
  private List<Integer> a;
  private IntBuffer v, vPred;

  private int imax;

  P02Ascending(List<Integer> list) {
    this.a = list;
    this.v = IntBuffer.allocate(list.size());
    this.vPred = IntBuffer.allocate(list.size());
  }

  void process() {
    int j, i, n;
```

```java
      v.put(1);
      vPred.put(-1);
      this.imax = 0;
      n = (int) a.size();
      for (i = 1; i < n; i++) {
        v.put(1);
        vPred.put(-1);
        for (j = 0; j < i; j++)
          if (a.get(j) < a.get(i) && v.get(j) + 1 > v.get(i)) {
            v.put(v.position() - 1, v.get(j) + 1);
            vPred.put(vPred.position() - 1, j);
          }
        if (v.get(i) > v.get(imax))
          this.imax = i;
      }
    }

    private void recoverSubstring(int i, PrintStream out) {
      if (vPred.get(i) + 1 != 0)
        recoverSubstring(vPred.get(i), out);
      out.print(a.get(i));
      out.print(' ');
    }

    void writeData(PrintStream out) {
      out.println("--- Eingabe: ");
      out.print("Laenge: ");
      out.println(a.size());
      out.print("Die Elemente: ");
      for (Integer i : a) {
        out.print(i);
        out.print(' ');
      }
      out.println();
      out.println("--- Ausgabe: ");
      out.print(" Laengste aufsteigende Teilfolge: ");
      recoverSubstring(imax, out);
      out.println();
      out.print(" Laenge: ");
      out.println(v.get(this.imax));
    }

    public static void main(String[] args) throws IOException {
      Scanner scanner = null;
      PrintStream out = null;
      try {
        out = new PrintStream(new File(FileOutputName));
        scanner = new Scanner(new File(FileInputName));
        List<Integer> list = new ArrayList<Integer>();
        while (scanner.hasNextInt()) {
```

> Die oft genannte *„foreach*-Schleife", die erst in Java 5 eingeführt wurde, besteht im Programmcode lediglich aus einem „**for**":
> ```
>   for (Integer i : a)
> ```
> Allgemeine Form:
> ```
>   for(type iterVar:iterableObj)
>                    Anweisung;
> ```

```
        list.add(scanner.nextInt());
    }
    P02Ascending p = new P02Ascending(list);
    p.process();
    p.writeData(out);
} finally {
    if (scanner != null) {
        scanner.close();
    }
    if (out != null) {
        out.close();
    }
  }
 }
}
```

Aufgaben

1. Modifizieren Sie das Programm so, dass Sie für *v* und *vPred* Arrays verwenden.

2. Lesen Sie in Java-*API*-Dokumentation über die Methoden der Klasse *java.nio.IntBuffer* nach. Schreiben Sie ein Beispielprogramm, das alle diese Methoden einsetzt.

3. Es könnte mehrere Teilfolgen geben, die die maximale Länge haben. Ändern Sie unser Programm so ab, dass alle Teilfolgen mit maximaler Länge aufgelistet sind.

4. Erweitern Sie das Programm so, dass auch eine längste absteigende Teilfofge ausgegeben wird:

teilfolge.in	teilfolge.out

3 5 76 1 45
2 31 89 90 0
4   15   23   47
95   21   67   8
13 11   5 145
132 77 -1 -2
57
	--- Eingabe:
	Laenge: 24
	Die Elemente: 3 5 76 1 45 2 31 89 90 0 4 15
	23 47 95 21 67 8 13 11 5 145 132 77
	--- Ausgabe:
	  Laengste aufsteigende Teilfolge : 1 2 4 15
	23 47 95 145
	 Length: 8
	 --- 	
	  Laengste absteigende Teilfolge : 76 45 31
	23 21 13 11 5 -1 -2
	 Length: 10

5. Schreiben Sie ein neues Programm, das den Satz von Erdős und Szekeres für mehrere Datensätze prüft. Es sollte wie folgt aufgebaut sein: *P* natürliche Zahlen werden zufällig generiert; finden Sie für alle *m, n* mit $m \leq n$ und $P = mn+1$ die längste aufsteigende und die längste absteigende Teilfolge. Verifizieren Sie dann die Behauptung.

6. *Passende Wörter.* In einer Datei befindet sich ein mehrzeiliger Text, der aus Wörtern besteht, die aus den Kleinbuchstaben von *a* bis *z* zusammengesetzt sind. Schreiben Sie ein Programm, das die längste Teilfolge von Wörtern aus dem Text findet, für die gilt, dass die beiden letzten Buchstaben eines Wortes mit den beiden ersten Buchstaben des nächsten Wortes übereinstimmen.

Eingabe: In der Datei *woerter.in* befinden sich Wörter (jedes ist maximal 15 und minimal 2 Buchstaben lang), die durch Leerzeichen oder Zeilenvorschub (Return) getrennt sind.

Ausgabe: woerter.out soll das Ergebnis beinhalten. In der ersten Zeile steht die Anzahl der Wörter der längsten Teilfolge, ab der nächsten Zeile stehen die Wörter dieser Teilfolge, eines pro Zeile. Beispiel:

woerter.in	woerter.out
griul	7
visului ultim	griul
cazu imprecis in	ultim
clipa aceea de isterie	imprecis
iesita parca din	isterie
tainite vechi si tenebroase	iesita
	tainite
	tenebroase

Problem 3. Längste gemeinsame Teilfolge (LCS)

Das Problem der längsten gemeinsamen Teilfolge (engl. *longest common subsequence-LCS*) ist ein klassisches Problem der Dynamischen Programmierung.

Definition 1. Es seien $X = (x_1, x_2, ..., x_m)$ und $Z = (z_1, z_2, ..., z_k)$ zwei Folgen mit m bzw. k Gliedern, wobei $m, k \in \mathbb{N}$, $m, k \geq 1$ und $m \geq k$ gelten. Z ist dann eine **Teilfolge** von X, wenn es eine sortierte Indexfolge $i_1, i_2, ..., i_k$ gibt, so dass für alle $j=1, ..., k$ gilt.

Beispiel: Für $X=\{10, 4, 20, 10, 40, 2, 0, 60\}$ ist $Z=\{4, 10, 2, 0\}$ eine Teilfolge der Länge 4. $Z=\{4, 10, 2, 40\}$ ist keine Teilfolge von X.

Aus einer gegebenen Folge kann man also eine Teilfolge konstruieren, indem man einige ihrer Glieder einfach streicht. Beliebig heißt, dass man auch alle Elemente oder gar kein Element weglassen darf. Dabei bleibt die Reihenfolge der übrig gebliebenen Elemente unverändert.

Problem der längsten gemeinsamen Teilfolge. Gegeben seien zwei Folgen $X = (x_1, x_2, ..., x_m)$ und $Y = (y_1, y_2, ..., y_n)$ mit $1 \leq m, n \leq 500$. Gesucht ist eine längste Folge Z, die sowohl Teilfolge von X als auch von Y ist.

Beispiel: Für $X=\{10, 4, 20, 10, 40, 2, 0, 60\}$ und $Y=\{4, 90, 7, 10, 70, 2, 71, 81, 0\}$ ist $Z=\{4, 10, 2, 0\}$ mit der Länge 4 die längste gemeinsame Teilfolge.

Eingabe: In der Datei *lcs.in* stehen die Werte m und n in der ersten Zeile. Nach einer Leerzeile ist die Folge X mit ihren m Elementen angegeben und wiederum nach einer

Leerzeile die Folge Y mit n Elementen. Alle Elemente sind vom Typ *int*. *Ausgabe:* Geben Sie in die Datei *lcs.out* eine längste gemeinsame Teilfolge aus. Beispiel:

lcs.in	lcs.out
8 9 10 **4** 20 **10** 40 **2** **0** 60 **4** 90 7 **10** 70 **2** 71 81 **0**	Maximale Laenge: 4 4 10 2 0
14 22 **34** 5 **67** **8** 8 9 **0** **12** **3** **45** 6 78 **91** 231 12 **34** 45 **67** 79 57 **8** 321 55 **0** 33 **12** 1 2 **3** 44 **45** 56 **91** 21 22 23	Maximale Laenge: 8 34 67 8 0 12 3 45 91

Problemanalyse und Entwurf der Lösung

Wir speichern die Anzahl der Glieder der längsten Teilfolge(n) der Folgen $X_i = \{x_1, x_2, ..., x_i\}$ und $Y_j = \{y_1, y_2, ..., y_j\}$ mit $0 \leq i \leq m$, $0 \leq j \leq n$ in $c[i][j]$ ab. Wenn $x_i = y_j$ ist, ist $1+c[i-1][j-1]$ die Länge der längsten gemeinsamen Teilfolge(n). Wenn $x_i \neq y_j$ ist, ist das Maximum von $c[i-1][j]$ und $c[i][j-1]$ die Länge der längsten gemeinsamen Teilfolge(n). Darauf basierend, berechnen wir die Werte $c[i][j]$ schrittweise, Zeile für Zeile, von links nach rechts:

```
ALGORITM_LCS (Xm = {x1, x2, ..., xm}, Yn = {y1, y2, ..., yn})
  For (i=0; i<m; step 1) Execute  c[i][0] = 0  End_For
  For (j=0; j<n; step 1) Execute  c[0][j] = 0  End_For
   For (i=1; i<m; step 1) Execute
   For (j=1; i<n; step 1) Execute
    If (xi=yj) Then
      c[i][j] = 1 + c[i-1][j-1]
      Else c[i][j] = max(c[i-1][j], c[i][j-1])
    End_If
   End_For
  End_For
  return c[m][n]
END_ ALGORITM_LCS (Xm = {x1, x2, ..., xm}, Yn = {y1, y2, ..., yn})
```

Für das erste Beispiel sehen Sie in der nächsten Abbildung die Matrix $c[][]$. Wir verwenden die Symbole ↑, ← und ↖, um anzuzeigen, aus welchem benachbarten Feld der Wert $c[i][j]$ errechnet wurde (oben, links, bzw. diagonal). Der Konstruktionsweg der längsten gemeinsamen Teilfolge (oder einer der längsten, wenn es mehrere gibt) ist mit grauen Zellen markiert.

	j	0	1	2	3	4	5	6	7	8	9
i	y_j	4	90	7	10	70	2	71	81	0
0	x_i	0	0	0	0	0	0	0	0	0	0
1	10	0	↑0	↑0	↑0	↖1	←1	←1	←1	←1	←1
2	4	0	←1	←1	←1	↑1	↑1	↑1	↑1	↑1	↑1
3	20	0	↑1	↑1	↑1	↑1	↑1	↑1	↑1	↑1	↑1
4	10	0	↑1	↑1	↑1	↖2	←2	←2	←2	←2	←2
5	40	0	↑1	↑1	↑1	↑2	↑2	↑2	↑2	↑2	↑2
6	2	0	↑1	↑1	↑1	↑2	↑2	↖3	←3	←3	←3
7	0	0	↑1	↑1	↑1	↑2	↑2	↑3	↑3	↑3	↖4
8	60	0	↑1	↑1	↑1	↑2	↑2	↑3	↑3	↑3	↑4

Der LCS-Algorithmus: erstes Beispiel

Nachdem die Folgen X und Y in die Arrays $x[]$ und $y[]$ eingelesen wurden, deklarieren wir die Matrix $c[][]$ mit $m+1$ Zeilen und $n+1$ Spalten, wobei deren Elemente automatisch auf 0 gesetzt werden:

```java
int[][] c = new int[m + 1][n + 1];
```

Danach wenden wir obigen LCS-Algorithmus an, um iterativ die Elemente der Matrix c zu berechnen. Um die längste gemeinsame Teilfolge aufzubauen, verwenden wir $c[][]$ und schreiben die zur Teilfolge gehörenden Werte von rechts unten nach links oben in die Liste v. Mit ll und cc bezeichnen wir die aktuelle Zeilen- und Spaltenposition. Wir beginnen mit Zeile m und Spalte n und durchlaufen den umgekehrten Weg: Wenn $x[ll] = y[cc]$ ist (also der Wert aus X für die aktuelle Zeile gleich dem Wert aus Y für die aktuelle Spalte ist), war der vorherige Schritt beim Aufbau der Tabelle $c[][]$ eine Bewegung auf der Diagonale, und dieser gemeinsame Wert wird v hinzugefügt. Außerdem gehen wir auf der Diagonale weiter nach links oben, dazu vermindern wir ll und cc um 1.

Wenn $x[ll] \neq y[cc]$ ist, war der vorherige Schritt beim Aufbau von $c[][]$ entweder eine Bewegung nach rechts oder nach unten gewesen. Wir vergleichen den aktuellen Wert zuerst mit dem oberen Nachbarwert. Bei einer Übereinstimmung gehen wir nach oben weiter, indem wir ll um 1 vermindern. Stimmen die Werte nicht überein, gehen wir nach links weiter, dazu vermindern wir cc um 1.

Wir setzen das Interface *ListIterator* aus dem Paket *java.util* ein, um die Liste v zu durchlaufen. Man kann das Interface nur auf Collections des Typs *List* (und daraus abgeleiteten Klassen) anwenden. Es bietet auch die Möglichkeit, eine Liste in beiden Richtungen zu durchlaufen, auf den Index des nächsten oder vorigen Elements zuzugreifen, das aktuelle Element zu verändern und ein neues Element hinzuzufügen.

Programm

```java
import java.io.*;
import java.util.*;

public class P03LCS {
  private static final String FileInputName = "lcs.in";
  private static final String FileOutputName = "lcs.out";

  public static void main(String[] args) throws IOException {
    Scanner scanner = null;
    PrintStream out = null;
    try {
      scanner = new Scanner(new File(FileInputName));
      out = new PrintStream(new File(FileOutputName));

      int m = scanner.nextInt();
      int n = scanner.nextInt();

      int x[] = new int[m];
      for (int i = 0; i < m; i++) {
        x[i] = scanner.nextInt();
      }
      int y[] = new int[n];
      for (int i = 0; i < n; i++) {
        y[i] = scanner.nextInt();
      }

      int[][] c = new int[m + 1][n + 1];
      for (int i = 1; i <= m; ++i)
        for (int j = 1; j <= n; ++j) {
          if (x[i - 1] == y[j - 1]) {
            c[i][j] = c[i - 1][j - 1] + 1;
            continue;
          }
          ;
          if (c[i - 1][j] >= c[i][j - 1]) {
            c[i][j] = c[i - 1][j];
          } else {
            c[i][j] = c[i][j - 1];
          }
        }
```

```java
    int ll = m, cc = n;
    List<Integer> v = new ArrayList<Integer>();
    while (ll != 0 || cc != 0) {
      if (ll != 0 && cc != 0 && x[ll - 1] == y[cc - 1]) {
        v.add(x[ll - 1]);
        --ll;
        --cc;
        continue;
      }
      if (ll != 0 && c[ll][cc] == c[ll - 1][cc]) {
        ll--;
        continue;
      }
      if (cc != 0 && c[ll][cc] == c[ll][cc - 1]) {
        cc--;
      }
    }

    out.printf("Maximale Laenge: %d%n", c[m][n]);
    ListIterator<Integer> lit = v.listIterator(v.size());
    while (lit.hasPrevious()) {
      out.print(lit.previous());
      out.print(' ');
    }
  } finally {
    if (scanner != null) {
      scanner.close();
    }
    if (out != null) {
      out.close();
    }
  }
 }
}
```

Aufgaben

1. Implementieren Sie eine rekursive Methode, die die längste gemeinsame Teilfolge aus c[][] konstruiert.

2. Lesen Sie sich in Java-*API*-Dokumentation die Beschreibung des Interfaces *java.util.ListIterator* und seiner Methoden durch. Schreiben Sie ein Testprogramm, das alle diese Methoden benutzt.

3. Schreiben Sie eine rekursive Alternative für den *LCS*-Algorithmus.

4. *Verallgemeinerug*. Entwerfen Sie einen Algorithmus, der aus k gegebenen Folgen ($k \geq 2$) eine längste gemeinsame Teilfolge findet.

Problem 4. Zahlen-Dreieck

Wir betrachten ein Dreieck mit Zahlen wie im Beispiel und die Pfade, die von der ersten bis zur letzten Zeile gehen, und zwar so, dass man, beginnend mit der ersten Zahl, entweder zu einer Zahl rechts darunter oder direkt darunter wandert. Finden Sie einen Weg, für den die Summe der Zahlen darauf maximal ist.

Eingabe: In der Datei *dreieck.in* steht anfangs die Anzahl der Dreiecks-Zeilen, danach folgen natürliche Zahlen auf *n* Zeilen. Zuerst eine Zahl und dann in jeder Zeile eine weitere. Es gibt höchstens 100 Zeilen, und jede Zahl ist kleiner oder gleich 100.

Ausgabe: In der Datei *dreieck.out* soll zu Beginn die maximale Summe ausgegeben werden, und auf den nächsten Zeilen die Positionen der Zahlen, die auf dem betreffenden Weg liegen.

dreieck.in	dreieck.out
7	Maximale Summe = 346
10	1
82 81	2
4 6 10	3
2 14 35 7	3
41 3 52 26 15	3
32 90 11 87 56 23	4
54 65 89 32 71 9 31	5

(IOI, Schweden, 1994)

Problemanalyse und Entwurf der Lösung

Das Auswählen der größeren der beiden zur Auswahl stehenden Zahlen auf dem Weg muss nicht zur optimalen Lösung führen. Wenn wir in unserem Beispiel die Zahl 82 auf der zweiten Zeile wählen würden, dann wären alle möglichen Summen, die damit herzustellen wären, kleiner als 346 (optimale Lösung).

Die Eingabezahlen werden in ein Array $a[][]$ eingelesen, und das Array $s[][]$ hat folgende Bedeutung:

$s[i][j]$ ist die größte Summe, die auf dem Weg vom ersten Element bis zur Zeile i, die $a[i][j]$ beinhaltet, kumuliert werden kann.

Um sich den Weg für die $s[i][j]$ zu merken, verwenden wir das Array $vPred[100][100]$, so dass gilt:

$vPred[i][j] = -1$ für das erste Element,

$vPred[i][j] = 0$, wenn die optimale Summe, die mit $a[i][j]$ endet, mit der Zahl $a[i-1][j-1]$ erreicht ist. Das entspricht einem Schritt nach rechts unten.

$vPred[i][j] = 1$, wenn die optimale Summe, die mit $a[i][j]$ endet, mit der Zahl $a[i-1][j]$ erreicht ist. Das entspricht einem Schritt direkt nach unten.

vPred[*i*][0] ist immer 1, weil dieses Element nur von einer Zahl direkt darüber erreicht werden kann (es gibt kein Element *vPred*[*i*-1][-1]!).

Der Weg wird nachträglich im Array *w*[] gespeichert, *w*[*i*] ist die Stelle der Zahl *i* in der Zeile auf diesem Weg. Wenn die Arrays *s*[][] und *vPred*[] aufgebaut wurden, befindet sich die optimale Summe in Zeile *n* des Arrays *s*[][]. Zuerst werden wir diese Stelle finden:

```
w[n - 1] = 0;
for (int j = 0; j <= n - 1; j++)
  if (s[n - 1][j] > s[n - 1][w[n - 1]]) {
    w[n - 1] = j;
  }
```

Danach können wir mit Hilfe von *vPred*[][] alle nötigen Zahlen wieder finden:

```
for (int i = n - 2; i >= 0; i--) {
  if (vPred[i + 1][w[i + 1]] == 0)
    w[i] = w[i + 1] - 1;     // Schritt nach rechts unten
  else
    w[i] = w[i + 1];         // Schritt direkt nach unten
}
```

Programm

```
import java.io.*;
import java.util.*;

public class P04Triangle {

  private static final String FileInputName = "dreieck.in";
  private static final String FileOutputName = "dreieck.out";

  static void process(int a[][], int n, int s[][],
                      int vPred[][], int w[]) {
    s[0][0] = a[0][0];
    vPred[0][0] = -1;
    for (int i = 1; i < n; i++) {
      s[i][0] = a[i][0] + s[i - 1][0];
      vPred[i][0] = 1;
      for (int j = 1; j <= i; j++) {
        if (s[i - 1][j - 1] >= s[i - 1][j]) {
          vPred[i][j] = 0;
          s[i][j] = a[i][j] + s[i - 1][j - 1];
        } else {
          vPred[i][j] = 1;
          s[i][j] = a[i][j] + s[i - 1][j];
```

```
        }
      }
    }
    w[n - 1] = 0;
    for (int j = 0; j <= n - 1; j++)
      if (s[n - 1][j] > s[n - 1][w[n - 1]]) {
        w[n - 1] = j;
      }
    for (int i = n - 2; i >= 0; i--) {
      if (vPred[i + 1][w[i + 1]] == 0)
        w[i] = w[i + 1] - 1;
      else
        w[i] = w[i + 1];
    }
  }

  static void writeData(PrintStream out, int s[][],
                        int w[], int n) {
    out.print(" Maximale Summe = ");
    out.println(s[n - 1][w[n - 1]]);
    for (int i = 0; i < n; i++) {
      out.println(w[i] + 1);
    }
  }

  public static void main(String[] args) throws IOException {
    Scanner scanner = null;
    PrintStream out = null;
    try {
      scanner = new Scanner(new File(FileInputName));
      int n = scanner.nextInt();
      int a[][] = new int[n][];
      int s[][] = new int[n][];
      int vPred[][] = new int[n][];
      int w[] = new int[n];
      for (int i = 0; i < n; i++) {
        a[i] = new int[i + 1];
        s[i] = new int[n];
        vPred[i] = new int[i + 1];
        for (int j = 0; j <= i; j++) {
          a[i][j] = scanner.nextInt();
        }
      }
      process(a, n, s, vPred, w);
      out = new PrintStream(new File(FileOutputName));
      writeData(out, s, w, n);
    } finally {
      if (scanner != null) {
        scanner.close();
      }
```

```
     if (out != null) {
       out.close();
     }
   }
  }
 }
}
```

Aufgaben

1. Wie viele Wege gibt es eigentlich für ein bestimmtes n? Wie viele davon gehen über ein beliebiges (i, j)?

2. Es kann sein, dass es mehrere Wege mit gleicher maximaler Summe gibt. Erweitern Sie das Programm so, dass alle diese Wege ausgegeben werden.

3. Fügen Sie dem Programm die Bedingung hinzu, dass die optimalen Pfade über eine bestimmte Stelle (i, j) gehen.

4. Implementieren Sie eine rekursive Methode, um den Weg zur optimalen Summe zu finden.

5. Wir nehmen nun an, dass auch Schritte nach links unten erlaubt sind, um zur nächsten Zeile zu gelangen. Berücksichtigen Sie das im Programm!

Problem 5. Domino

Es sei eine Folge von Dominosteinen gegeben. Jeden Stein darf man auch drehen. Bestimmen Sie die längste Teilfolge von Dominosteinen, in der für zwei aufeinander folgende Steine gilt: Die zweite Zahl des ersten Steines stimmt mit der ersten Zahl des zweiten Steines überein.

Eingabe: In der Datei *domino.in* finden sich als Zahlenpaare geschriebene Dominosteine, ein Paar auf jeder Zeile. Jedes Paar besteht aus Zahlen von 1 bis 6.

Ausgabe: In die Datei *domino.out* muss man zuerst die maximale Zahl von Steinen schreiben. In die nächsten Zeilen werden die Dominosteine als Paare ausgegeben. Beispiel:

domino.in	domino.out
5 6	6
1 1	6 5
2 5	5 2
3 2	2 3
1 5	3 5
6 4	5 5
5 1	5 2
5 3	
2 1	
1 4	

5 5	
5 2	
3 3	

(aus [Olt00])

Problemanalyse und Entwurf der Lösung

Wir deklarieren die innere Klasse *Piece*, die die Steine aufnimmt, als *static*, weil sie keine Referenz auf eine Instanz der externen Klasse *P05Domino* braucht. Dazu instanziieren wir ihre Objekte in der statischen Methode *main()*: **new** *Piece(first, scanner.nextInt())*. Neben den Attributen *first* und *second*, die die beiden Zahlen eines Steines symbolisieren, beinhaltet diese Klasse auch einige nützliche Methoden:

- der Konstruktor *Piece(int first, int second)* instanziiert einen Stein mit den gegebenen Zahlen *first* und *second*;
- *fits(Piece other, boolean reversed)* prüft, ob der Stein *other* dem Stein *this* dazugelegt werden kann. Der boolsche Parameter *reversed* gibt an, ob *other* umgedreht ist oder nicht;
- *reverse()* liefert ein Objekt vom Typ *Piece* zurück, das den umgedrehten Stein *this* darstellt.;
- die überlagerte Methode *toString()* aus *java.lang.Object* gibt Objekte vom Typ *Piece* in einer natürlichen Weise aus.

Wir bauen zwei *Arrays*:

$v[200][2]$ mit der Bedeutung:

$v[i][0]$ = die maximale Länge einer Teilfolge von Steinen, die mit dem Stein i anfängt, der nicht gedreht ist

$v[i][1]$ = die maximale Länge einer Teilfolge von Steinen, die mit dem Stein i anfängt, der gedreht ist

$vNext[200][2]$, mit der Bedeutung:

$vNext[i][0]$ = der Nachfolger von Stein i (i ist nicht gedreht) in der maximalen Teilfolge, die mit dem Stein i beginnt.

$vNext[i][1]$ = der Nachfolger von Stein i (i ist gedreht) in der maximalen Teilfolge, die mit dem Stein i beginnt.

Wir brauchen zwei globale Variablen:

iMax = Startindex für die jeweilige maximale Steinfolge

bit (0 oder 1) = Zustand des ersten Steines in der maximalen Teilfolge, die von *iMax* repräsentiert wird (0, wenn nicht gedreht, und 1, wenn gedreht).

Die Methode *doProcess()* geht von rechts nach links über alle Dominosteine und berechnet die Werte $v[i][0]$ und $v[i][1]$ auf Basis der schon bestimmten Werte. Danach aktualisiert sie die globalen Variablen *iMax* und *bit*.

Die Methode *write()* überträgt die Ergebnisse in die Ausgabedatei. Sie verwendet die beiden Arrays und ebenso die globalen Variablen *iMax* und *bit*. In *aux* werden wir die zweite Zahl des jeweiligen Steines in der maximalen Teilfolge speichern, um den Zustand des folgenden Steines zu kennen (wir wissen schon durch *vNext*[][], welcher das sein wird).

Programm

```java
import java.io.*;
import java.util.*;

public class P05Domino {
  private static final String FileInputName = "domino.in";
  private static final String FileOutputName = "domino.out";

  private static class Piece {
    int first, second;

    Piece(int first, int second) {
      this.first = first;
      this.second = second;
    }

    boolean fits(Piece other, boolean reversed){
      return second == (reversed ? other.second : other.first);
    }

    Piece reverse(){
      return new Piece( second, first );
    }

    public String toString() {
      return first + " " + second;
    }
  }

  private List<Piece> vP;
  int iMax, bit;
  int vNext[][], v[][];

  P05Domino(List<Piece> pieces) {
    this.vP = pieces;
    this.vNext = new int[pieces.size()][2];
    this.v = new int[pieces.size()][2];
  }

  void doProcess() {
    int n = vP.size();
    v[n - 1][0] = 1;
```

```
      vNext[n - 1][0] = n;
      v[n - 1][1] = 1;
      vNext[n - 1][1] = n;
      iMax = n - 1;
      bit = 0;
      for (int i = n - 2; i >= 0; i--) {
        v[i][0] = 1;
        vNext[i][0] = n;
        v[i][1] = 1;
        vNext[i][1] = n;
        for (int j = i + 1; j < n; j++) {
          if ( vP.get(i).fits(vP.get(j), false) &&
               v[i][0] < v[j][0] + 1 ) {
            v[i][0] = v[j][0] + 1;
            vNext[i][0] = j;
          }
          if (vP.get(i).fits(vP.get(j), true) &&
              v[i][0] < v[j][1] + 1) {
            v[i][0] = v[j][1] + 1;
            vNext[i][0] = j;
          }
          if (vP.get(i).reverse().fits(vP.get(j), false) &&
              v[i][1] < v[j][0] + 1) {
            v[i][1] = v[j][0] + 1;
            vNext[i][1] = j;
          }
          if (vP.get(i).reverse().fits(vP.get(j), true) &&
              v[i][1] < v[j][1] + 1) {
            v[i][1] = v[j][1] + 1;
            vNext[i][1] = j;
          }
        }
        int auxMax = v[i][0] > v[i][1] ? v[i][0] : v[i][1];
        if (auxMax > v[iMax][bit]) {
          iMax = i;
          bit = v[i][0] >= v[i][1] ? 0 : 1;
        }
      }
    }

  void write(PrintStream out) {
    int aux;
    out.println(v[iMax][bit]);
    int n = (int) vP.size();
    if (0 == bit) {
      aux = vP.get(iMax).second;
      out.println(vP.get(iMax));
    } else {
      aux = vP.get(iMax).first;
      out.println(vP.get(iMax).reverse());
```

```
    }
    iMax = vNext[iMax][bit];
    while (iMax != n) {
      if (aux == vP.get(iMax).first) {
        out.println( vP.get(iMax) );
        aux = vP.get(iMax).second;
        bit = 0;
      } else {
        out.println(vP.get(iMax).reverse());
        aux = vP.get(iMax).first;
        bit = 1;
      }
      iMax = vNext[iMax][bit];
    }
  }

  public static void main(String[] args) throws IOException {
    Scanner scanner = null;
    PrintStream out = null;
    try {
      scanner = new Scanner(new File(FileInputName));
      List<Piece> vP = new ArrayList<Piece>();
      while (scanner.hasNextInt()) {
        int first = scanner.nextInt();
        vP.add(new Piece(first, scanner.nextInt()));
      }
      P05Domino domino = new P05Domino(vP);
      domino.doProcess();
      out = new PrintStream(new File(FileOutputName));
      domino.write(out);
    } finally {
      if (scanner != null) {
        scanner.close();
      }
      if (out != null) {
        out.close();
      }
    }
  }
}
```

Aufgaben

1. Bestimmen Sie die längste korrekte Teilfolge.

2. Verkürzen Sie die vier *if*-Schleifen.

3. Verwenden Sie anstatt des zweidimensionalen Arrays *v*[][] zwei eindimensionale Arrays: *v*[] anstatt v[][0] und *vDreh*[] anstatt v[][1]. Ändern Sie das Programm dementsprechend ab.

Problem 6. Verteilung der Geschenke

Zwei Brüder haben an Weihnachten viele Geschenke bekommen, aber keines war mit Namen versehen, sondern nur die Preise standen darauf. Als die Brüder aufwachten, wussten sie nicht, für wen welches Geschenk bestimmt war. Nehmen wir an, dass jedes Geschenk einen Wert zwischen 1 und 100 hat und dass es maximal 50 Geschenke für die Brüder gibt. Erzeugen Sie ein Programm, das die Geschenke ihrem Wert nach möglichst gerecht verteilt.

Eingabe: In *geschenke.in* befinden sich Informationen über die Geschenke: die Anzahl in der ersten Zeile und die Werte in der zweiten.

Ausgabe: In die Datei *geschenke.out* soll in die erste Zeile geschrieben werden, wie viel die Geschenke jedes Kindes wert sind, also zwei Summen. Die zweite und dritte Zeile beinhalten die Preise für die Geschenke für die beiden Brüder. Beispiel:

geschenke.in	geschenke.out
7 28 7 11 8 9 7 27	48 49 28 11 9 7 8 7 27
15 12 43 8 90 13 5 78 34 1 97 31 65 80 15 17	294 295 12 43 90 13 5 34 97 8 78 1 31 65 80 15 17

(CEOI, Ungarn, 1995)

Problemanalyse und Entwurf der Lösung

Eine erste Idee wäre, alle Teilmengen der Geschenke zu generieren und sich die beste Verteilung zu merken. Das ist aber ineffizient, denn die Komplexität ist exponentiell. Wir füllen das Array *aPresent*[] mit den Werten der Geschenke. Eine andere Lösungsmöglichkeit ist der Aufbau eines Vektors *aS*[] mit der Bedeutung:

- $aS[0] = 0$
- $aS[j] = i$, für $i \in \{1, .., n\}$, d. h. der letzte eingefügte Wert, um die Gesamtsumme j zu erhalten, ist *aPresent*[i];
- $aS[j]$ = Integer.MAX_VALUE, wenn die Summe j nicht erreicht werden kann.

Die Variablen *sum* beinhaltet die gesamte Summe der Geschenke. Wenn das Geschenk mit dem Preis *aPresent*[i] in die Teilsumme von j eingefügt wird, dann ist der neue Gesamtwert $j+aPresent[i]$. Es gilt hier: $aS[j] < i$ (ein Geschenk kann nur einmal zu einer

Teilsumme hinzugefügt werden, und Geschenke werden nacheinander verarbeitet).
Mit der Sequenz

```
aS[0] = 0;
Arrays.fill(aS, 1, aS.length, Integer.MAX_VALUE);
for (int i = 1; i <= presents.length; i++)
  for (int j = 0; j <= sumDiv2 - aPresents[i - 1]; j++)
    if (aS[j] < i &&
        Integer.MAX_VALUE == aS[j + aPresents[i - 1]]) {
      aS[j + aPresents[i - 1]] = i;
    }
```

werden die Werte *aS[]* berechnet. Betrachten Sie, wie die Methode *fill()* der Klasse *java.util.Array* jedes Element eines gegebenen Intervalls des Arrays mit einem Wert belegt. Allgemein:

```
fill(Object[] a, int fromIndex, int toIndex, Object val)
```

Am Ende sind wir daran interessiert, den Wert zu finden, der der halben Gesamtsumme möglichst nahe kommt. Jetzt können wir die beiden Summen in die Ausgabedatei schreiben. Zur Verteilung der Geschenke benutzen wir die rekursive Methode *recoverPresents()*. Sie markiert im Array *a[]* die Geschenke mit 1, die einem der Brüder gehören (die Geschenke des anderen Bruders bleiben in *a[]* auf 0):

```
if (aS[i] > 0) {
  int idx = aS[i] - 1;
  recoverPresents(i - aPresents[idx], out);
  out.print(aPresents[idx]);
  out.print(' ');
  bset.set(idx);
}
```

Programm

```
import java.io.*;
import java.util.*;

public class P06Presents {
  private static final String FileInputName = "geschenke.in";
  private static final String FileOutputName = "geschenke.out";

  private int aPresents[];
  private int sum;
  private BitSet bset;
  private int aS[];

  P06Presents(int[] presents) {
```

```java
      this.bset = new BitSet();
      this.aPresents = presents;
      for (int i : presents) {
        this.sum += i;
      }
      int sumDiv2 = sum / 2;
      this.aS = new int[sumDiv2 + 1];
      aS[0] = 0;
      Arrays.fill(aS, 1, aS.length, Integer.MAX_VALUE);
      for (int i = 1; i <= presents.length; i++)
        for (int j = 0; j <= sumDiv2 - aPresents[i - 1]; j++)
          if (aS[j] < i &&
              Integer.MAX_VALUE == aS[j + aPresents[i - 1]]) {
            aS[j + aPresents[i - 1]] = i;
          }
    }

    private void recoverPresents(int i, PrintStream out) {
      if (aS[i] > 0) {
        int idx = aS[i] - 1;
        recoverPresents(i - aPresents[idx], out);
        out.print(aPresents[idx]);
        out.print(' ');
        bset.set(idx);
      }
    }

    void write(PrintStream out) {
      for (int i = sum / 2; i >= 0; i--)
        if (aS[i] != Integer.MAX_VALUE) {
          out.print(i);
          out.print(' ');
          out.println(sum - i);
          recoverPresents(i, out);
          out.println();
          break;
        }
      for (int i = 0; i < aPresents.length; i++)
        if (!bset.get(i)) {
          out.print(aPresents[i]);
          out.print("  ");
        }
    }

    public static void main(String[] args) throws IOException {
      Scanner scanner = null;
      PrintStream out = null;
      try {
        scanner = new Scanner(new File(FileInputName));
        int aPresents[] = new int[scanner.nextInt()];
```

```
      for (int i = 0; i < aPresents.length; i++) {
        aPresents[i] = scanner.nextInt();
      }
      P05Presents p = new P05Presents(aPresents);
      out = new PrintStream(new File(FileOutputName));
      p.write(out);
    } finally {
      if (scanner != null) {
        scanner.close();
      }
      if (out != null) {
        out.close();
      }
    }
  }
}
```

Aufgaben

1. Sehen Sie sich in der Java-*API*-Dokumentation die Beschreibung und die Methoden der Klasse *java.util.Arrays* an. Schreiben Sie ein Beispielprogramm, das von den Methoden *fill()*, *sort()* und *binarySearch()* dieser Klasse Gebrauch macht.

Problem 7. Ähnliche Summe

Es seien eine natürliche Zahl n und eine Menge M natürlicher Zahlen gegeben. Finden Sie eine Teilmenge U von M mit der Bedingung, dass die Summe ihrer Elemente in den letzten drei Ziffern mit den letzten drei Ziffern von n übereinstimmt. Z. B. könnte für $n = 4569$ und $M = \{45345, 65892, 78678, 111153, 190223, 675451, 543876, 23980, 99453, 990121, 656555, 432908, 12361\}$ die Teilmenge $U=\{23980, 675451, 190223, 78678, 65892, 45345\}$ sein:

$$23980 + 675451 + 190223 + 78678 + 65892 + 45345 = 1079569$$

Für $n = 8$ und $M = \{65968, 65432, 65439876, 9078655, 56743, 54321, 6543298, 453129, 54321, 9999999, 567543\}$ könnte die Teilmenge U aus $\{9999999, 6543298, 56743, 65968\}$ bestehen:

$$9999999 + 6543298 + 56743 + 65968 = 16666008$$

Eingabe: In der Datei *zahlen.in* findet man die natürliche Zahl n, gefolgt von den Elementen der Menge M (alle in [0, 2.000.000.000]). *Ausgabe:* In der Datei *zahlen.out* soll man die Zahlen einer entsprechenden Teilmenge U, die die obige Bedingung erfüllt, ausgeben. Wenn n weniger als drei Ziffern hat, dann füllen Sie von vorne ausreichend Nullen auf. Wenn es keine Lösung gibt, dann schreiben Sie: *keine Loesung!*. Beispiel:

zahlen.in	zahlen.out
4569 45345 65892 78678 111153 190223 675451 543876 23980 99453 990121 656555 432908 12361	23980 675451 190223 78678 65892 45345
8 65968 65432 65439876 9078655 56743 6543298 453129 54321 9999999 567543	9999999 6543298 56743 65968
45678 65432 65439876 9078655 56743 54321 6543298 453129 54321 9999999 567543	keine Loesung!

Problemanalyse und Entwurf der Lösung

Die Aufgabenstellung ist Problem 5 sehr ähnlich.

Wir bauen den Array *vLast*[] mit 1000 Elementen auf, die wir mit -1 initialisieren. Indem wir schrittweise die Werte aus der Menge *M* der Eingabedatei lesen, befüllen wir *vLast*. Den Inhalt eines Elements interpretiert man wie folgt:

- *vLast*[*xyz*] enthält -1, wenn noch keine Summe gefunden wurde, deren letzte drei Ziffern *xyz* sind;

- *vLast*[*xyz*] enthält den Index *i* des Elements der Eingabedatei, das der letzte Summand einer ermittelten Summe ist, deren letzte drei Ziffern *xyz* sind.

Wenn z. B. die erste Zahl der Menge *M* in der Eingabedatei 45345 ist, wird *vLast*[345] auf 0 gesetzt, weil wir den Index in *zahlen.in* ab 0 zählen. Wir lesen die Elemente von *M* in den Vektor *vElem* ein. Die eingelesenen Elemente werden iterativ verarbeitet (*aux* ← *vElem*[*i*], für *i*=0, 1, 2, ...):

- wenn bisher noch keine Summe gefunden wurde, die in den letzten drei Ziffern mit den letzten drei Ziffern von *aux* übereinstimmt (*vLast*[*aux*%1000]==-1), dann speichern wir den Index des aktuellen Elements *i* in *vLast*[*aux*%1000]:

```
int aux = vElem.get(i);
  if (-1 == vLast[aux % 1000]) {
    vLast[aux % 1000] = i;
  }
```

- für alle bereits berechneten Summen *j* (*vLast*[*j*]≠-1) berechnen wir die möglichen letzten drei Ziffern der Summen, die wir erhalten können, wenn wir *aux* addieren (*sum*←(*aux*+*j*)%1000). Wenn der zu einer möglichen resultierenden Summe gehörende Eintrag in *vLast*[] noch -1 ist, aktualisieren wir ihn mit *i*:

```
for (int j = 0; j < 1000; j++) {
  if (vLast[j]!=-1 && j!=aux%1000 && vLast[j]!=i) {
    int sum = (aux + j) % 1000;
    if (-1 == vLast[sum]) {
```

```
            vLast[sum] = i;
        }
      }
    }
}
```

Sobald wir ein Element in *vLast*[] nach der Initialisierung mit -1 einmal beschrieben haben, verändern wir es nicht mehr. Mit Hilfe des Vektors *vLast*[] können wir am Ende alle Glieder einer Summe bestimmen:

```
while (vLast[i] >= 0) {
  out.print(' ');
  out.print(vElem.get(vLast[i]));
  int j = i;
  if (i < vElem.get(vLast[i]) % 1000) {
    i = 1000 + i - vElem.get(vLast[i]) % 1000;
  } else {
    i = i - vElem.get(vLast[i]) % 1000;
  }
  vLast[j] = -1;
}
```

Wenn *sum* = ...127 und letztes Element der Summe = ...543 (127>543), dann *sum* ← ...584 (1127-543)

Wenn *sum* = ...543 und letztes Element der Summe = ...127 (127<543), dann *sum* ← ...416 (543-127)

Programm

```
import java.io.*;
import java.util.*;

public class P07SameSums {

  private static final String FileInputName = "zahlen.in";
  private static final String FileOutputName = "zahlen.out";

  private static final int MinusEins = -1;

  public static void main(String[] args) throws IOException {
    Scanner scanner = null;
    PrintStream out = null;

    try {

      scanner = new Scanner(new File(FileInputName));
      out = new PrintStream(new File(FileOutputName));
      int start = scanner.nextInt();
      List<Integer> vElem = new ArrayList<Integer>();
      while (scanner.hasNextInt()) {
        vElem.add(scanner.nextInt());
      }
      int vLast[] = new int[1000];
      Arrays.fill(vLast, MinusEins);
```

```
      for (int i = 0; i < vElem.size(); i++) {
        int aux = vElem.get(i);
        if (MinusEins == vLast[aux % 1000]) {
          vLast[aux % 1000] = i;
        }
        for (int j = 0; j < 1000; j++) {
          if (vLast[j] != MinusEins &&
                     j != aux % 1000 && vLast[j] != i) {
            int sum = (aux + j) % 1000;
            if (MinusEins == vLast[sum]) {
              vLast[sum] = i;
            }
          }
        }
      }

      int i = start % 1000;
      if (i != 0)
        vLast[0] = MinusEins;

      if (vLast[i] != MinusEins) {
        while (vLast[i] >= 0) {
          out.print(' ');
          out.print(vElem.get(vLast[i]));
          int j = i;
          if (i < vElem.get(vLast[i]) % 1000) {
            i = 1000 + i - vElem.get(vLast[i]) % 1000;
          } else {
            i = i - vElem.get(vLast[i]) % 1000;
          }
          vLast[j] = MinusEins;
        }
      } else
        out.print("keine Loesung!");
    } finally {
      if (scanner != null) {
        scanner.close();
      }
      if (out != null) {
        out.close();
      }
    }
  }
}
```

Aufgaben

1. Wie viele Möglichkeiten gibt es, eine Summe zu erhalten, die mit n in den letzten drei Ziffern übereinstimmt? Erweitern Sie das Programm so, dass in

die Ausgabedatei zuerst die Anzahl der gültigen Summen, gefolgt von einer von ihnen geschrieben wird:

zahlen1.in	zahlen1.out
4569 45345 65892 78678 111153 190223 675451 543876 23980 99453 990121 656555 432908 12361 65432 453219	...569: 7 23980 675451 190223 78678 65892 45345
781 65968 65432 65439876 9078655 56743 6543298 453129 54321 9999999 567543 4565 67543 45365 34546	...781: 5 567543 54321 6543298 56743 65439876

Die Indexfolge der Elemente der mit dem Programm erzeugten gültigen Summe ist, falls es noch andere gültigen Summen gäbe, lexikographisch kleiner als deren Indexfolge. Finden Sie die Summe, deren Indexfolge lexikographisch die letzte ist.

2. Erweitern Sie das Programm so, dass es die längste Summe liefert (die Summe mit maximaler Anzahl an Summanden).

3. Jedes Element darf man auch subtrahieren und nicht nur addieren. Ergänzen Sie das Programm um diese neue Eigenschaft.

4. Modifizieren Sie das Programm so, dass alle gegebenen Zahlen (inklusive n) auch negativ sein dürfen.

5. Es seien n, k und die Zahlen der Menge M gegeben (alle aus $\mathbb{N}$; $0 \le k \le 1000$, alle anderen größer gleich 0 und kleiner gleich 2.000.000.000). Finden Sie eine Teilmenge U von M mit der Eigenschaft, dass die Summe der k-ten Potenzen der Elemente von U in den letzten drei Ziffern mit den letzten drei Ziffern von n übereinstimmt.

6. In einem neuen Problem ist eine Menge positiver reeller Zahlen mit maximal 3 Nachkommastellen gegeben. Wir suchen eine Teilmenge davon mit der Eigenschaft, dass die Summe ihrer Elemente eine natürliche Zahl ist. Schreiben sie ein neues Programm dafür. Beispiel:

numbers4.in	numbers4.out
0.123 6.789 **10.125** 115.117 11.03 12.12 **7511.1** **315.79** 113.02 **17.985**	10.125 7511.1 315.79 17.985

7. Man darf auch subtrahieren, und die Zahlen dürfen auch negativ sein. Passen Sie Ihr Programm an.

Problem 8. Schotten auf dem Oktoberfest

Eines Abends besucht eine Gruppe von Schotten das Oktoberfest. Weil sie dort natürlich Bier trinken wollen, haben sie sich schon seit längerem Eintrittskarten besorgt. Leider konnten sie wegen Platzmangels nicht gemeinsam in ein Zelt, sondern mussten für zwei Zelte Karten kaufen. Es handelt sich um $2n$ Schotten, und sie haben für die beiden Zelte je n Tickets. Sie müssen sich also in zwei gleich große Gruppen aufteilen. Um Streit zu vermeiden, haben sie sich dazu entschlossen, eine Münze entscheiden zu lassen, wer in welches Zelt kommt. Einer nach dem anderen wirft die Münze und geht bei „Kopf" ins erste Zelt und bei „Zahl" ins zweite. Natürlich kann man damit aufhören, wenn schon alle Tickets für ein Zelt vergeben wurden. Zuletzt sind die beiden Freunde Ian und Alistair dran, aber sie wollen unbedingt zusammen in ein Zelt, egal welches.
Wie groß ist die Wahrscheinlichkeit W, dass der Wunsch der Freunde in Erfüllung geht?

Aufgabe: Um die Wahrscheinlichkeit zu bestimmen, beobachten wir den „Zwischenstand" nach $2n-2$ Würfen. Sind zu diesem Zeitpunkt zwei gleiche Tickets für eines der beiden Zelte übrig?

Eingabe: In *oktoberfest.in* sind mehrere natürliche Zahlen gegeben, die zwischen 1 und 500 liegen und n repräsentieren ($2n$ Schotten gehen auf das Oktoberfest).

Ausgabe: Schreiben Sie für jeden Eingabefall eine Zeile in *oktoberfest.out*, die die Form
         $n: W$ hat, wobei n die Hälfte der Schotten darstellt und die Wahrscheinlichkeit W auf 4 Dezimalstellen genau angegeben ist.

Beispiel:

oktoberfest.in	oktoberfest.out
1	1: 0.0000
2	2: 0.5000
3	3: 0.6250
4	4: 0.6875
5	5: 0.7266
6	6: 0.7539
56	56: 0.9241
345	345: 0.9696
432	432: 0.9728
500	500: 0.9747

(nach ACM North-Western European Regionals 1996, Problem A. Burger)

Problemanalyse und Entwurf der Lösung

Die Wahrscheinlichkeit, dass beim Wurf einer Münze der Kopf kommt, ist ½. Es ist einfacher, die Wahrscheinlichkeit p zu bestimmen, die beschreibt, dass die Freunde nicht zusammen in ein Zelt gehen. Die Wahrscheinlichkeit, dass sie zusammen in ein Zelt kommen, ist dann 1-p. Weiter bezeichnen wir mit $P(m, q)$ die Wahrscheinlichkeit dafür, dass bei m Würfen s mal „Kopf" geworfen wird. Im Fall $s = 0$ oder $s = m$ ist $P(m, s) = 1/2^m$:

$$P(m,0) = P(m, m) = \frac{1}{2^m}$$

Das erklärt sich so: Die Wahrscheinlichkeit, dass beim ersten Werfen der Kopf oben liegt, ist ½. Sie beträgt ½ · ½, wenn auch beim zweiten Wurf der Kopf erscheint und ¼ · ½ = $1/2^3$, wenn dies auch beim dritten Wurf passiert. Diese Wahrscheinlichkeit ist identisch mit der Wahrscheinlichkeit, von allen Vektoren mit den Elementen 0 und 1 und der Länge m, den zu wählen, der nur aus Nullen besteht; es gibt nur einen, und die Anzahl der Vektoren ist 2^m...). Wenn $s \neq 0$ und $s \neq m$, dann gilt die Rekursionsformel:

$$P(m,s) = \frac{1}{2} P(m-1,s) + \frac{1}{2} P(m-1,s-1)$$

Die Wahrscheinlichkeit bei m Würfen s-mal „Kopf" zu erhalten, ist entweder die,	$P(m, s) =$
eine Zahl zu werfen, wenn in den m-1 Würfen davor bereits s-mal „Kopf" auftrat	½$P(m$-1, $s)$
oder die,	+
„Kopf" zu werfen, wenn in den m-1 Würfen davor schon (s-1)-mal „Kopf" auftrat	½$P(m$-1, s-1)

Zusammengefasst schreiben wir:

$$P(m,s) = \begin{cases} \dfrac{1}{2^m}, \text{ wenn } s \in \{0, m\} \\ \dfrac{1}{2} \cdot P(m-1,s) + \dfrac{1}{2} \cdot P(m-1,s-1), \text{ wenn } s \in \{1, 2, ..., m\text{-}1\} \end{cases}$$

Wir haben schon eine rekursive Formel und können jetzt unsere Wahrscheinlichkeit berechnen: $P(2n$-2, n-1) (als Resultat der ersten $2n$-2 Würfe erhält man (n-1)-mal den

Kopf und ebenso oft die Zahl, d. h. die Freunde werden getrennt). Die Antwort zum Problem ist somit $1-P(2n-2, n-1)$.

Programm 1

Wir stellen eine erste rekursive Variante vor:

```java
import java.io.*;
import java.util.*;

public class P08Oktoberfest1 {

  private static double f(int n) {
    double r = 1;
    for (int i = 0; i < n; i++)
      r *= 0.5;
    return r;
  }

  private static double p(int m, int q) {
    if (q == 0 || q == m)
      return f(m);
    return 0.5 * p(m - 1, q) + 0.5 * p(m - 1, q - 1);
  }

  public static void main(String[] args) throws IOException {
    Scanner scanner = new Scanner(System.in);
    try {
      System.out.print("Wahrscheinlichkeit: ");
      int n = scanner.nextInt();
      System.out.printf(Locale.ENGLISH, "%.4f%n",
                          1 - p(2 * n - 2, n - 1));
    } finally {
      scanner.close();
    }
  }
}
```

Diese Variante hat aber einen Nachteil: die Laufzeit! Wir werden sehen, wie die Laufzeit für $n > 12$ deutlich wächst. Das passiert, weil man Werte (wie oben bei der Fibonacci-Folge) mehrere Male berechnen muss. Hier ist der rekursive Baum für $P(5, 3)$:

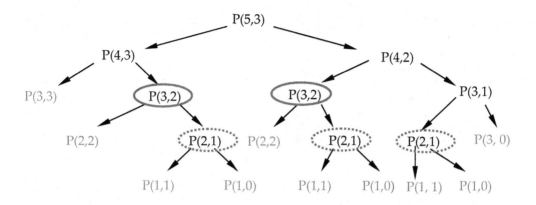

Dieser Algorithmus zeigt wieder einmal, dass die Anwendung einer rekursiven Methode nicht immer die beste Wahl ist.

Wir müssen für unser Problem eine andere Variante finden, weil n ja bis 500 wachsen kann. Dazu bauen wir ein zweidimensionales Array $p[0..m][0..m]$ auf, so dass $p[i][j]$ die Wahrscheinlichkeit dafür ist, dass aus i Würfen j mal der Kopf der Münze hervor geht.

```
p[0][0]
p[1][0]   p[1][1]
p[2][0]   p[2][1]   p[2][2]
p[3][0]   p[3][1]   p[3][2]   p[3][3]
. . . . . . . . . . . . . . . . . . . . . . . . . . . . . .

p[m][0]   p[m][1]   p[m][2]   . . . . . .p[m][m]
```

Programm 2

```java
import java.io.*;
import java.util.*;

public class P08Oktoberfest2 {
   private static final String FileInputName = "oktoberfest.in";
   private static final String FileOutputName =
                                    "oktoberfest.out";
   private static final int NMAX = 500;

   public static void main(String[] args) throws IOException {
      Scanner scanner = null;
      PrintStream out = null;
      try {
         float p[][] = new float[2 * NMAX + 1][2 * NMAX + 1];
         p[0][0] = 1;
         p[1][0] = p[1][1] = 0.5f;
```

```
        for (int i = 2; i <= 2 * NMAX - 2; i++) {
          p[i][0] = p[i][i] = p[i - 1][0] * 0.5f;
          for (int j = 1; j < i; j++)
            p[i][j] = 0.5f*p[i-1][j] + 0.5f*p[i-1][j-1];          }

        scanner = new Scanner(new File(FileInputName));
        out = new PrintStream(new File(FileOutputName));
        while (scanner.hasNextInt()) {
          int n = scanner.nextInt();
          out.printf(Locale.ENGLISH, "%3d: %.4f%n",
                          n, 1 - p[2 * n - 2][n - 1]);
        }
      } finally {
        if (scanner != null) {
          scanner.close();
        }
        if (out != null) {
          out.close();
        }
      }
    }
  }
}
```

Am Anfang wird der Bereich unter der Hauptdiagonale des Arrays *p*[][] zeilenweise aufgefüllt, indem man jeweils auf Werte der Vorgängerzeile zugreift. Diese Methode hat nun zwar keine schlechte Laufzeit mehr, dafür benötigt sie aber viel Platz für den Stack. Für *NMAX* = 500 beinhaltet das Array *p*[][] 1.002.101 Elemente des Standard-Typs *float*. Normalerweise ist ein *float* 4 Bytes breit, d. h. wir brauchen 4 * 1.002.001 = 4.008.004 Bytes (ca. 3,9 MB).

Wir wollen das Programm wieder verbessern, etwa durch die Verwendung zweier Vektoren (einen für den Wert der Vorgängerzeile und einen für die aktuelle Zeile), die immer aktualisiert werden, und des Vektors *c*, der die Werte *P(i, i/2)* für gerade *i* beinhaltet. Noch besser: Wir benutzen ausschließlich zwei Vektoren, einen mit den Wahrscheinlichkeiten *P(i, i/2)* und einen Hilfsvektor, der immer die Wahrscheinlichkeiten *P(i, 0)*, *P(i, 1)* bis *P(i, i)* für das entsprechende *i* beinhaltet. Damit erhält man diese Variante:

Programm 3

```
import java.io.*;
import java.nio.*;
import java.util.*;

public class P08Oktoberfest3 {
  private static final String FileInputName = "oktoberfest.in";
  private static final String FileOutputName =
```

```
                                                      "oktoberfest.out";
private static final int NMAX = 1001;

public static void main(String[] args) throws IOException {
  Scanner scanner = null;
  PrintStream out = null;
  try {
    FloatBuffer a = FloatBuffer.allocate(NMAX);
    FloatBuffer c = FloatBuffer.allocate(NMAX);
    a.put(0.5f);
    a.put(0.5f);
    c.put(1);
    for (int i = 2; i < NMAX; i++) {
      float aux1 = a.get(0);
      a.put(0, 0.5f * aux1);
      for (int j = 1; j < i; j++) {
        float aux2 = a.get(j);
        a.put(j, 0.5f * aux1 + 0.5f * aux2);
        aux1 = aux2;
      }
      a.put(a.get(0));
      if (0 == i % 2)
        c.put(a.get(i / 2));
    }

    scanner = new Scanner(new File(FileInputName));
    out = new PrintStream(new File(FileOutputName));
    while (scanner.hasNextInt()) {
      int n = scanner.nextInt();
      out.printf(Locale.ENGLISH, "%3d: %.4f%n",
                                 n, 1 - c.get(n - 1));
    }
  } finally {
    if (scanner != null) {
      scanner.close();
    }
    if (out != null) {
      out.close();
    }
  }
}
}
```

Andere Lösungmöglichkeit

Wir sehen, dass die rekursive Formel für $P(m, q)$ der rekursiven Formel für Binomial-koeffizienten sehr ähnlich sieht. Zur Lösung des Problems brauchen wir nur die Werte

$P(2n, n)$, mit $n \in \{0, 1, 2, ..., 500\}$. Wir verwenden die Abkürzung T_n für $P(2n, n)$ und betrachten die folgenden Mengen:

M_1 = die Menge aller Vektoren mit $2n$ Elementen, die 0 oder 1 sein können (0 und 1 bedeuten, Kopf bzw. Zahl zu bekommen)
M_2 = die Menge aller Vektoren mit $2n$ Elementen von denen n den Wert 0 und die anderen n den Wert 1 haben, so dass die Werte der letzten beiden Stellen ungleich sind.

Mit dieser Notation wird T_n zu $\dfrac{|M_2|}{|M_1|}$.

$|M_1|$ ist 2^{2n}. $|M_2|$ ist die Hälfte von $\dbinom{2n}{n}$. Hieraus folgt dann:

$$T_n = \frac{\dbinom{2n}{n}}{2^{2n+1}} \tag{1}$$

Aus (1) resultiert die rekursive Darstellung der Folge T:

$$T_n = \frac{2n-1}{2n} T_{n-1} \text{ und } T_0 = 1 \tag{2}$$

Auf Grund von (2) erzeugen wir ein neues Programm.

Programm 4

```java
import java.io.*;
import java.util.*;

public class P08Oktoberfest4 {
  private static final String FileInputName = "oktoberfest.in";
  private static final String FileOutputName =
                                    "oktoberfest.out";
  private static final int NMAX = 501;

  public static void main(String[] args) throws IOException {
    Scanner scanner = null;
    PrintStream out = null;
    try {
      float t[] = new float[NMAX];
      t[0] = 1f;
      for (int i = 1; i < NMAX; i++) {
        t[i] = (2f * i - 1.0f) / (2f * i) * t[i - 1];
      }
      scanner = new Scanner(new File(FileInputName));
```

```
      out = new PrintStream(new File(FileOutputName));
      while (scanner.hasNextInt()) {
        int n = scanner.nextInt();
        out.printf(Locale.ENGLISH, "%3d: %.4f%n",
                                        n, 1 - t[n - 1]);
      }
    } finally {
      if (scanner != null) {
        scanner.close();
      }
      if (out != null) {
        out.close();
      }
    }
  }
}
```

Aufgaben

1. Wie hoch ist die Wahrscheinlichkeit, dass die Freunde gemeinsam eines der beiden Zelte gehen? Wie hoch ist die Wahrscheinlichkeit, dass Ian in Zelt 1 und Alistair in Zelt 2 geht?

2. In Programm 1 benutzen wir die Funktion $f()$, um die Werte $1/2^n$ zu bestimmen. Untersuchen Sie auch die folgende Variante:

```
double f(int n) {
  double p = 1d;
  for(int i=0; i<n; i++) p*=2;
  return 1/p;
}
```

3. In Programm 2 deklarieren wir ein Array, von dem wir nur den Bereich unter der Hauptdiagonale nutzen. Optimieren Sie die Platzverwaltung durch eine Abbildung dieses Bereichs in einen Vektor.

4. Im dritten Programm haben wir zur Abwechselung die Klasse *FloatBuffer* aus dem Paket *java.nio* benutzt. Informieren Sie sich in der Java-API-Dokumentation über die Beschreibung und die Methoden dieser Klasse. Ändern Sie das Programm so, dass es nur Arrays verwendet.

5. Finden Sie eine andere Möglichkeit, um die Formel (2) herzuleiten.

6. Erklären Sie, warum $|M_2|$ die Hälfte von $\binom{2n}{n}$ ist.

7. Finden Sie eine Beziehung zwischen T_n und den Catalan-Zahlen, über die Sie z. B. in [Log06c] mehr erfahren können.

Problem 9. Springer auf dem Schachbrett

Es ist ein bekanntes Problem, für einen Springer einen Weg auf dem Schachbrett zu finden, so dass er alle Felder genau einmal betritt. Wir werden ein verwandtes Problem betrachten: Gegeben sind eine Start- und Endposition und die Spaltenzahl n eines quadratischen Schachbretts. Der kürzeste Weg für einen Springer zwischen den Positionen ist gesucht.

Eingabe: In *springer.in* findet man 5 natürliche Zahlen n, l_1, c_1, l_2, c_2 mit den Bedeutungen: n ist die Zeilen- und Spaltzahl des Schachbretts ($4 \leq n \leq 20$) und l_1, c_1, l_2, c_2 sind die „Koordinaten" des Start- und Endfeldes.

Ausgabe: In *springer.out* wird zuerst die Länge des kürzesten Weges notiert und dann der Weg selbst, siehe das Beispiel. Wenn es mehrere Wege gibt, dann wird einer davon in die Ausgabe geschrieben. Beispiel:

springer.in	springer.out
8 1 1 8 7	Laenge kuerzester Weg: 5 (1, 1)(3, 2)(5, 3)(7, 4)(6, 6)(8, 7)
5 5 2 1 4	Laenge kuerzester Weg: 2 (5, 2)(3, 3)(1, 4)
15 2 13 14 15	Laenge kuerzester Weg: 6 (2, 13)(4, 14)(6, 15)(8, 14)(10, 15)(12, 14)(14, 15)

Problemanalyse und Entwurf der Lösung

Wir definieren *die Distanz* als die minimale Anzahl der Züge für einen Springer, um von einem Feld zu einem anderen zu gelangen. Wir werden eine Tabelle erzeugen, die das Schachbrett abbildet, wobei der Inhalt jeder Zelle die Distanz von der Startposition zu der jeweiligen Zelle kennzeichnet. Für die zweite Zeile der Eingabedatei ergibt sich folgende Tabelle:

3	2	3	2	3
2	3	2	3	2
1	2	1	4	3
2	3	2	1	2
3	0	3	2	3

Die mit dem Kreis umrandete Zelle ist das Startfeld, und das Endfeld ist mit dem Rechteck markiert. Um den Algorithmus verständlicher zu machen, benutzen wir die Variablen:

```
int table[NMAX][NMAX];   // Distanz-Tabelle
int n;                   // Zeilen- und Spaltenanzahl des Schachbretts
int pred[NMAX*NMAX];     // Vorgänger-Vektor, der den Weg speichert
```

Wir werden eine rekursive Methode schreiben, die, beginnend mit der Anfangsposition, das Schachbrett mit den Zügen des Springers bis zum Endpunkt durchläuft. Um dies zu implementieren, stellen wir die nächsten Funktionen vor:

- *void* *initTable()*: initialisiert jede Zelle der Tabelle mit *Integer.MAX_VALUE* (eine Art positives Unendlich); wenn wir ein Feld „anspringen", speichern wir die Distanz, die sicherlich kleiner sein wird, darin ab.
- *bool* *onTheTable()*: gibt *true* zurück, wenn sich der Punkt (i, j) auf dem Schachbrett befindet, und *false*, wenn das nicht so ist.
- *void* *recoverWay()*: rekursive Methode, die einen minimalen Weg aufbaut. Die Zellen des Schachbrettes werden durch einen Vektor mit $n \cdot n$ Elementen repräsentiert, z. B. für $n = 5$:

0	1	2	3	4
5	6	7	8	9
10	11	12	13	14
15	16	17	18	19
20	21	22	23	24

- die Zelle (i, j) wird im Vektor an der Position $i \cdot n + j$ gespeichert
- für ein Element k aus dem Vektor ist die Zelle in der Matrix: $(k\ div\ n\ ,\ k\ mod\ n\ )$
- intern werden die Zeilen und Spalten ab 0 behandelt. Deswegen schreiben wir in die Ausgabedatei die Werte $k\ div\ n + 1$ und $k\ mod\ n + 1$ (in der Problembeschreibung beginnen sie mit 1!)

- *void* *doMove()*: eine rekursive Methode, die als Parameter eine Zelle aus der Matrix hat, für die die Distanz schon bestimmt ist. Für diese Position berechnet man alle noch nicht betretenen Zellen, die direkt mit dem Springer erreicht werden können, und ruft die Methode erneut für die resultierenden Zellen auf (der Prozess ist endlich, weil die Distanzen aufsteigend gefüllt werden und ein Feld nur einmal vom Springer erreicht werden kann).

Eine andere Lösungsmöglichkeit wäre die Anwendung eines ungerichteten Graphen. Die Knoten des Graphen entsprechen den Feldern des Schachbrettes. Zwischen zwei Knoten (i, j) und (p, q) fügen wir eine Kante ein, wenn man von (i, j) mit einem Zug des Springers nach (p, q) gelangen kann. Die Ebenen des Graphen könnte man danach mit einer Breitensuche (*BFS – Breadth First Search*) analysieren. Der Startpunkt wird natürlich die Anfangsstelle des Springers sein.

Programm

```
import java.io.*;
import java.util.*;

public class P09Knight {
  private static final String FileInputName = "springer.in";
  private static final String FileOutputName = "springer.out";
```

```java
private int pred[];
private int table[][];

P09Knight(int szTable) {
  this.table = new int[szTable][szTable];
  for (int[] tLine : this.table) {
    Arrays.fill(tLine, Integer.MAX_VALUE);
  }
  this.pred = new int[szTable * szTable];
}

private boolean onTheTable(int x, int y) {
  int szTable = this.table.length;
  return x >= 0 && x < szTable && y >= 0 && y < szTable;
}

private static class Position {
  int row;
  int column;

  Position(int row, int column) {
    this.row = row;
    this.column = column;
  }
}

void doMove(int x, int y, int c) {
  ArrayList<Position> v = new ArrayList<Position>();
  int szTable = this.table.length;
  for (int i = -2; i < 3; i++)
    for (int j = -2; j < 3; j++)
      if (2 == Math.abs(i * j)) {
        int xNew = x + i;
        int yNew = y + j;
        if (onTheTable(xNew, yNew) &&
              this.table[xNew][yNew] > c) {
          this.pred[xNew * szTable + yNew] = x * szTable + y;
          this.table[xNew][yNew] = c;
          v.add(new Position(xNew, yNew));
        }
      }
  Position p;
  while (v.size() > 0) {
    int lastIdx = v.size() - 1;
    p = v.get(lastIdx);
    doMove(p.row, p.column, c + 1);
    v.remove(lastIdx);
  }
}
```

```java
private void recoverWay(PrintStream out, int k, int c) {
  if (c != 0) {
    recoverWay(out, pred[k], c - 1);
    int szTable = this.table.length;
    out.printf("(%d, %d)", k / szTable + 1, k % szTable + 1);
  }
}

void writeResult(PrintStream out, int l2, int c2) {
  if (this.table[l2][c2] == Integer.MAX_VALUE) {
    out.print("keine Loesung");
    return;
  }
  out.print("Laenge kuerzester Weg: ");
  out.println(this.table[l2][c2]);
  this.recoverWay(out, l2 * this.table.length + c2,
                  this.table[l2][c2] + 1);
}

public static void main(String[] args) throws IOException {
  Scanner scanner = null;
  PrintStream out = null;
  try {
    scanner = new Scanner(new File(FileInputName));
    out = new PrintStream(new File(FileOutputName));

    int szTable = scanner.nextInt();

    int l1 = scanner.nextInt();
    int c1 = scanner.nextInt();
    int l2 = scanner.nextInt();
    int c2 = scanner.nextInt();

    l1--; l2--;
    c1--; c2--;
    P09Knight p = new P09Knight(szTable);
    p.doMove(l1, c1, 1);
    p.writeResult(out, l2, c2);

  } finally {
    if (scanner != null) {
      scanner.close();
    }
    if (out != null) {
      out.close();
    }
  }
}
}
```

Aufgaben

1. Finden Sie den kürzesten Weg des Springers, wenn dieser nur auf den beiden äußeren Reihen des Brettes ziehen darf (graue Felder sind gesperrt). Wenn es keine Lösung gibt, dann schreiben sie: *keine Loesung.*

Erstes und zweites Beispiel (*n*=5 und *n*=9)

springer1.in	springer1.out
5 5 2 1 4	Laenge kuerzester Weg: 4 (5, 2) (4, 4) (2, 3) (3, 5) (1, 4)
9 1 3 7 9	Laenge kuerzester Weg: 8 (1, 3) (2, 5) (1, 7) (2, 9) (4, 8) (2, 7) (3, 9) (5, 8) (7, 9)
8 1 1 8 7	keine Loesung
15 14 13 1 2	Laenge kuerzester Weg: 12 (14, 13) (13, 15) (11, 14) (9, 15) (7, 14) (5, 15) (3, 14) (2, 12) (1, 10) (2, 8) (1, 6) (2, 4) (1, 2)

Können Sie die Bedingungen herausarbeiten, für die keine Lösung zustande kommt? Was passiert, wenn wir eine Folge von Zügen suchen, auf der alle für den Springer zugelassenen Felder (die nicht grauen) genau einmal betreten werden sollen (es gibt $8n-16$ erlaubte Felder für den Springer)?

2. Ändern Sie das Programm so ab, dass eine Position in der Tabelle nicht durch ein *Integer*, sondern in natürlicher Weise durch ein Array *int*[2] abgebildet wird.

3. Schreiben Sie ein Programm, das den alternativen Lösungsansatz mit dem ungerichteten Graphen realisiert.

4. Um die erreichbaren Stellen zu bestimmen, verwendeten wir die Methode *doMove()*. N=5 und die Stellen (1, 4), (2, 5) und (3,3) sind gegeben. Ermitteln Sie selbständig mit Hilfe der folgenden Schleifen auf einem Papier die möglichen neuen Positionen für jede der gegebenen Stellen.

```
for (i = -2; i < 3; i++)
  for (j = -2; j < 3; j++)
    if (2 == Math.abs(i * j)) {
```

```
        int xNew = x + i;
        int yNew = y + j;
```

5. **Anzahl der Springer.** Finden Sie heraus, wie viele Springer man auf einem speziellen $m \times n$–Schachbrett ($1 \le m \le 20$, $1 \le n \le 20$) platzieren kann, so dass sie sich nicht gegenseitig schlagen können.

Problem 10. Summen von Produkten

Seien die natürlichen Zahlen $n < 30$ und $a_1, a_2, ..., a_n$, jede kleiner als 101, gegeben. Berechnen Sie die Zahlen $b_1, b_2, ..., b_n$, so dass:

$$b_i = \sum_{1 \le k_1 < k_2 < ... < k_i \le n} a_{k_1} \cdot a_{k_2} \cdot ... \cdot a_{k_i}$$

Zum Beispiel für $n = 3$:

$$b_1 = a_1 + a_2 + a_3$$
$$b_2 = a_1 \cdot a_2 + a_1 \cdot a_3 + a_2 \cdot a_3$$
$$b_3 = a_1 \cdot a_2 \cdot a_3$$

Die Werte $b_1, b_2, ..., b_n$ passen in den Typ **long**.

Eingabe: In *prodsum.in* findet man die Zahlen $a_1, a_2, ..., a_n$. *Ausgabe:* In die Datei *prodsum.out* werden die Zahlen $b_1, b_2, ..., b_n$ geschrieben (eine pro Zeile), und vor den b_i wollen wir noch die Quersumme von b_i speichern:

prodsum.in	prodsum.out
1	1 10
2	8 35
3	5 50
4	6 24
2	8 17
1	6 105
7	16 295
3	14 374
4	15 168

(ACM, South-Eastern European Regionals 1999, modifiziert)

Problemanalyse und Entwurf der Lösung

Wir werden die Vieta-Relationen benutzen, und zwar:
Wenn $x_1, x_2, ..., x_n$ die Wurzeln der Gleichung:

$$x^n + c_{n-1}x^{n-1} + c_{n-2}x^{n-2} + \ldots + c_0 = 0 \tag{1}$$

sind, dann gilt:

$$x_1 + x_2 + \ldots + x_n = \sum_{i=1}^{n} x_i = -c_{n-1}$$

$$x_1 x_2 + x_1 x_3 + \ldots + x_{n-1}x_n = \sum_{\substack{i,j=1 \\ i<j}}^{n} x_i x_j = c_{n-2}$$

$$x_1 x_2 x_3 + x_1 x_2 x_4 + \ldots + x_{n-2}x_{n-1}x_n = \sum_{\substack{i,j,k=1 \\ (i<j<k)}}^{n} x_i x_j x_k = -c_{n-3} \tag{2}$$

$$\ldots\ldots\ldots\ldots\ldots\ldots\ldots\ldots\ldots\ldots\ldots\ldots\ldots$$

$$x_1 x_2 \cdot \ldots \cdot x_n = (-1)^n c_0$$

Die Gleichung (1) kann man auch so schreiben:

$$(x - x_1)(x - x_2) \cdot \ldots \cdot (x - x_n) = 0 \tag{3}$$

Wenn wir annehmen, dass die Wurzeln der Gleichung (3) die gegebenen a_1, a_2, ..., a_n sind, dann folgt aus den Vieta-Relationen, dass die mit 1 oder -1 multiplizierten Koeffizienten der Gleichung (1) die Lösung des Problems bilden.

Satz von Vieta. Es sei $f = a_0 + a_1 X + \ldots + a_n X^n$ ein Polynom n-ten Grades ($a_n \neq 0$). Wenn $\alpha_1, \alpha_2, \ldots, \alpha_n$ die Wurzeln von f sind, dann gilt:

$$\left\{ \begin{aligned} & \alpha_1 + \alpha_2 + \ldots + \alpha_n = -\frac{a_{n-1}}{a_n}, \\[2mm] & \alpha_1\alpha_2 + \alpha_1\alpha_3 + \ldots + \alpha_1\alpha_n + \ldots + \alpha_{n-1}\alpha_n = \frac{a_{n-2}}{a_n}, \\[2mm] & \alpha_1\alpha_2\alpha_3 + \alpha_1\alpha_2\alpha_4 + \ldots + \alpha_{n-2}\alpha_{n-1}\alpha_n = -\frac{a_{n-3}}{a_n}, \\[2mm] & \ldots \\[2mm] & \alpha_1\alpha_2\ldots\alpha_k + \alpha_1\alpha_2\ldots\alpha_{k-1}\alpha_{k+1} + \ldots + \alpha_{n-k+1}\alpha_{n-k+2}\ldots\alpha_n = (-1)^k \frac{a_{n-k}}{a_n}, \\[2mm] & \ldots \\[2mm] & \alpha_1\alpha_2\ldots\alpha_n = (-1)^n \frac{a_0}{a_n}. \end{aligned} \right. \tag{4}$$

Umgekehrt gilt, dass die komplexen Zahlen $\alpha_1, \alpha_2, ..., \alpha_n$ die Wurzeln des Polynoms f sind, wenn sie die Relationen (4) erfüllen.

Die Koeffizienten des Polynoms aus (1) werden schrittweise berechnet, und $P[i] = a_i$ für alle $i = 0, 1, ..., n$. Im i-ten Schritt multipliziert man das aktuelle Polynom mit dem Polynom $(X - a_i)$. Das Startpolynom ist $X - a_1$, deswegen initialisieren wir:

$$P[0] = - a[0];$$
$$P[1] = 1;$$

Für alle k von 1 bis $n-1$ betrachten wir die aktuelle Transformation:

$$(X-a[k])(P[0] + P[1]X + ... + P[k-1]X^{k-1} + P[k]X^k) \tag{5}$$

Die neuen Werte von $P[]$ sind die simultan berechneten Koeffizienten des Polynoms aus (4):

$$
\begin{aligned}
P[0] &\leftarrow -P[0]*a[k] \\
P[j] &\leftarrow P[j-1]-P[j]*a[k] \text{ für alle } j \text{ von 1 bis } k \\
P[k+1] &\leftarrow P[k]
\end{aligned}
\tag{6}
$$

Wenn die Vorzeichen gemäß der Formeln vom Satz von Vieta korrigiert sind, dann werden die $b_1, b_2, ..., b_n$ gleich $(-1)^n P[n]$, $(-1)^{n-1}P[n-1]$, ..., $P[0]$ sein.
Sie werden in das Array $a[]$ kopiert:

```
j = 1;
if (szArr % 2 != 0)
  j = -1;
for (k = 0; k <= szArr; k++) {
  arr[k] = j * p[k];
  j *= -1;
}
```

Schließlich berechnen wir die laut Aufgabestellung geforderten Quersummen der b_j mit der Funktion *sumDigits()*.

Programm

```java
import java.io.*;
import java.util.*;

public class P10SumsOfProducts {

  private static final String FileInputName = "prodsum.in";
  private static final String FileOutputName = "prodsum.out";
```

```java
private int szArr;
private long[] arr;

P10SumsOfProducts(int szArr, long[] arr) {
  this.szArr = szArr;
  this.arr = arr;
}

private int sumDigits(long nr) {
  int s = 0;
  while (nr != 0) {
    s += nr % 10;
    nr /= 10;
  }
  return s;
}

void write(PrintStream out) {
  for (int i = szArr - 1; i >= 0; i--) {
    out.print(sumDigits(arr[i]));
    out.print(' ');
    out.println(arr[i]);
  }
}

void process() {
  int j, k;
  long p[] = new long[szArr + 1];
  long q[] = new long[szArr + 1];
  p[0] = -arr[0];
  p[1] = 1;
  for (k = 1; k < szArr; k++) {
    q[0] = (-1) * p[0] * arr[k];
    for (j = 1; j <= k; j++) {
      q[j] = p[j - 1] - p[j] * arr[k];
    }
    q[k + 1] = p[k];
    for (j = 0; j <= k + 1; j++)
      p[j] = q[j];
  }
  j = 1;
  if (szArr % 2 != 0)
    j = -1;
  for (k = 0; k <= szArr; k++) {
    arr[k] = j * p[k];
    j *= -1;
  }
}

public static void main(String[] args) throws IOException {
```

```
Scanner scanner = null;
PrintStream out = null;
try {
  scanner = new Scanner(new File(FileInputName));

  List<Long> list = new ArrayList<Long>();
  while (scanner.hasNextLong()) {
      list.add( scanner.nextLong() );
  }
  long arr[] = new long[list.size()+1];
  for(int i=0; i<list.size(); i++)
    arr[i] = list.get(i);

  if (arr.length == 0) {
    return;
  }
  out = new PrintStream(new File(FileOutputName));
  P10SumsOfProducts p =
                  new P10SumsOfProducts(list.size(), arr);
  p.process();
  p.write(out);
} finally {
  if (scanner != null) {
    scanner.close();
  }
  if (out != null) {
    out.close();
  }
}
}
}
```

Aufgaben

1. Wir haben Arrays verwendet, um den Algorithmus transparenter zu machen. Modifizieren Sie das Programm so, dass nur *java.util.ArrayList* benutzt wird, und verzichten Sie auf Arrays.

2. Die Bedingung, dass die Zahlen b_1, b_2, ..., b_n in **long** passen, entfällt. Erweitern Sie das Programm so, dass es auch mit größeren Zahlen umgehen kann. Verwenden Sie dafür die Klasse *java.math.BigInteger*.

3. Die Berechnung der Koeffizienten in (6) kann auch hintereinander auf einem Array erfolgen, wenn sie in dieser Reihenfolge $P[k+1]$, $P[k]$, ..., $P[0]$ berechnet werden. Dadurch kann man vermeiden, dass zwischen 2 Arrays hin- und herkopiert wird. Vereifachen Sie hiermit die Methode *process()*.

4. Schreiben Sie die Vieta-Relationen vollständig auf, wenn f einmal ein Polynom zweiten Grades ist ($f = a_0 + a_1 X + a_2 X^2$) und einmal ein Polynom dritten Grades ($f = a_0 + a_1 X + a_2 X^2 + a_3 X^3$).

5. Es sei das Polynom $f = X^3 - 10X^2 + 29X - 20$ gegeben. Berechnen Sie die Nullstellen α_1, α_2 und α_3 des Polynoms, wenn gilt: $\alpha_1 + \alpha_2 = \alpha_3$.

6. Bestimmen Sie λ in der Gleichung $2x^3 - 4x^2 - 7x + \lambda = 0$, wenn man weiß, dass es zwei Nullstellen mit Summe 1 gibt.

7. Es sei die Gleichung $x^3 + ax^2 + bx + c = 0$ mit den Nullstellen α_1, α_2 und α_3 gegeben. Bestimmen Sie die zweite Gleichung mit den Nullstellen β_1, β_2, und β_3, so dass:

a) $\beta_1 = 3\alpha_1 + \alpha_2 + \alpha_3$, $\beta_2 = 3\alpha_2 + \alpha_1 + \alpha_3$, $\beta_3 = 3\alpha_3 + \alpha_1 + \alpha_2$

b) $\beta_1 = \frac{1}{2}\alpha_1$, $\beta_2 = \frac{1}{2}\alpha_2$, $\beta_3 = \frac{1}{2}\alpha_3$

c) $\beta_1 = -\alpha_1 + \alpha_2 + \alpha_3$, $\beta_2 = -\alpha_2 + \alpha_1 + \alpha_3$, $\beta_3 = -\alpha_3 + \alpha_1 + \alpha_2$.

Problem 11. Minimale Triangulierung eines konvexen Vielecks

Ein konvexes Vieleck ist ein Polygon, in dem alle Innenwinkel kleiner als 180° (im Bogenmaß: π) sind. Eine Triangulierung eines konvexen Vielecks ist dessen Zerlegung in Dreiecke durch sich nicht schneidende Diagonalen. Die Anzahl der Triangulierungen für ein konvexes ($n+2$)-Eck entspricht der n-ten Catalan-Zahl: $C_n = \frac{1}{n+1}\binom{2n}{n}$.

	4 Kanten → 2 Möglichkeiten
	5 Kanten → 5 Möglichkeiten
	6 Kanten → 14 Möglichkeiten

In diesem Problem muss man eine Triangulierung finden, bei der die Summe der Umfänge der vorliegenden Dreiecke minimal ist (minimale Triangulierung). *Eingabe:* In der Datei *triang.in* befinden sich mehrere Punkte, die in einer Ebene liegen und je durch Abszissen- und Ordinatenangabe definiert sind. *Ausgabe:* In *triang.out* wird in die erste Zeile die Summe der Umfänge der Teildreiecke geschrieben und danach alle

Dreiecke (als Tripel von Indizes der Ecken), aus denen diese Triangulierung besteht. Beispiel:

triang.in	triang.out
-4 -9	Kleinste Umfangssumme = 152.8
2 -9	bei Triangulierung:
8 8	0 1 5
-1 11	1 4 5
-8 8	1 2 4
-8 -5	2 3 4

Problemanalyse und Entwurf der Lösung

Wir nummerieren mit P_0, P_1, P_2, ..., P_{n-1} die Ecken des Polygons. Die Umfänge aller möglichen Dreiecke werden in $w(i, j, k)$ gespeichert, wobei P_i, P_j und P_k die jeweiligen Ecken eines Dreiecks darstellen. Die Summe der Umfänge aller Dreiecke, aus denen eine Triangulierung besteht, stellt deren Kosten dar. Wir bezeichnen weiter mit $C[i][k]$, $0 \leq i < k \leq n-1$, die Kosten der minimalen Triangulierung für das Teilpolygon mit den Ecken P_i, P_{i+1}, P_{i+2}, ..., P_k. Die Antwort für unser Problem ist dann $C[0][n-1]$.

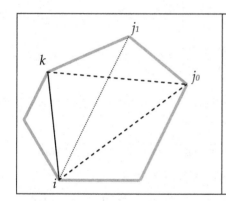

Wenn man die Kosten für die minimale Triangulierung für das Teilpolygon mit den Ecken P_i, P_{i+1}, P_{i+2}, ..., P_k finden will und diese Triangulierung die Ecke j beinhaltet mit $i<j<k$, dann berechnen sie sich durch:

$$min(C[i][j])+min(C[j][k])+w(i, j, k)$$

(diese Triangulierung beinhaltet das Dreieck $\Delta P_iP_jP_k$).

Die Kosten der minimalen Triangulierungen aller Teilpolygone werden schrittweise berechnet. Man beginnt mit den Teilpolygonen mit kleinster Eckenanzahl und endet mit dem Teilpolygon mit der Eckenanzahl n (entspricht dem ganzen Polygon). Für das Teilpolygon, das durch ein Ecken-Paar P_i und P_k definiert ist, sind die Kosten der entsprechenden minimalen Triangulierung also:

$$C[i][k]=\begin{cases} 0 & \text{für } k = i+1 \\ \min_{i<j<k}\{C[i][j]+C[j][k]+w(i,j,k)\} & \text{für } k > i+1 \end{cases} \tag{1}$$

Auf Basis dieser Formel berechnet die Methode *doProcess()* iterativ alle Werte $C[i][k]$ für alle i, k mit $0 \leq i < k \leq n-1$. Zur Speicherung der minimalen Kosten benötigen wir nur den Bereich über der Hauptdiagonale des Arrays ($C[i][k]$ mit $i<k$), deswegen werden wir den unteren Bereich verwenden, um uns den Weg zur entsprechenden Trian-

gulierung zu merken. Die Methode, die alle Dreiecke der Triangulierung anzeigt, wird diesen Bereich rekursiv abfragen.

ALGORITHM_COST_TRIANGULATIONS
For (p=1; p<n; **step** 1) **Execute**   // *Länge Teilpolygon*
   For (all pairs (i, k)←$(0, p),(1, p+1),…, (n-p-1,n-1))$ Execute
     Calculate_with_Formel_1($C[i][k]$)
     $C[k][i] ← j$, s.d. $C[i][k] = \min_{i<j<k} \{C[i][j] + C[j][k] + w(i, j, k)\}$

   End_For
  End_For
END_ ALGORITHM_COST_TRIANGULATIONS

Die rekursive Methode, die eine minimale Triangulierung ausgibt:

Write_Triangulation(i, j)
  If (j-i>1) Then
    $k ← C[j][i]$
    Write_Triangle(i, k, j)
    Write_Triangulation(i, k)
    Write_Triangulation(k, j)
  End_If
End_Write_Triangulation(i, j)

Wenn $P_1(x_1, y_1)$ und $P_2(x_2, y_2)$ zwei Punkte in der Ebene sind, dann ist deren Abstand: $|P_1P_2| = \sqrt{(x_1 - x_2)^2 + (y_1 - y_2)^2}$. Diese Formel ist in der Methode *dist()* implementiert.

Die Methode *perimeter()* bestimmt den Umfang eines Dreiecks und erwartet als Eingabeparameter dessen Ecken. Mit Hilfe der n gelesenen Punkte, die im Vektor vP gespeichert wurden, berechnet die Methode *calculatePerimeters()* in lexikographischer Reihenfolge alle möglichen Umfänge und fügt die Resultate sukzessive dem Vektor w hinzu: (0, 1, 2), (0, 1, 3), …, (n-3, n-2, n-1). Die Methode *getW()* liefert den Umfang eines bestimmten Dreiecks. Wenn wir den Umfang des Dreiecks (i_0, j_0, k_0) finden wollen, müssen wir wissen, wie viele Tripel (i, j, k) mit $0 ≤ i < j < k$ existieren, die lexikographisch kleiner als (i_0, j_0, k_0) sind, also vor (i_0, j_0, k_0) im Vektor w liegen. Die Anzahl dieser Tripel errechnet sich aus den Tripeln mit $i < i_0$ zuzüglich der Tripel mit $i=i_0$ und $j<j_0$ und der Tripel mit $i=i_0$, $j=j_0$ und $k<k_0$:

$$\left|\{(i, j, k) \mid i < i_0\}\right| + \left|\{(i, j, k) \mid i_0 = i, j < j_0\}\right| + \left|\{(i, j, k) \mid i_0 = i, j_0 = j, k < k_0\}\right|$$

Für ein festes $i<i_0$ gibt es $\binom{n-i-1}{2}$ solcher Tripel (das ist die Anzahl aller Paare (j, k)

mit $0 \leq i < j < k < n$, das heißt aller Paare (j, k) mit $j < k$ aus der Menge $\{i_0+1, i_0+2, …, n-1\}$). Für $i=i_0$ und ein bestimmtes j_0 gibt es $n-j_0-1$ Tripel (nämlich für $k=j_0+1, j_0+2, …, n-1$). Für $i=i_0, j=j_0$ und $k<k_0$ gibt es k_0-j_0-1 Tripel.

Programm

```java
import java.io.*;
import java.util.*;

public class P11ConvexPolygonMinimalTriangulation {

  private static final String FileInputName = "triang.in";
  private static final String FileOutputName = "triang.out";
  private List<Point> vP;
  private List<Double> w;
  private double c[][];

  private static class Point {
    double x;
    double y;

    Point(double x, double y) {
      this.x = x;
      this.y = y;
    }

    double dist(Point p) {
      return Math.sqrt(Math.pow(this.x - p.x, 2)
        + Math.pow(this.y - p.y, 2));
    }
  }

  static double perimeter(Point p1, Point p2, Point p3) {
    return p1.dist(p2) + p2.dist(p3) + p3.dist(p1);
  }

  P11ConvexPolygonMinimalTriangulation(List<Point> vPoints) {
    this.vP = vPoints;
    this.w = new ArrayList<Double>();
    int szVP = vP.size();
    for (int i = 0; i < szVP - 2; i++)
      for (int j = i + 1; j < szVP - 1; j++)
        for (int k = j + 1; k < szVP; k++) {
          this.w.add(perimeter(vP.get(i), vP.get(j),
                                            vP.get(k)));
        }
    this.c = new double[szVP][szVP];
```

$$|P_1 P_2| = \sqrt{(x_1 - x_2)^2 + (y_1 - y_2)^2}$$

```
    }

    private double getW(int i0, int j0, int k0) {
      int n = this.vP.size();
      int p = 0;
      for (int i = 0; i < i0; i++){
        p += (n-i-1)*(n-i-2)/2;
      }
      for (int j=i0+1; j<j0; j++){
        p += n-j-1;
      }
      p += k0-j0-1;
      return w.get(p);
    }

    void doProcess() {
      int szVP = this.vP.size();
      for (int p = 1; p < szVP; p++) {
        for (int i = 0; i < szVP - p; i++) {
          int k = i + p;
          if (1 == p)
            c[i][k] = 0;
          else {
            int j = i + 1;
            c[i][k] = c[i][j] + c[j][k] + getW(i, j, k);
            c[k][i] = j;
            for (j = i + 2; j < k; j++) {
              double val = c[i][j] + c[j][k] + getW(i, j, k);
              if (val < c[i][k]) {
                c[i][k] = val;
                c[k][i] = j;
              }
            }
          }
        }
      }
    }

    private void writeTriang(PrintStream out, int i, int j) {
      if ((j - i) > 1) {
        int k = (int) c[j][i];
        out.printf("  %d %d %d%n", i, k, j);
        writeTriang(out, i, k);
        writeTriang(out, k, j);
      }
    }

    void write(PrintStream out) {
      int idx = vP.size() - 1;
      out.printf(Locale.ENGLISH,
```

Man könnte auch über alle lexikographisch kleinere Tripel springen:
```
int p=0;
int i2, j2, k2;
for(i2=0; i2<i0; i2++)
   for(j2=i2+1; j2<n-1; j2++)
      for(k2=j2+1; k2<n;k2++) p++;
for(j2=i0+1; j2<j0; j2++)
   for(k2=j2+1; k2<n; k2++) p++;
p+=k0-j0-1;
return w[p];
```

```
        " Kleinste Umfangssumme = %.4f%n bei Triangulierung: %n",
                c[0][idx]);

     writeTriang(out, 0, idx);
  }

  public static void main(String[] args) throws IOException {
     Scanner scanner = null;
     PrintStream out = null;
     try {
        scanner = new Scanner(new File(FileInputName));
        List<Point> vPoints = new ArrayList<Point>();
        while (scanner.hasNextDouble()) {
           double x = scanner.nextDouble();
           double y = scanner.nextDouble();
           vPoints.add(new Point(x, y));
        }
        P11ConvexPolygonMinimalTriangulation p10 =
                new P11ConvexPolygonMinimalTriangulation(vPoints);
        p10.doProcess();
        out = new PrintStream(new File(FileOutputName));
        p10.write(out);
     } finally {
        if (scanner != null) {
           scanner.close();
        }
        if (out != null) {
           out.close();
        }
     }
  }
}
```

1.	Lese Ecken (*vP*)
2.	Berechne Umfänge (*vP*, *w*)
3.	Konstruiere C[][] auf Basis von *w*, *n*
4.	Schreibe C[0][*n*-1]
5.	Schreibe Triangulierung rekursiv

Aufgaben

1. Ändern Sie das Program so ab, dass nicht mehr eine Triangulierung gesucht wird, deren Summe der Umfänge der Dreiecke minimal ist, sondern eine Triangulierung, deren Summe der Diagonalen, die in ihr auftreten, minimal ist.

2. Beweisen Sie, dass die explizite Formel für *getW(i₀, j₀, k₀)* so lautet:

$$getW(i_0, j_0, k_0) = \binom{n-1}{3} + \binom{n-i_0-1}{3} + \binom{n-j_0-1}{2} + \binom{n-k_0-1}{1}$$

3. Im Programm setzen wir die Arithmetikfunktionen *pow()* und *sqrt()* der Klasse *java.lang.Math* ein. Lesen Sie sich in der Java-*API*-Dokumentation die Beschreibung dieser Klasse durch und schreiben Sie ein Beispielprogramm, das alle ihre Methoden benutzt: Winkelfunktionen (*sin()*, *cos()*, *tan()*, *asin()*, *acos()*, *atan()*), Minimum und Maximum (*min()*, *max()*), Arithmetikfunktionen (*exp()*, *log()*, *pow()*, *sqrt()*), Runden und Abschneiden (*abs()*, *ceil()*, *floor()*, *round()*).

Problem 12. Multiplikation einer Matrizenfolge

Um zwei Matrizen A und B miteinander multiplizieren zu können, muss A so viele Spalten haben, wie B Zeilen hat. Wenn A m Zeilen und n Spalten und B n Zeilen und p Spalten hat, dann hat $A \cdot B$ m Zeilen und p Spalten. Die Berechnung des Produkts erfordert $m \cdot n \cdot p$ elementare Multiplikationen.

A und B können so geschrieben werden ($m, n, p \in \mathbb{N}\backslash\{0\}$):

$$A = \begin{pmatrix} a_{11} & a_{12} & \cdots & a_{1n} \\ a_{21} & a_{22} & \cdots & a_{2n} \\ \cdots & \cdots & \cdots & \cdots \\ a_{m1} & a_{m2} & \cdots & a_{mn} \end{pmatrix}, \; B = \begin{pmatrix} b_{11} & b_{12} & \cdots & b_{1p} \\ b_{21} & b_{22} & \cdots & b_{2p} \\ \cdots & \cdots & \cdots & \cdots \\ b_{n1} & b_{n2} & \cdots & b_{np} \end{pmatrix}$$

Dann hat die Produktmatrix $C = A \cdot B$ die Form:

$$C = \begin{pmatrix} c_{11} & c_{12} & \cdots & c_{1p} \\ c_{21} & c_{22} & \cdots & c_{2p} \\ \cdots & \cdots & \cdots & \cdots \\ c_{m1} & c_{m2} & \cdots & c_{mp} \end{pmatrix}$$

wobei $c_{ij} = a_{i1}{}^*b_{1j}+a_{i2}{}^*b_{2j}+\ldots+a_{in}{}^*b_{nj}= \sum_{k=1}^{n} a_{ik} \cdot b_{kj}$ für alle $i \in \{1,\ldots, m\}$, $j \in \{1,\ldots, p\}$.

Um C zu bestimmen, wird man $m \cdot n \cdot p$ elementare Multiplikationen ausführen (n elementare Operationen für jedes Element c_{ij} mit $1 \le i \le m$, $1 \le j \le p$). Um eine Matrizenkette $A_0A_1\ldots A_n$ multiplizieren zu können, muss die Bedingung, dass die Matrix A_i für jedes i mit $0 \le i < n$ so viele Spalten hat, wie A_{i+1} Zeilen hat, erfüllt sein:

$$Anzahl\_Spalten \; (A_i)=Anzahl\_Zeilen(A_{i+1}) \text{ für alle } i \in \{0, \ldots, n-1\}$$

Es gibt $C_n = \dfrac{1}{n+1}\dbinom{2n}{n}$ mögliche Klammerungen für das Produkt $A_0A_1\ldots A_n$, wobei C_n die n-te Catalan-Zahl ist. Diese Zahl ist gleich der Anzahl der Möglichkeiten, $n+1$ Werte mit n Operationen zu multiplizieren:

a (b c), (a b) c	3 Werte → 2 Möglichkeiten
a (b (c d)), a ((b c) d), (a b) (c d), (a (b c)) d ((a b) c) d	4 Werte → 5 Möglichkeiten
a (b (c (d e))), a (b ((c d) e)) a ((b c) (d e)), a ((b (c d)) e) a (((b c) d) e), (a b) (c (d e)) (a b) ((c d) e), (a (b c)) (d e)	5 Werte → 14 Möglichkeiten

(a (b (c d)))e, (a ((b c) d)) e

((a b) c) (d e), ((a b) (c d)) e

((a (b c)) d) e, (((a b) c) d) e

Die ersten Zahlen sind also: $C_0 = 1$, $C_1 = 1$, $C_2 = 2$, $C_3 = 5$, $C_4 = 14$, $C_5 = 42$, $C_6 = 132$, $C_7 = 429$, $C_8 = 1430$, $C_9 = 4862$, $C_{10} = 16796$, $C_{11} = 58786$, ...

Wir bezeichnen mit $A(m, n)$ eine Matrix mit m Zeilen und n Spalten. Wenn wir zum Beispiel die Matrizen $A_0(40, 30)$, $A_1(30, 10)$ und $A_2(10, 2)$ betrachten, gibt es zwei Möglichkeiten, das Produkt $A_0A_1A_2$ zu bilden:

$(A_0A_1)A_2$ – benötigt insgesamt $40\cdot30\cdot10 + 40\cdot10\cdot2 = 12800$ elementare Multiplikationen;

$A_0(A_1A_2)$ – erfordert insgesamt $40\cdot30\cdot2 + 30\cdot10\cdot2 = 3000$ elementare Multiplikationen, das sind 23,44 Prozent von 12800. Wenn die Anzahl der Matrizen wächst, dann könnte die Differenz zwischen den verschiedenen Möglichkeiten deutlich wachsen.

Für die Berechnung des Produktes von 8 Matrizen gibt es $C_7 = 429$ Möglichkeiten. Wenn wir die Matrizen $A_0(34, 23)$, $A_1(23, 12)$, $A_2(12, 2)$, $A_3(2, 5)$, $A_4(5, 80)$, $A_5(80, 3)$, $A_6(3, 3)$, $A_7(3, 12)$ betrachten, dann könnte das Produkt $A_0A_1...A_7$ so geklammert werden:

$(A_0(A_1((A_2A_3)A_4)))((A_5A_6)A_7)$ – benötigt 125800 elementare Multiplikationen;

$(A_0(A_1A_2))(((A_3(A_4A_5))A_6)A_7)$ – benötigt 4252 elementare Multiplikationen, das sind 3,38 Prozent der Anzahl für die erste Klammerung!

Das Problem ist nun das Finden der minimalen Klammerung einer Matrizenkette, d. h. die Klammerung ist gesucht, für die die Anzahl der elementaren Multiplikationen minimal ist.

Eingabe: In der Datei *matrix.in* befinden sich die Dimensionen einer Matrizenkette, nämlich ein Paar (*Anzahl_Zeilen, Anzahl_Spalten*) auf jeder Zeile. Es gebe maximal 100 Matrizen, und die Anzahl der minimalen elementaren Multiplikationen passt in den Typ *long*.

Ausgabe: In der Datei *matrix.out* soll die minimale Anzahl der Multiplikationen ausgegeben werden, gefolgt von einer entsprechenden Klammerung. Beispiel:

matrix.in	matrix.out
34 23	minimal = 4252
23 12	(A0(A1A2))(((A3(A4A5))A6)A7)
12 2	
2 5	
5 80	
80 3	
3 3	
3 12	

Problemanalyse und Entwurf der Lösung

Es seien die Matrizen A_0, A_1, ..., A_n gegeben, und die Zeilen- und Spaltenzahlen einer Matrix A_i notieren wir mit d_i und d_{i+1}. Wir stellen die Funktion $C(i, j)$ vor, die die minimale Anzahl der elementaren Multiplikationen für das Produkt $A_i A_{i+1}...A_j$ repräsentiert. Damit erhalten wir:

$$C(i, i) = 0 \text{ für alle } i=0, ..., n \tag{1}$$
$$C(i, i+1) = d_i \cdot d_{i+1} \cdot d_{i+2} \text{ für alle } i=0, ..., n\text{-1} \tag{2}$$
$$C(i, j) = \min_{i \le k < j}(C(i,k) + C(k+1, j) + d_i \cdot d_{k+1} \cdot d_{j+1}) \text{ für } 0 \le i < j \le n\text{-1} \tag{3}$$

$C(i, k)$ ist die minimale Anzahl der elementaren Multiplikationen für die Teilkette $A_i A_{i+1}..A_k$. Das Resultat ist eine Matrix mit d_i Zeilen und d_{k+1} Spalten. $C(k+1, j)$ ist die minimale Anzahl der elementaren Multiplikationen der Teilkette $A_{k+1} A_{k+2}...A_j$. Das Resultat ist eine Matrix mit d_{k+1} Zeilen und d_{j+1} Spalten. Um die beiden Ergebnis-Matrizen zu multiplizieren, braucht man also noch $d_i \cdot d_{k+1} \cdot d_{j+1}$ elementare Multiplikationen.

Wir werden die Werte $C(i, j)$ iterativ für Matrizenketten der Längen 2, 3, ..., n berechnen. Weil die Werte $C(i, j)$ im oberen Bereich der Hauptdiagonale des zweidimensionalen Arrays $C[][]$ gespeichert sind, steht uns der untere Abschnitt zur Speicherung der entsprechenden Werte k zur Verfügung. Auf Grundlage der Gleichungen (1), (2) und (3) schreiben wir die Methode *doProcess()*, die das zweidimensionale Array $C[][]$ füllt. Wenn sich in der Eingabedatei n Matrizen befinden, dann benötigt die minimale Klammerung $C[0][n\text{-}1]$ elementare Multiplikationen. Um die optimale Klammerung zu rekonstruieren, definieren wir die Methode *constructOrder()*, die die Arrays *op[]* und *cl[]* mit den Bedeutungen aufbaut:

op[i] – Anzahl öffnender Klammern vor der Matrix A_i

cl[i] – Anzahl schließender Klammern nach der Matrix A_i

Für ein bestimmtes Paar *(i, j)* wird der entsprechende Wert k aus Formel (3) in $C[j][i]$ gesichert. Das heißt, dass die Matrizenketten $A_i...A_k$ und $A_{k+1}...A_j$ so geklammert werden:

```
int k = (int) c[j][i];
if (i != k) {
   op[i]++;
   cl[k]++;
}
if (k + 1 != j) {
   op[k + 1]++;
   cl[j]++;
}
```

und diese Ketten werden rekursiv optimal geklammert:

```
constructOrder(i, k);
constructOrder(k + 1, j);
```

Im Hauptprogramm wird mit Hilfe der Arrays *op*[] und *cl*[] die komplette Klammerung hergestellt.

Programm

```java
import java.io.*;
import java.util.*;

public class P12MatrixSequenceMultiplication {
  private static final String FileInputName = "matrix.in";
  private static final String FileOutputName = "matrix.out";

  private int d[];
  private int op[], cl[];
  private long c[][];

  P12MatrixSequenceMultiplication(int[] d) {
    this.d = d;
    int szD = d.length;
    this.op = new int[szD];
    this.cl = new int[szD];
    this.c = new long[szD][szD];
  }

  void doProcess() {
    int n = d.length - 1;
    int i, j, k, p;

    for (j = 0; j < n; j++) {
      for (i = 0; i < j; i++)
        c[i][j] = Long.MAX_VALUE;
      c[j][j] = 0;
    }
    for (p = 1; p < n; p++)
      for (i = 0, j = p; j < n; i++, j++)
        for (k = i; k < j; k++) {
          long aux =
              c[i][k] + c[k+1][j] + d[i]*d[k+1]*d[j+1];
          if (c[i][j] > aux) {
            c[i][j] = aux;
            c[j][i] = k;
          }
        }
  }

  private void constructOrder(int i, int j) {
    if ((j - i) > 1) {
      int k = (int) c[j][i];
      if (i != k) {
```

```java
      op[i]++;
      cl[k]++;
    }
    if (k + 1 != j) {
      op[k + 1]++;
      cl[j]++;
    }
    constructOrder(i, k);
    constructOrder(k + 1, j);
  }
}

void write(PrintStream out) {
  int n = d.length - 1;
  out.printf("minimal = %d%n", c[0][n - 1]);
  constructOrder(0, n - 1);
  for (int i = 0; i < n; i++) {
    for (int j = 0; j < op[i]; j++)
      out.print('(');
    out.print('A');
    out.print(i);
    for (int j = 0; j < cl[i]; j++)
      out.print(')');
  }
}

public static void main(String[] args) throws IOException {
  Scanner scanner = null;
  PrintStream out = null;
  try {
    scanner = new Scanner(new File(FileInputName));

    List<Integer> list = new ArrayList<Integer>();
    while (scanner.hasNextInt()) {
      int i = scanner.nextInt();
      int j = scanner.nextInt();

      int szD = list.size();
      if (szD == 0) {
        list.add(i);
      } else if (list.get(szD - 1).intValue() != i) {
        throw new IOException("Ungueltige Eingabedaten!");
      }
      list.add(j);
    }

    int arr[] = new int[list.size()];
    for (int k = 0; k < list.size(); k++)
      arr[k] = list.get(k);
    P12MatrixSequenceMultiplication p =
```

```
            new P12MatrixSequenceMultiplication(arr);
    p.doProcess();
    out = new PrintStream(new File(FileOutputName));
    p.write(out);

  } finally {
    if (scanner != null) {
      scanner.close();
    }
    if (out != null) {
      out.close();
    }
  }
 }
}
}
```

Aufgabe

Erweitern Sie das Programm so, dass auch die maximale Klammerung ausgegeben wird. Stellen Sie auch den prozentualen Anteil auf 2 Nachkommastellen genau dar, den die minimale Klammerung im Vergleich zur maximalen hat.

matrix.in	matrix.out
34 23 23 12 12 2 2 5 5 80 80 3 3 3 3 12	minimal = 4252 (A0(A1A2))(((A3(A4A5))A6)A7) maximal = 125800 (A0(A1((A2A3)A4)))((A5A6)A7) 3.38 %

Problem 13. Edit-Distanz

In der Mathematik ist **Metrik (Abstandsfunktion)** ein abstrakter Begriff. Er meint
nicht notwendig den räumlichen (geometrischen) Abstand, auch wenn dieser ebenfalls eine Metrik darstellt (euklidische Metrik). Eine Abbildung $d: M \times M \to \mathbb{R}$ stellt
eine Metrik dar, wenn die folgenden Bedingungen erfüllt sind:

(M1) $d(x, y) \geq 0$ für alle $x, y \in M$, $d(x, y) = 0 \Leftrightarrow x = y$
(M2) Symmetrie: $d(x, y) = d(y, x)$ für alle $x, y \in M$
(M3) Dreiecksungleichung: $d(x, y) \leq d(x, z) + d(z, y)$ für alle $x, y, z \in M$
Eine bekannte Metrik ist die **Hamming-Distanz**. Sie ist definiert als die Anzahl der
Stellen, in denen zwei Wörter gleicher Länge nicht miteinander übereinstimmen,

wenn man sie Buchstabe für Buchstabe miteinander vergleicht. Beispiel: Die Hamming-Distanz zwischen den Wörtern *abcd* und *amcn* ist zwei, weil die Buchstaben an zwei Stellen (2 und 4) nicht übereinstimmen. Es ist nicht schwierig zu zeigen, dass die Hamming-Distanz die drei Metrikeigenschaften erfüllt.

Eine andere Metrik ist die **Edit-Distanz**, auch **Levenshtein-Distanz** genannt (nach dem russischen Wissenschaftler Vladimir Levenshtein (geb. 1935), der den Algorithmus 1965 erfunden hat). Diese Distanz ist auf Wörter mit Buchstaben aus einem Alphabet definiert. Auf ein Wort können die folgenden drei Transformationen angewendet werden: Löschen oder Einfügen eines Buchstaben, Ersetzen eines Buchstaben durch einen anderen. Die Edit-Distanz zweier Wörter W_1 und W_2 ist definiert als die minimale Anzahl der Transformationen, um W_1 in W_2 zu überführen. Zum Beispiel: *d(anne, marie)* = 3, weil man das Wort „*anne*" in drei Schritten zu „*marie*" transformieren kann: *anne → manne → marne → marie* (*Einfügen* Stelle 1, *Ersetzen* Stellen 3 und 4). Die Edit-Distanz erfüllt auch alle drei Metrikeigenschaften. Sie wird in der Praxis u.a. in folgenden Bereichen angewendet: Rechtschreibprüfung, *DNA-Analyse*, Sprachverarbeitung, Plagiaterkennung, Versionsverwaltung, *Remote Screen Update Problem*.

Im folgenden Problem wollen wir die Edit-Distanz zwischen zwei gegebenen Wörtern berechnen. Die Wörter bestehen aus den Buchstaben von *a* bis *z* und sind maximal 100 Zeichen lang.

Eingabe: In *edit.in* finden sich mehrere Wortpaare, eines pro Zeile.
Ausgabe: In die Datei *edit.out* muss man die Edit-Distanz für alle Wortpaare aus *edit.in* ausgeben. Beispiel:

edit.in	edit.out
anne marie klipp klar mathematik informatik probleme loesungen baerchen zwerglein boese gute	d(anne, marie) = 3 anne I(1) --> manne T(3) --> marne T(4) --> marie ========================= d(klipp, klar) = 3 klipp D(3) --> klpp T(3) --> klap T(4) --> klar ========================= d(mathematik, informatik) = 5 mathematik T(1) --> iathematik T(2) --> in- thematik T(3) --> infhematik T(4) --> infoe- matik T(5) --> informatik ========================= d(probleme, loesungen) = 8 probleme T(1) --> lrobleme T(2) --> loobleme T(3) --> loebleme T(4) --> loesleme T(5) --> loesueme T(6) --> loesunme T(7) --> loesunge I(9) --> loesungen ========================= d(baerchen, zwerglein) = 5

```
baerchen T(1) --> zaerchen T(2) --> zwerchen
T(5) --> zwerghen T(6) --> zwerglen I(8) -->
zwerglein
========================
d(boese, gute) = 4
boese D(1) --> oese T(1) --> gese T(2) -->
guse T(3) --> gute
========================
```

Problemanalyse und Entwurf der Lösung

Wir stellen uns vor, dass die Wörter $x = x_1x_2...x_m$ und $y = y_1y_2...y_n$ mit den Längen m und n gegeben sind. Wenn es keine gemeinsamen Buchstaben an je zwei miteinander zu vergleichenden Positionen gibt, beträgt die Edit-Distanz zwischen ihnen max (m, n). Diese Distanz ist kleiner, wenn es gemeinsame Buchstaben gibt. Eine Lösungsmöglichkeit besteht darin, ein Array $T[][]$ mit $n+1$ Zeilen und $m+1$ Spalten aufzubauen, das die Edit-Distanzen zwischen $x_1x_2...x_j$ ($0 \leq j \leq m$) und $y_1y_2...y_i$ ($0 \leq i \leq n$) repräsentiert (siehe dazu die folgende Abbildung). Am Anfang wird die erste Zeile 0 mit den Werten 0, 1, 2, ..., m aufgefüllt (das Transformieren des Wortes $x_1x_2...x_j$ zu einem leeren Wort erfordert j Operationen, weil man dafür j Buchstaben löscht). Die Spalte 0 wird mit den Werten 0, 1, 2, ..., n gefüllt (um das leere Wort in das Wort $y_1y_2...y_i$ zu überführen, werden i Operationen benötigt, denn i Buchstaben fügt man hinzu). Um die Distanz $T[i][j]$ zwischen den Wörtern $x_1x_2...x_j$ ($1 \leq j$) und $y_1y_2...y_i$ ($1 \leq i$) zu berechnen, hat man drei Möglichkeiten:

- aus $T[i-1][j-1]$: im Fall $x_j = y_i$ braucht man keine weiteren Transformationen und es könnte $T[i][j] = T[i-1][j-1]$ gelten; wenn $x_j \neq y_i$, wird x_j durch y_i ersetzt, und es könnte $T[i][j] = T[i-1][j-1]+1$ gelten.
- aus $T[i-1][j]$: $y_1y_2...y_{i-1}$ ist durch $T[i-1][j]$ Operationen aus $x_1x_2...x_j$ hervor gegangen. D. h. $y_1y_2...y_i$ entsteht aus $x_1x_2...x_j$ durch $T[i-1][j]+1$ Operationen, wenn der letzte Vorgang das Hinzufügen des Buchstabens y_i ist.
- aus $T[i][j-1]$: die minimale Anzahl der Schritte, um $y_1y_2...y_i$ aus $x_1x_2...x_{j-1}$ herzuleiten, ist $T[i][j-1]$. D. h. dass $y_1y_2...y_i$ aus $x_1x_2...x_j$ durch $T[i][j-1]+1$ Operationen entsteht, wenn der letzte Vorgang das Löschen des Buchstabens x_j ist.

Wir setzen $b(i, j) = 0$, wenn $x_j = y_i$, und weiter $b(i, j) = 1$, wenn $x_j \neq y_i$. Schließlich ist

$$T[i][j] = \begin{cases} j, & \text{wenn } i = 0, j = 1,...,m \\ i, & \text{wenn } j = 0, i = 1,...,n \\ \min(T[i-1][j-1] + b(i,j), T[i-1][j]+1, T[i][j-1]+1), & \text{wenn } i = 1,...,n, j = 1,...,m \end{cases}$$

Die Edit-Distanz zwischen $x_1x_2...x_m$ und $y_1y_2...y_n$ ist dann $T[n][m]$. Für die ersten beiden Beispiele sieht das Array $T[][]$ so aus:

	_	a	n	n	e
_	0	1	2	3	4
m	1	1	2	3	4
a	2	1	2	3	4
r	3	2	2	3	4
i	4	3	3	3	4
e	5	4	4	4	3

	_	k	l	i	p	p
_	0	1	2	3	4	5
k	1	0	1	2	3	4
l	2	1	0	1	2	3
a	3	2	1	1	2	3
r	4	3	2	2	2	3

Edit-Distanz-Beispiele

Die Methode *getEditDistance()* baut das Array $T[][]$ auf. Die Werte $T[i][j]$ werden schrittweise für jede Zeile, von links nach rechts, mit der obigen Formel berechnet. Um die gesuchten Transformationen zu bestimmen, starten wir mit $T[n][m]$ und bewegen uns rückwärts bis $T[0][0]$. Bei jedem Schritt stellen wir fest, welcher der drei Wege zu $T[i][j]$ geführt hat, und entscheiden uns für einen. $T[i][j]$ entstand aus einer seiner folgenden Nachbarzellen: diagonal oben links, darüber oder links davon. Wir wenden nun die zum Weg gehörende Operation „invertiert" auf das aktuelle Wort an. Aus einem Löschen wird ein Hinzufügen und umgekehrt, und das Ersetzen eines Buchstabens erfolgt in die andere Richtung.

Die rekursive Methode *writeSolution()* erledigt all das. Sie wird mit dem Zielwort aufgerufen und bestimmt eine Möglichkeit der Entstehung von $T[i][j]$. Sie modifiziert das aktuelle Wort, ruft sich selbst mit angepassten Parametern auf und schreibt danach die entsprechende Operation und das aktuelle Wort in die Ausgabedatei. Es könnte mehrere optimale Wege geben, wir werden nur einen rekonstruieren.

Wenn zum Beispiel $x_m = y_n$ und $T[n-1][m-1] = T[n][m]$ gilt, dann ist $T[n][m]$ aus $T[n-1][m-1]$ ohne Operation hervor gegangen und wir setzen die Variable *flag* auf *true* (wir haben für $T[n][m]$ ein Vorgänger gefunden!) und rufen *writeSolution()* mit angepassten Parametern auf:

```
flag = true;
writeSolution(out, m - 1, n - 1, new StringBuilder(yaux));
```

Wenn $x_m \neq y_n$ und $T[n-1][m-1]+1 = T[n][m]$ gilt, dann ist $T[n][m]$ aus $T[n-1][m-1]$ durch eine Ersetzung entstanden und wir setzen *flag* auf *true* (wir haben für $T[n][m]$ einen Vorgänger gefunden!). Wir führen eine Rücktransformation für das aktuelle Wort *yaux* durch, rufen die Methode *writeSolution()* mit angepassten Parametern auf und schreiben das aktuelle Wort zusammen mit der Operation in die Ausgabedatei:

```
flag = true;
yaux.replace(n-1, n, x.substring(m-1, m));
```

```
writeSolution(out, m - 1, n - 1,
                            new StringBuilder(yaux));
out.printf("%s T(%d) --> ", yaux, n);
```

Die selbe Vorgehensweise wird angewendet, wenn $T[n][m-1]$ der Vorgänger von $T[n][m]$ ist ($T[n][m] = T[n][m-1]+1$) oder $T[n-1][m]$ der Vorgänger von $T[n][m]$ ist ($T[n][m] = T[n-1][m]+1$): Rücktransformation ausführen, *writeSolution()* mit neuen Parametern aufrufen, Operation und aktuelles Wort ausgeben. Wir beachten, dass in Java die Buchstaben in Zeichenketten mit dem Index 0 anfangen, und deswegen testen wir z. B. (*if(x.charAt(m-1)==y.charAt(n-1)...*) statt *x.charAt(m)==y.charAt(n)*. Dementsprechend sind alle *StringBuilder* Methoden angepasst (*delete, reset, replace, substring*).

Programm

```java
import java.io.*;
import java.util.*;

public class P13EditDistance {

  private static final String FileInputName = "edit.in";
  private static final String FileOutputName = "edit.out";

  private int T[][];
  private StringBuilder x, y;

  P13EditDistance(StringBuilder x, StringBuilder y) {
    this.x = x;
    this.y = y;
    this.T = new int[y.length() + 1][x.length() + 1];
  }
  private int getEditDistance() {
    int m = x.length();
    int n = y.length();
    if (m == 0)
      return n;
    if (n == 0)
      return m;

    for (int i = 0; i <= m; i++)
      T[0][i] = i;
    for (int i = 0; i <= n; i++)
      T[i][0] = i;
    for (int i = 1; i <= n; i++)
      for (int j = 1; j <= m; j++) {
        if (x.charAt(j - 1) == y.charAt(i - 1)) {
          T[i][j] = T[i - 1][j - 1];
        } else {
          T[i][j] = T[i - 1][j - 1] + 1;
```

```
            }
        if (T[i][j] > T[i - 1][j] + 1)
            T[i][j] = T[i - 1][j] + 1;
        if (T[i][j] > T[i][j - 1] + 1)
            T[i][j] = T[i][j - 1] + 1;
        }
    }
    return T[n][m];
}


private void writeSolution(PrintStream out,
                            int m, int n, StringBuilder yaux) {
    boolean flag = false;
    if (m != 0 || n != 0) {
        if (m > 0 && n > 0) {
            if (x.charAt(m - 1) == y.charAt(n - 1)) {
                if (T[n - 1][m - 1] == T[n][m]) {
                    flag = true;
                    writeSolution(out, m - 1, n - 1, yaux);
                }
            } else {
                if (T[n - 1][m - 1] + 1 == T[n][m]) {
                    flag = true;
                    yaux.replace(n-1, n, x.substring(m-1, m));
                    writeSolution(out, m - 1, n - 1,
                                        new StringBuilder(yaux));
                    out.printf("%s T(%d) --> ", yaux, n);
                }
            }
        }

        if (n > 0 && !flag) {
            if (T[n][m] == T[n - 1][m] + 1) {
                flag = true;
                yaux.delete(n-1, n);
                writeSolution(out, m, n - 1,
                                    new StringBuilder(yaux));
                out.printf("%s I(%d) --> ", yaux, n);
            }
        }

        if (m > 0 && !flag) {
            if (T[n][m] == T[n][m - 1] + 1) {
                yaux.insert(n, x.charAt(m-1));
                writeSolution(out, m - 1, n,
                                    new StringBuilder(yaux));
                out.printf("%s D(%d) --> ", yaux, n + 1);
            }
        }
    }
}
```

```java
void writeSolution(PrintStream out) {
  out.printf("d(%s, %s) = %d%n",
              this.x, this.y, this.getEditDistance());
  writeSolution(out, x.length(), y.length(),
                                  new StringBuilder(this.y));
  out.println(this.y);
  out.println("========================");
}

public static void main(String[] args) throws IOException {
  Scanner scanner = null;
  PrintStream out = null;
  try {
    scanner = new Scanner(new File(FileInputName));
    out = new PrintStream(new File(FileOutputName));
    while (scanner.hasNext()) {
      StringBuilder x = new StringBuilder(scanner.next());
      if (!scanner.hasNext())
        break;
      StringBuilder y = new StringBuilder(scanner.next());
      new P13EditDistance(x, y).writeSolution(out);
    }
  } finally {
    if (scanner != null) {
      scanner.close();
    }
    if (out != null) {
      out.close();
    }
  }
}
```

Aufgaben

1. Lesen Sie noch mal die Beschreibung und die Methoden der Klasse *java.lang.StringBuilder* in der Java-*API*-Dokumentation nach. Ersetzen Sie die Klasse *java.lang.StringBuilder* für die Bearbeitung der dynamischen Zeichenketten durch die Klasse *java.lang.String*, indem Sie beispielsweise ein Array vom Typ *char[]* verwenden (mit Hilfe der Methode *toCharArray()*).

2. Wir nehmen an, dass verschiedene Kosten anfallen: für das Ersetzen C_t, für das Löschen C_d, für das Einfügen C_i. Die Kosten sind als Tripel (C_t, C_d und C_i) hinter den Wortpaaren in der Eingabedatei gegeben. Erweitern Sie das Programm so, dass die Gesamtkosten minimiert werden. Beispiel:

edit1.in	edit1.out
probleme loesungen 4 2 1 baerchen zwerglein 5 3 1 boese gute 2 3 1	d(probleme, loesungen) = 17 probleme D(1) --> robleme D(1) --> obleme D(1) --> bleme D(1) --> leme I(2) --> loeme D(4) --> loee I(4) --> loese I(5) --> loesue I(6) --> loe- sune I(7) --> loesunge I(9) --> loe- sungen ======================= d(baerchen, zwerglein) = 19 baerchen D(1) --> aerchen D(1) --> erchen I(1) --> zerchen I(2) --> zwerchen D(5) --> zwerhen D(5) --> zweren I(5) --> zwergen I(6) --> zwerglen I(8) --> zwerglein ======================= d(boese, gute) = 7 boese D(1) --> oese T(1) --> gese T(2) --> guse T(3) --> gute =======================

3. Wir notieren mit λ das leere Wort. Wir können auch einen Teile-und-Herrsche-Algorithmus basierend auf diesen Formeln implementieren:

$d(\lambda,\lambda) = 0$

$d(x_1x_2...x_i, \lambda) = i$ für alle $i \geq 1$

$d(\lambda, y_1y_2...y_j) = j$ für alle $j \geq 1$

$$d(x_1 x_2 ... x_m, y_1 y_2 ... y_n) =$$

$$\begin{cases} \max\{m,n\}, \text{ wenn es keine gemeinsamen Buchstaben gibt} \\ \min_{x_i=y_j}(d(x_1..x_{i-1}, y_1..y_{j-1}) + d(x_{i+1}..x_m, y_{j+1}..y_n)), \\ \qquad \text{wenn es mindestens einen gemeinsamen Buchstaben gibt} \end{cases}$$

Schreiben Sie ein Programm dafür.

4. Die Zeichenketten haben wir mit der Klasse *String* aus dem Paket *java.util* manipuliert. Schauen Sie sich in der Java-*API*-Dokumentation die Beschreibung und die Methoden und Eigenschaften dieser Klasse an. Erstellen Sie ein Beispielprogramm, das mehrere dieser Methoden verwendet, z. B. : alle Konstruktoren, Methoden für Zeichenextraktion (*charAt()*, *substring()*, *trim()*), Länge einer Zeichenkette (*length()*), Vergleichen von Zeichenketten (*equals()*, *equalsIgnoreCase()*, *startsWith()*, *endWidth()*, *regionalMatches()*), Suchen in Zeichenketten (*indexOf()*, *lastIndexOf()*), Ersetzen von Zeichenketten (*toLowerCase()*, *toUpperCase()*, *replace()*), Konvertierungsfunktionen (*valueOf()*).

Problem 14. Arbitrage

Allgemein versteht man unter Arbitrage den Handel mit Gütern oder Devisen, um mit Preisunterschieden in verschiedenen Märkten Gewinne zu erzielen. Wir betrachten den Handel mit Währungen. Wenn wir zum Beispiel mit einem US-Dollar 0,51 britische Pfund kaufen können, mit einem britischen Pfund 1,48 Euro und mit einem Euro 1,36 US-Dollar, dann haben wir am Ende 1,026528 Dollar und gut 2,6 Prozent verdient.

1\$ * 0,51£/\$ * 1,48€/£ * 1,36€/\$ = 1,026528\$

Dass man in der Praxis Transaktionsgebühren zahlen muss, lassen wir hier außen vor. Schreiben Sie ein Programm, das herausfindet, ob man bei gegebenen Wechselkursen durch An- und Verkauf von Sorten, wie im Beispiel beschrieben, profitieren kann. Dabei gilt die Bedingung, dass die Folge der Transaktionen mit derselben Währung beginnt und endet (mit welcher, spielt keine Rolle). *Eingabe*: In der Eingabedatei *arbitrage.in* können sich mehrere Eingabefälle befinden. Jeder Eingabefall beginnt mit einem Integer-Wert n, der die Anzahl der Währungen angibt, mit denen gehandelt werden kann, und es gilt $2 \leq n \leq 20$. Nach n folgt eine Tabelle mit den Kursen der Währungen zueinander, die Tabelle hat n Zeilen und n Spalten. Die erste Zeile der Tabelle beschreibt die Wechselkurse einer Einheit von Währung 1 zu den anderen n-1 Währungen (zu Währung 2, 3, ..., n), die zweite Zeile beschreibt die Kurse einer Einheit von Währung 2 zu allen anderen Währungen (zu Währung 1, 3, 4, ..., n) usw. *Ausgabe*: Sie sollen für jeden Eingabefall prüfen, ob eine Transaktionsfolge gefunden werden kann, die mindestens ein Prozent Gewinn abwirft. Es ist nicht notwendig, dass jede Währung Teil der Folge ist, aber mehr als n Transaktionen lassen wir nicht zu. Die Folge 2 -> 1 -> 2 zum Beispiel repräsentiert zwei Transaktionen (mit Währung 2 kaufe ich Währung 1 ein, und damit wieder Währung 2). In der Ausgabedatei *arbitrage.out* nummerieren Sie jeden Fall zuerst (*Fall 1:*), danach geben Sie die Start- und Endwährung an (*Waehrung 2*), dann die Transaktionsfolge und schließlich den Profit in Prozent. Wenn es mehr als eine Folge mit dem geforderten Gewinn gibt, geben Sie eine mit minimaler Länge aus. Wenn es keine Folge gibt, dann geben Sie nach der Nummerierung „Es gibt keine Loesung!" aus.

arbitrage.in	arbitrage.out
3	Fall 1:
1.2 .89	Waehrung 2
.88 5.1	2 -> 1 -> 2
1.1 0.15	1.056
4	Fall 2:
3.1 0.0023 0.35	Waehrung 3
0.21 0.00353 8.13	3 -> 1 -> 2 -> 3
200 180.559 10.339	2.189
2.11 0.089 0.06111	Fall 3:
2	Es gibt keine Loesung!
2.0	
0.45	

(ACM, Internet Programming Contest, 2000, modifiziert)

Problemanalyse und Entwurf der Lösung

Das zweidimensionale Array *table*[][] nimmt die Tabelle mit den Wechselkursen eines Eingabefalls auf, die um die „Diagonale" erweitert wurde. Die Diagonale gibt lediglich an, dass man für eine Einheit der Währung i genau eine Einheit der Währung i erhält. Für die Eingabe war das überflüssig, aber für die Verarbeitung ist es nützlich. Für alle Währungen i initialisieren wir deshalb *table*[i][i] mit 1. Auf *table*[][] wenden wir einen modifizierten *Warshall*-Algorithmus an.

```
ALGORITHM_WARSHALL_ARBITRAGE()
 Initialisiere Matrix table[][] mit der currency table
 For (k□1, n; step 1) Execute
  For (i□1, n; step 1, i≠k) Execute
  For (j□1, n; step 1, j≠k) Execute
   If(table[i][k]*table[k][j] > table[i][j]) Then
     table[i][j] □ table[i][k]*table[k][j]
     pred[i][j] □ pred[k][j]
   End_If
  End_For
  End_For
 End_For
 return table[][]
END_ALGORITHM_ WARSHALL_ARBITRAGE()
```

Wir schreiben die Methoden
- **bool** *find*(): beinhaltet den *Warshall*-Algorithmus, wobei sich die erste Iteration (k) auf die Anzahl der Währungen im Inneren der Folge bezieht, also ohne Start- und Endwährung. Wenn wir auf der Diagonale einen Wert ≥ 1.01 finden, ist das bereits eine endgültige Lösung, die wir ausgeben. Wir verlassen dann die Methode, denn eine Lösung genügt;

- **void** *recoverPath*(): rekursive Methode, die die Folge der Währungen aufbaut. Die Methode verwendet die Matrix *pred*[][], um den Weg zurück zu finden. Anfangs setzen wir alle Paare mit zwei verschiedenen Währungen *pred*[i][j] auf i und die Diagonalelemente *pred*[i][i] auf -1. Das Element *pred*[i][j] ist der direkte Vorgänger von j auf dem Weg mit maximalen Gewinn zwischen i und j (der erzielbare Maximalgewinn, wenn man die Währung i in die Währung j wechselt).

Programm

```
import java.io.*;
import java.util.*;

public class P14StocksFluctuation {
  private static final String FileInputName = "arbitrage.in";
  private static final String FileOutputName = "arbitrage.out";

  private static void recoverPath(PrintStream out,
                                  int pred[][], int i, int j) {
    int t = pred[i][j];
    if (i != t) {
      recoverPath(out, pred, i, t);
      out.print(" -> ");
      out.print(t + 1);
    }
  }

  static boolean find(PrintStream out, int n,
                      float table[][], int pred[][]) {
    int i, j, k;
    for (k = 0; k < n; k++)
      for (i = 0; i < n; i++)
        for (j = 0; j < n; j++)
          if (table[i][k] * table[k][j] > table[i][j]) {
            pred[i][j] = pred[k][j];
            table[i][j] = table[i][k] * table[k][j];
            if (i == j && table[i][j] >= 1.01) {
              out.print(" Waehrung ");
              out.println(i + 1);
              out.print(' ');
              out.print(i + 1);
              recoverPath(out, pred, i, i);
              out.print(" -> ");
              out.println(i + 1);
              out.printf(Locale.ENGLISH, " %.3f%n",
                         table[i][i]);
              return true;
            }
          }
    return false;
```

```java
      }

      public static void main(String[] args) throws IOException {
        Scanner scanner = null;
        PrintStream out = null;
        try {
          scanner = new Scanner(
                new File(FileInputName)).useLocale(Locale.ENGLISH);
          out = new PrintStream(new File(FileOutputName));
          int numCase = 0;
          while (scanner.hasNextInt()) {
            int n = scanner.nextInt();
            float table[][] = new float[n][n];
            int pred[][] = new int[n][n];
            for (int i = 0; i < n; i++) {
              table[i][i] = 1.0f;
              for (int j = 0; j < n; j++)
                if (i != j) {
                  table[i][j] = scanner.nextFloat();
                  pred[i][j] = i;
                }
              pred[i][i] = -1;
            }
            out.printf("Fall %d: %n", ++numCase);
            if (!find(out, n, table, pred))
              out.println(" Es gibt keine Loesung!");
          }
        } finally {
          if (scanner != null) {
            scanner.close();
          }
          if (out != null) {
            out.close();
          }
        }
      }
    }
```

Aufgaben

1. Modifizieren Sie das Programm so, dass es alle Wechselfolgen minimaler Länge mit einem Gewinn von mindestens einem Prozent ausgibt.
2. Ändern Sie das Programm so ab, dass die oder eine Folge mit dem größten Gewinn ausgegeben wird.
3. Geben Sie den Algorithmus von Warshall (man kann ihn z. B. im Internet finden) und ein Programm an, das die transitive Hülle eines Graphen mit diesem Algorithmus bestimmt. Basteln Sie ein paar Beispiele von Graphen auf Papier und notieren Sie für jedes Beispiel die Schritte des Warshall-Algorithmus.

Potenzsummen

Problembeschreibung

Es sei die natürliche Zahl $k \geq 0$ gegeben. Die Potenzsumme für n lautet:

$$S_k(n) = 1^k + 2^k + 3^k + \ldots + n^k .$$ (1)

Man kann beweisen (durch vollständige Induktion mit Formel (13) unten), dass $S_k(n)$ ein Polynom $(k+1)$-ten Grades in n ist, das n rationale Koeffizienten hat, d. h. man kann $S_k(n)$ so schreiben:

$$S_k(n) = \frac{1}{M}(a_{k+1}n^{k+1} + a_k n^k + \ldots + a_1 n + a_0) .$$ (2)

M und a_{k+1}, a_k, ..., a_1, a_0 sind ganze Zahlen, M ist außerdem positiv. Unter diesen Bedingungen gibt es genau eine Folge $(M, a_{k+1}, a_k, \ldots, a_1, a_0)$ für die gegebene Zahl k, wenn man fordert, dass M minimal ist. Das Problem ist also die Bestimmung dieser Folge für eine gegebene natürliche Zahl k.

Eingabe: die Datei *psum.in* beinhaltet eine oder mehrere natürliche Zahlen ($0 \leq k \leq 20$).
Ausgabe: in *psum.out* soll für jede Eingabe eine Zeile mit den Werten M, a_{k+1}, a_k, ..., a_1, a_0 geschrieben werden, wobei das kleinste M gesucht ist. Beispiel:

psum.in	psum.out
2	6 2 3 1 0
5	12 2 6 5 0 -1 0 0
0	1 1 0
16	510 30 255 680 0 -2380 0 8840 0 -24310 0 44200 0 -46988 0
	23800 0 -3617 0

(ACM North-Eastern European Regional Programming Contest, 1997-98)

Problemanalyse. Algebraische Modellierung.

Die ersten $S_k(n)$ lauten:

$$S_0(n) = \sum_{i=1}^{n} i^0 = n$$ (3)

$$S_1(n) \sum_{i=1}^{n} i = \frac{n(n+1)}{2} = \frac{1}{2}(n^2 + n) \tag{4}$$

$$S_2(n) = \sum_{i=1}^{n} i^2 = \frac{n(n+1)(2n+1)}{6} = \frac{1}{6}(2n^3 + 3n^2 + n) \tag{5}$$

$$S_3(n) = \sum_{i=1}^{n} i^3 = \frac{n^2(n+1)^2}{4} = \frac{1}{4}(n^4 + 2n^3 + n^2) \tag{6}$$

$$S_4(n) = \sum_{i=1}^{n} i^4 = \frac{n(n+1)(2n+1)(3n^2+3n-1)}{30} = \frac{1}{30}(6n^5 + 15n^4 + 10n^3 - n) \tag{7}$$

Diese Formeln sind relativ populär. Sie können leicht durch vollständige Induktion bewiesen werden. Wir wollen jetzt $S_5(n)$ finden. Mit Hilfe der *Newton'schen Binomialformel* schreiben wir:

$$(i-1)^6 = i^6 - \binom{6}{1}i^5 + \binom{6}{2}i^4 - \binom{6}{3}i^3 + \binom{6}{4}i^2 - \binom{6}{5}i + 1 \tag{8}$$

Das ist äquivalent zu:

$$i^6 - (i-1)^6 = 6i^5 - 15i^4 + 20i^3 - 15i^2 + 6i - 1 \tag{9}$$

Durch Summenbildung von 1 bis n erhält man:

$$\sum_{i=1}^{n}(i^6 - (i-1)^6) = 6\sum_{i=1}^{n}i^5 - 15\sum_{i=1}^{n}i^4 + 20\sum_{i=1}^{n}i^3 - 15\sum_{k=1}^{n}i^2 + 6\sum_{i=1}^{n}i - \sum_{i=1}^{n}1, \tag{10}$$

Wir reduzieren auf der linken Seite die Terme:

$$n^6 = 6S_5(n) - 15S_4(n) + 20S_3(n) - 15S_2(n) + 6S_1(n) - S_0(n) \tag{11}$$

Die Gleichung (11) wird aufgelöst zu:

$$S_5(n) = \frac{n^2(n+1)^2(2n^2+2n-1)}{12} = \frac{1}{12}(2n^6 + 6n^5 + 5n^4 - n^2) \tag{12}$$

Die Verallgemeinerung dieses konkreten Beispiels führt zu:

$$(k+1)S_k(n) =$$

$$n^{k+1} + \binom{k+1}{2}S_{k-1}(n) - \binom{k+1}{3}S_{k-2}(n) + \ldots + (-1)^p\binom{k+1}{p}S_{k-p+1}(n) + \ldots + (-1)^k\binom{k+1}{k}S_1(n) + (-1)^{k+1}S_0(n)$$

$$(13)$$

Von der Rekursionsgleichung zum Algorithmus

Aus (13) folgt, dass man zur Berechnung der Folge $(M, a_{k+1}, a_k, \ldots, a_1, a_0)$ für k alle entsprechenden Folgen der Potenzsummen benötigt, die eine kleinere Potenz als k, nämlich 0, 1, ..., $k-1$, aufweisen. Alle diese Informationen werden schrittweise bestimmt und gespeichert, um zu einem späteren Zeitpunkt darauf zugreifen zu können. Wir werden ein Array $M[]$ erzeugen, das die Werte $M[0], M[1], M[2],\ldots, M[k]$ aufnimmt unter der Bedingung: $M[i]$ ist die natürliche Zahl M aus der Problembeschreibung für $S_i(n)$, $0 \le i \le k$.

Im zweidimensionalen Array $A[][]$ speichern wir fortschreitend die Werte $(a_{i+1}, a_i, \ldots, a_1, a_0)$ für $0 \le i \le k$ mit der Bedeutung, dass die Zeile i die entsprechenden Koeffizienten für $S_i(n)$ beinhaltet.

Tabellarische Visualisierung der Matrix $A[][]$ und des Vektors $M[]$

A[0][0]	A[0][1]					M[0]
A[1][0]	A[1][1]	A[1][2]				M[1]
A[2][0]	A[2][1]	A[2][2]				M[2]
...	...		...			...
A[k-1][0]	A[k-1][1]	A[k1][2]	...	A[k-1][k]		M[k-1]
A[k][0]	**A[k][1]**	**A[k][2]**	**...**	**A[k][k]**	**A[k][k+1]**	**M[k]**

Mit dieser Datendarstellung und Formel (2) folgt:

$$S_k(n) = \frac{1}{M[k]}\left(A[k][k+1]n^{k+1} + A[k][k]n^k + \ldots + A[k][1]n + A[k][0]\right) \qquad (14)$$

Nun werden wir die Rekursionsgleichung für die Folge $(M[k], A[k][k+1], A[k][k], \ldots, A[k][1], A[k][0])$ mit Hilfe der bereits bestimmten Folgen $(M[i], A[i][i+1], A[i][i], \ldots, A[i][1], A[i][0])$ für $0 \le i < k$ berechnen. Auf den ersten Blick sieht das schwierig aus, aber wir werden sehen, dass sich durch schrittweise Transformation die Formel vereinfachen lässt. Wir erhalten sukzessive:

$$(k+1)S_k(n) = n^{k+1}$$

$$+\binom{k+1}{2}(\frac{1}{M[k-1]}(A[k-1][k]n^k + A[k-1][k-1]n^{k-1} + \ldots + A[k-1][1]n + A[k-1][0]))$$

$$-\binom{k+1}{3}(\frac{1}{M[k-2]}(A[k-2][k-1]n^{k-1} + A[k-2][k-2]n^{k-2} + \ldots + A[k-2][1]n + A[k-2][0])) \qquad (15)$$

$$+\ldots+$$

$$(-1)^p\binom{k+1}{p}(\frac{1}{M[k+1-p]}(A[k+1-p][k+2-p]n^{k+2-p} + \ldots + A[k+1-p][1]n + A[k+1-p][0]))$$

$$+..$$

$$(-1)^k\binom{k+1}{k}(\frac{1}{M[1]}(A[1][2]n^2 + A[1][1]n + A[1][0])) +$$

$$(-1)^{k+1}\binom{k+1}{k+1}(\frac{1}{M[0]}(A[0][1]n + A[0][0]))$$

Sie ist durch die Substitution der Werte a_0, a_1, ..., a_k und M in Formel (13) durch Arrays entstanden. Wir gruppieren die Terme nach den Potenzen von n in Form eines Polynoms mit Grad $(k+1)$:

$$(k+1)S_k(n) = n^{k+1} +$$

$$n^k(\binom{k+1}{2}\frac{A[k-1][k]}{M[k-1]}) +$$

$$n^{k-1}(\binom{k+1}{2}\frac{A[k-1][k-1]}{M[k-1]} - \binom{k+1}{3}\frac{A[k-2][k-1]}{M[k-2]}) +$$

$$n^{k-2}(\binom{k+1}{2}\frac{A[k-1][k-2]}{M[k-1]} - \binom{k+1}{3}\frac{A[k-2][k-2]}{M[k-2]} + \binom{k+1}{4}\frac{A[k-3][k-2]}{M[k-3]}) + \qquad (16)$$

$$\ldots$$

$$n^p(\binom{k+1}{2}\frac{A[k-1][p]}{M[k-1]} - \binom{k+1}{3}\frac{A[k-2][p]}{M[k-2]} + \ldots + (-1)^{k+2-p}\binom{k+1}{k+2-p}\frac{A[p-1][p]}{M[p-1]})\ldots$$

$$n(\binom{k+1}{2}\frac{A[k-1][1]}{M[k-1]} - \binom{k+1}{3}\frac{A[k-2][1]}{M[k-2]} + \ldots + (-1)^{k+1}\binom{k+1}{k+1}\frac{A[0][1]}{M[0]}) +$$

$$(\binom{k+1}{2}\frac{A[k-1][0]}{M[k-1]} - \binom{k+1}{3}\frac{A[k-2][0]}{M[k-2]} + \ldots + (-1)^{k+1}\binom{k+1}{k+1}\frac{A[0][0]}{M[0]})$$

In dieser Formel (16) können die Koeffizienten, die immer aus gleichartigen rationalen Brüchen bestehen, zusammengefasst werden zu:

$$W[t] = (-1)^{k+1-t}\frac{\binom{k+1}{k+1-t}}{M[t]}, \text{ für alle } t \text{ mit } 0 \le t \le k\text{-}1 \qquad (17)$$

Mit (17) wird Formel (16) zu:

$(k+1)S_k(n) = n^{k+1} +$

$n^k (W[k-1]A[k-1][k]) +$

$n^{k-1}(W[k-1]A[k-1][k-1] + W[k-2]A[k-2][k-1]) +$

$n^{k-2}(W[k-1]A[k-1][k-2] + W[k-2]A[k-2][k-2] + W[k-3]A[k-3][k-2]) +$ \hfill (18)

$\ldots$

$n^p (W[k-1]A[k-1][p] + W[k-2]A[k-2][p] + \ldots + W[p-1]A[p-1][p]) +$

$\ldots$

$n(W[k-1]A[k-1][1] + W[k-2]A[k-2][1] + \ldots + W[0]A[0][1]) +$

$(W[k-1]A[k-1][0] + W[k-2]A[k-2][0] + \ldots + W[0]A[0][0])$

Zu diesem Zeitpunkt ist alles bereits sehr vereinfacht. Wegen A[0][0]=0 fällt das Produkt W[0]A[0][0] weg. Die Koeffizienten der Potenzen von n in dieser Gleichung können in einem Array mit rationalen Brüchen F[] gespeichert werden:

$$F[p] = \begin{cases} \displaystyle\sum_{t=1}^{k-1} W[t]A[t][0] \text{ für } p = 0 \\[2em] \displaystyle\sum_{t=p-1}^{k-1} W[t]A[t][p] \text{ für alle } p \text{ mit } 1 \leq p \leq k \\[2em] 1 \text{ für } p = k+1 \end{cases} \tag{19}$$

Wenn wir Formel (19) in (18) einsetzen, folgt:

$$S_k(n) = \frac{1}{k+1}(F[k+1]n^{k+1} + F[k]n^k + F[k-1]n^{k-1} + \ldots F[1]n + F[0]) \tag{20}$$

Wir haben eine Formel, die der Formel aus der Problembeschreibung ähnlich ist. Nun müssen wir die Formel mit minimalem M herleiten. Das machen wir, indem wir das kleinste gemeinsame Vielfache von F[0], F[1], ..., F[k], F[k+1] berechnen und es Q nennen. Damit wird aus Formel (20):

$$S_k(n) = \frac{1}{(k+1)Q}(F'[k+1]n^{k+1} + F'[k]n^k + F'[k-1]n^{k-1} + \ldots F'[1]n + F'[0]), \tag{21}$$

$F'[r] = F[r] \cdot Q, \ 0 \leq r \leq k+1$

Weil Q das kleinste gemeinsame Vielfache der Nenner der Brüche F[] ist, beinhaltet F'[] ganze Zahlen, und $(k+1)Q$ stellt das kleinste M für $S_k(n)$ dar.

Der Algorithmus

Aus der obigen algebraischen Manipulation folgt, dass $M[0]=1$, $A[0][1]=1$, $A[0][0]=0$.
Der Algorithmus ist dann:

ALGORITHM_POTENZSUMMEN
1. Read k ($0 \leq k \leq 20$)
2. genCombinations($C[k+1][k+1]$)
3. $M[0]=1$, $A[0][1]=1$, $A[0][0]=0$
4. **For** (p $\leftarrow$ 1, k; step 1) **Execute**
    4.1. $sign = 1$
    4.2. **For** ($t \leftarrow p$-1, 0; step -1) **Execute**
        $W[t]$ = simplifyFraction($sign$ * $C[p+1][p+1-t]$/$M[t]$)
        $sign = sign$ * (-1)
        End_For
    4.3. **For** ($t \leftarrow p$, 0; step -1) **Execute**
        $F[t]$ = Fraction(0/1)
        For ($r \leftarrow p$-1, t-1; $r \geq 0$; step -1) **Execute**
          $F[t]$.add ($W[r]$*$A[r][t]$)
        End_For
        End_For
    4.4. $F[p+1]$ = Fraction (1/1)
    4.5. Q = lcmDenomin ($F[]$, $p+1$)
    4.6. $M[p]$ = ($p+1$)*Q
    4.7. **For** ($t \leftarrow p+1$, 0; step -1) **Execute**
        $fAux$ = simplifyFraction ($F[t]$*Q)
        $A[p][t]$ = Numerator($fAux$)
        End_For
    End_For
5. Write $M[k]$, $A[k][k+1]$, $A[k][k]$, …, $A[k][1]$, $A[k][0]$
END_ALGORITHM_POTENZSUMMEN

- In Schritt 2 generiert man alle Binomialkoeffizienten bis zur Zeile $k+1$ (gemäß Gleichung (13) brauchen wir die Binomialkoeffizienten von $k+1$, um $S_k(n)$ zu berechnen). Das realisiert man auch mit einem Algorithmus der dynamischen Programmierung mit Hilfe der Formeln:

$$C[i][0] = C[i][i] = 1 \; für \; 0 \leq i \leq k+1$$
$$C[i][j] = C[i-1][j-1]+C[i-1][j] \; für \; 1 \leq i \leq k+1, 1 \leq j < i$$

- In Schritt 3 werden die entsprechenden Werte für $S_0(n)$ initialisiert ((2)+(14))
- Schritt 4 startet eine Schleife, in der schrittweise die Werte $A[p][0]$, $A[p][1]$, …, $A[p][p+1]$, $M[p]$, $1 \leq p \leq k$ aufgefüllt werden, das sind die Lösungen für 1, 2,…, k gemäß der obigen Formeln

- 4.1 und 4.2: die Brüche W[] werden nach Formel (17) berechnet. Die Methode *simplifyFraction()* gibt die gekürzte Form eines Bruches zurück. Das bewerkstelligt man durch die Bestimmung des größten gemeinsamen Teilers des Nenners und Zählers d, gefolgt von deren Division durch d

- Schritt 4.3 berechnet die Brüche F[] durch die Anwendung von Formel (19) und der Methode *sumFractions()* (die die Summe der zwei rationalen Brüche liefert)

- Ebenso wurde nach (19) in Schritt 4.5 der Bruch F[p+1] mit $\frac{1}{1}$ initialisiert

- In Schritt 4.5 wird in Q das kleinste gemeinsame Vielfache der Nenner der Brüche F[0], F[1], ..., F[p], F[p+1] geschrieben. Das erledigt die Methode *lcmDenomin ( )*

- In Schritt 4.6 wird der Wert M[p] gemäß (20) eingesetzt

- Ebenso werden in Schritt 4.7 mit Hilfe von (20) die Werte A[p][p+1], A[p][p], ..., A[p][0] berechnet.

Komplexität und Genauigkeit des Algorithmus. Die Komplexität des Algorithmus ist O(n3) (Schritt 4 beinhaltet drei verschachtelte *for*-Schleifen), also ist der Algorithmus polynomial. Der Algorithmus ist genau, weil eine genaue mathematische Verarbeitung zugrunde liegt.

Wir bezeichen mit $P(k)$ das Problem der Bestimmung der Summe für k. Wir stellen fest, dass wir in unserem Algorithmus die Probleme schrittweise lösen: $P(0)$, $P(1)$, ..., $P(k-1)$. Auf Basis dieser Teilprobleme berechnet man die Werte für $P(k)$:

$$Lösung(P_k) = Kombination(Lösung(P_0), Lösung(P_1), ..., Lösung(P_{k-1}))$$

Die Lösung eines Problems $P(i)$ nimmt an der Lösung aller Probleme $P(i+1)$, $P(i+2)$, ... teil, deswegen wird die Lösung eines Problems nur einmal berechnet und gespeichert, um während der Berechnung größerer Teilprobleme darauf zugreifen zu können. Dies ist ein Algorithmus der Dynamischen Programmierung.

A[k][0]	A[k][1]	A[k][2]	A[k][3]	A[k][4]	A[k][5]	A[k][6]	M[k]	
0	1						1	← Lösung $k = 0$
0	1	1					2	← Lösung $k = 1$
0	1	3	2				6	← Lösung $k = 2$
0	0	1	2	1			4	← Lösung $k = 3$
0	-1	0	10	15	6		30	← Lösung $k = 4$
0	**0**	**-1**	**0**	**5**	**6**	**2**	**12**	← Lösung $k = 5$

Abhängigkeit: Für ein bestimmtes k ist jedes Element a_i abhängig von allen a_j, die in den darüber liegenden Zeilen vorhanden sind. M ist von allen diesen Elementen abhängig, es ist der Normalisierungsfaktor der Formel.

Programm

```java
import java.io.*;
import java.util.*;

public class P01SumOfPowers {
  private static final String FileInputName = "psum.in";
  private static final String FileOutputName = "psum.out";
  private final static int MAX_NO = 20;

  private static void genCombinations(long C[][], int n) {
    C[0][0] = 1;
    for (int i = 1; i <= n; i++) {
      C[i][0] = C[i][i] = 1;
      for (int j = 1; j < i; j++)
        C[i][j] = C[i-1][j-1]+C[i-1][j];
    }
  }
```

Binomialkoeffizienten (rekursive Formel):

$$\binom{n}{k} = 1, \text{ wenn } k = 0 \text{ oder } n = k$$

$$\binom{n}{k} = \binom{n-1}{k-1} + \binom{n-1}{k}, n > k, \ k \neq 0$$

(Beispiel für die Anwendung der Dynamischen Programmierung)

```java
public static void main(String args[]) throws IOException {
    Scanner scanner = null;
    PrintStream out = null;
    try {
      scanner = new Scanner(new File(FileInputName));
      out = new PrintStream(new File(FileOutputName));
      Fraction fr[] = new Fraction[MAX_NO+2];
      Fraction W[] = new Fraction[MAX_NO+1];
      long C[][] = new long[MAX_NO+2][MAX_NO+2];
      genCombinations(C, MAX_NO+1);
      long M[] = new long[MAX_NO+1], Q;
      M[0] = 1;
      long A[][] = new long[MAX_NO+1][MAX_NO+2];
      A[0][1] = 1;
      A[0][0] = 0;
      for (int p = 1; p <= MAX_NO; p++) {
        int sign = 1;
        for (int t = p-1; t >= 0; t--) {
          W[t] = new Fraction(sign*C[p+1][p+1-t], M[t]);
          sign *= -1;
        }
        for (int t = p; t >= 0; t--) {
          fr[t] = new Fraction();
          for (int r = p-1; r >= t-1 && r >= 0; r--) {
```

```
                fr[t].add(W[r].multiply(A[r][t]));
            }
        }
        fr[p+1] = new Fraction(1, 1);
        Q = Fraction.lcmDenomin(fr, p+1);
        M[p] = (p+1)*Q;
        for (int t = p+1; t >= 0; t--) {
            A[p][t] = fr[t].multiply(Q).getNumerator();
        }
    }

    while (scanner.hasNextInt()) {
        int k = scanner.nextInt();
        out.print(M[k]);
        out.print(' ');
        for (int t = k+1; t >= 0; t--) {
            out.print(A[k][t]); out.print(' ');
        }
        out.println();
    }

    } finally {
        if (scanner != null) scanner.close();
        if (out != null) out.close();
    }
}
}


class Fraction {
    private long numerator;
    private long denominator;
    Fraction(long numerator, long denominator) {
        this.numerator = numerator;
        this.denominator = denominator;
        this.simplify();
    }

    Fraction() {
        this.numerator = 0;
        this.denominator = 1;
    }

    long getNumerator(){
        return numerator;
    }

    void add(Fraction other){
        this.numerator    = numerator*other.denominator +
                            denominator*other.numerator;
```

```java
    this.denominator = denominator*other.denominator;
    this.simplify();
}

Fraction multiply(long n){
    return
        new Fraction(numerator*n, denominator);
}

private static long gcd(long a, long b) {
    while (b != 0) {
        long r = a % b;
        a = b;
        b = r;
    }
    return a;
}
```

> **Euklidischer Algorithmus (Divisionsvariante):**
> Bestimung des größten gemeinsamen Teilers
> (ggT) zweier natürlichen Zahlen

```java
void simplify() throws ArithmeticException {
    long d = gcd(this.numerator, this.denominator);
    this.numerator /= d;
    this.denominator /= d;
    if (this.denominator < 0) {
        this.denominator *= -1;
        this.numerator *= -1;
    }
}
```

> - Bestimmung des größten gemeinsamen
> Teilers des Nenners und Zählers d
> - Kürzen durch d
> - Wenn $d{=}{=}0$, wird *ArtihmeticException*
> geworfen

```java
static long lcm(long a, long b) {
    return (a/gcd(a, b))*b;
}
```

> Das kleinste gemeinsame Vielfache der
> natürlichen Zahlen a und b ist $\dfrac{a \cdot b}{\gcd(a,b)}$

```java
static long lcmDenomin(Fraction fr[], int n) {
    long gcd = 1;
    if (n == 0)
        return 1;
    gcd = fr[0].denominator;
    for (int i = 1; i < n; i++) {
        gcd = lcm(gcd, fr[i].denominator);
    }
    return gcd;
}
```

> Schrittweise Bestimmung des
> kleinsten gemeinsamen Vielfachen
> (*lcm*) des Nenners der Brüche *fr*[],
> basierend auf der Formel:
> $lcm (a \cdot b \cdot c) = lcm (lcm(a \cdot b) \cdot c)$
>
> (Eine andere Methode wäre die
> Primfaktorzerlegung der Nenner,
> um dann alle Faktoren zur größ-
> ten Potenz zu berücksichtigen...)

Aufgaben

1. Beweisen Sie, dass für 3 beliebige natürliche Zahlen a, b, c gilt: lcm $(a \cdot b \cdot c)$ = lcm $(lcm(a \cdot b) \cdot c)$.

2. Wir nehmen an, dass die Potenzsummen in vereinfachter Form vorliegen:

$$S_k(n) = F_{k+1}n^{k+1} + F_k n^k + ... + F_1 n + F_0,$$

wobei F_{k+1}, F_k, ..., F_0 gekürzte Brüche sind, z. B.:

$$S_0(n) = \sum_{i=1}^{n} i^0 = n$$

$$S_1(n) = \sum_{i=1}^{n} i = \frac{1}{2}n^2 + \frac{1}{2}n$$

$$S_2(n) = \sum_{i=1}^{n} i^2 = \frac{1}{3}n^3 + \frac{1}{2}n^2 + \frac{1}{6}n$$

Passen Sie die algebraische Modellierung an diese vereinfachte Notation an und schreiben Sie das entsprechende Programm.
Beispiel:

psum.in	psum.out
2	1/3 1/2 1/6 0
5	1/6 1/2 5/12 0 -1/12 0 0
0	1 0

3. Beweisen Sie die folgenden Aussagen:

a) $S_3(x) = (S_1(x))^2$

b) Für ungerade $k \geq 1$ gilt: Das Polynom $S_k(x)$ ist durch $S_1(x)$ teilbar und

$$S_k(x) = S_k(-1-x) \tag{22}$$

c) Für gerade $k \geq 1$ gilt: Das Polynom $S_k(x)$ ist durch $S_2(x)$ teilbar und

$$S_k(x) = -S_k(-1-x) \tag{23}$$

d) Für ungerade $k \geq 3$ gilt: Das Polynom $S_k(x)$ ist durch $S_3(x)$ teilbar.

e) In $S_k(n) = a_{k+1}n^{k+1} + a_k n^k + ... + a_1 n + a_0$ gilt $a_{k-2} = a_{k-4} = ... = 0$.

Hinweis: Sie können die Beziehung zwischen $S_k(x)$ und $S_k(-x)$ mit Hilfe von (22) und (23) ermitteln.

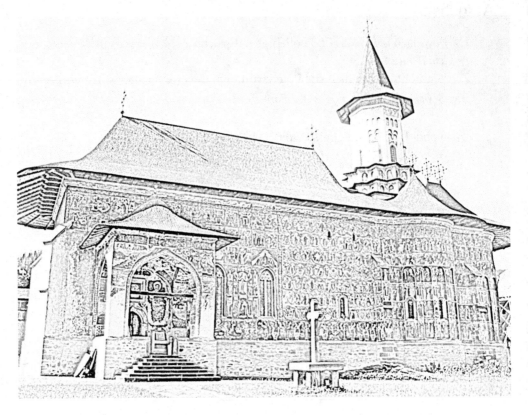

Das Kloster Suceviţa im Nordosten Rumäniens

I mean there has to be the end game.
Mike Lowry

Literaturverzeichnis

[Aig02]   Martin Aigner, Günter M. Ziegler, *Das BUCH der Beweise*, Springer Verlag, 2002.

[Ban83]   Horia Banea, *Probleme de matematică traduse din revista sovietică KVANT*, Editura Didactică şi Pedagogică, Bucureşti, 1983.

[Bar93]   Barnsley, M. F., *Fractals everywhere. Second edition*, Academic Press Inc., Boston, 1993.

[Bur94]   Stan, M., Burleson, W., *Limited-weight codes for low-power I/O*, in *Int'l Workshop on Low Power Design*, 1994.

[Coo71]   Cook. S., A., *The complexity of theorem-proving procedures*, Proc. 3rd Annual ACM Symp. Theory of Computing, S. 151-158.

[Cor04]   Th. H. Cormen, C. E. Leiserson, R. Rivest, C. Stein, *Algorithmen-Eine Einführung*, Oldenbourg Wissenschaftsverlag, München, 2004.

[Die00]   Reinhard Diestel, *Graphentheorie*, Springer-Verlag, Heidelberg, 2000.

[Dre99]   Drechsler, N., Drechsler, R., *Exploiting don't cares during data sequencing using genetic algorithms*, in ASP Design Automation Conf., pp. 303-306, 1999

[Fla02]   David Flanagan, *JAVA in a nutshell. A desktop quick reference*, O' Reilly, Sebastopol, 2002.

[For96]   Otto Forster, *Algorithmische Zahlentheorie*, Vieweg Verlag, Wiesbaden, 1996.

[Gan91]   Mircea Ganga, *Teme şi probleme de matematică*, Editura Tehnică, Bucureşti, 1991.

[Gar79]   Garey, M. R., Johnson, D. S., *Computers and Intractability: a Guide to the Theory of NP-Completeness*, W. H. Freeman, New York.

[GM]   *Gazeta Matematică*, mathematisches Magazin, Sammlung

[Gra94]   Graham R. L., Knuth D. E., Patashnik O., *Concrete Mathematics*, Addison-Wesley, 1994.

[Heu03]   Volker Heun, *Grundlegende Algorithmen. Einführung in den Entwurf und die Analyse effizienter Algorithmen*, 2. Auflage, Vieweg Verlag, Wiesbaden, 2003.

[Iva02]   Cornelia Ivaşc, Mona Prună, Luminiţa Condurache, Doina Logofătu, *Informatica C++. Manual pentru clasa a XI-a*, Editura Petrion, Bucureşti, 2002.

[Knu97]   Donald E. Knuth, *The Art of Computer Programming, Volume I: Fundamental Algorithms*, Addison-Wesley Longman, Amsterdam; Auflage: 3. A., 1997.

[Kre99]   Donald L. Kreher, Douglas R. Stinson, *Combinatorial algorithms. Generation, Enumeration, and Search.*, CRC Press, 1999.

[Krü06]   Guido Krüger, *Hanbuch der Java-Programmierung*, 4., aktualisierte Aufla-
             ge, Addison-Wesley, München, 2006.

[Log01]   Doina Logofătu, *C++. Probleme rezolvate şi algoritmi*, Editura Polirom,
             Iaşi, 2001.

[Log05a]   Doina Logofătu, *Suma puterilor asemenea*, GInfo, 15/2 2005, S. 40-43,
             WWW: http://www.ginfo.ro/revista/15_2/focus2.pdf.

[Log05b]   Doina Logofătu, *Şirul lui Catalan*, GInfo, 15/5, 2005, S. 36-41, WWW:
             http://www.ginfo.ro/revista/15_5/mate1.pdf.

[Log05c]   Doina Logofătu, *De la problema cutiilor speciale la elemente POO cu C++*,
             GInfo, 15/5, S. 27-30, WWW:
             http://www.ginfo.ro/revista/15_5/focus1.pdf.

[Log06]   Doina Logofătu, *Bazele programării în C. Aplicaţii*, Editura Polirom, Iaşi,
             2006.

[Log06a]   Doina Logofătu, Rolf Drechsler, *Efficient Evolutionary Approaches for the
             Data Ordering Problem with Inversion*, 3rd European Workshop on
             Hardware Optimisation Techniques (EvoHOT), LNCS 3907, S. 320-331,
             Budapest, 2006.

[Log06b]   Doina Logofătu, *Greedy Approaches for the Data Ordering Problem with and
             without Inversion*, Proceedings of the ROSYCS 2006, Romanian Sympo-
             sium on Computer Scrience, S. 65-80, Iaşi.

[Log06c]   Doina Logofătu, *Algorithmen und Problemlösungen mit C++*, Vieweg-
             Verlag, Wiesbaden, 2006.

[Log07]   Doina Logofătu, *Algoritmi fundamentali în C++. Aplicaţii*, Polirom, Iaşi,
             2007.

[Mär01]   *Das große Märchenbuch*, Droemersche Verlagsanstalt Th. Knaur Nachf.,
             München, 2001.

[Mat02]   J. Matoušek, J. Nešetřil, *Diskrete Mathematik. Eine Entdeckungsreise*,
             Springer Verlag, 2002.

[Mur95]   Murgai, R., Fujita, M., Krishnan, S. C., *Data sequencing for minimum tran-
             sition*, in Int'l Workshop on Logic Synth., 1995.

[Mur97]   Murgai, R., Fujita, M., Krishnan, S. C., *Data sequencing for minimum-
             transition transmission*, in IFIP Int'l Conf. on VLSI, 1997.

[Mur98]   Murgai, R., Fujita, M., Oliveira, A., *Using complementation and resequenc-
             ing to minimize transitions*, in Design Automation Conf., S. 694-697, 1998.

[Năs83]   C. Năstăsescu, C. Niţă, M. Brandiburu, D. Joiţa, *Exerciţii şi probleme de
             algebră*, Editura Didactică şi Pedagogică, Bucureşti, 1983.

[Nit04]   Manfred Nitzsche, *Graphen für Einsteiger. Rund um das Haus von Niko-
             laus*, Vieweg Verlag, Wiesbaden, 2004.

[Pei98]   Heinz-Otto Peitgen, Hartmut Jürgens, Dietmar Saupe, *Bausteine der
             Chaos. Fraktale*, Rowohlt Taschenbuch Verlag GmbH, 1998

[Ran97]   Doina Rancea, *Limbajul Pascal. Manual clasa a IX-a*, Computer Libris Agora, Cluj, 1997.

[Ran99] Doina Rancea, *Limbajul Pascal. Algoritmi fundamentali*, Computer Libris Agora, Cluj, 1999.

[Ski03] Steven S. Skiena, Miguel A. Revilla, *Programming Challenges. The Programming Contest Training Manual*, Springer-Verlag, New York, 2003.

[Sip97] Sipser, M., *Introduction to the Theory of Computation*, PWS-Kent, Belmont, California.

[Sta86] D. Stanton, D. White, *Constructive Combinatorics*, Springer-Verlag, New-York, 1986.

[Str66] Karl Strubecker, *Einführung in die höhere Mathematik, Band I: Grundlagen*, R. Oldenbourg, München-Wien, 1966.

[Str67] Karl Strubecker, *Einführung in die höhere Mathematik, Band II: Differentialrechnung einer reellen Veränderlichen*, R. Oldenbourg, München-Wien, 1967.

[Sun06] *Java™ Platform, Standard Edition 6 API Specification*, Online Referenz: http://java.sun.com/javase/6/docs/api/, Sun Microsystems, Inc, 2006.

[Tom81] Ioan Tomescu, *Probleme de combinatorică şi teoria grafurilor*, Editura Didactică şi Pedagogică, Bucureşti, 1981.

Strandkörbe auf Norderney

Online Referenzen

http://de.wikipedia.org/wiki/Hauptseite
http://acm.uva.es/problemset/
http://ceoi.inf.elte.hu/
http://mathworld.wolfram.com/
http://microscopy.fsu.edu/optics/timeline/people/
http://olympiads.win.tue.nl/ioi/
http://www.acm.org/
http://www.answers.com/
http://www.cut-the-knot.org
http://www.erichfried.de/
http://home.cogeco.ca/~ve3ll/jatutor0.htm
http://leepoint.net/notes-java/
http://www.math.utah.edu/mathcircle/notes/mladen2.pdf
http://www.matheboard.de
http://www.mathematische-basteleien.de
http://www.mathe-online.at/galerie.html
http://www.nserc.gc.ca/news/2006/p060214_cook.htm
http://www-i1.informatik.rwth-aachen.de/~algorithmus
http://www-math.mit.edu/~rstan/ec/catadd.pdf
http://java.sun.com/javase/6/docs/api/java/util/ArrayDeque.html
http://leepoint.net/notes-java/flow/loops/foreach.html
http://www.aifb.uni-karlsruhe.de/Lehre/Sommer2003/proksy/vlf/pks0309.pdf
http://www.javabeat.net/javabeat/java6/articles/
         what_is_new_in_java_6_0_collections_api.php

Stichwortverzeichnis

Graffiti in Benalmadena, Spanien